AF295651

PAPIER POUR LA COMTÉ DE MONTFORT.

LES PAPIERS

ET

PARCHEMINS TIMBRÉS

DE

FRANCE

ANCIEN RÉGIME

1673-1791

Illustré de 900 reproductions

Par Alexandre DEVAUX

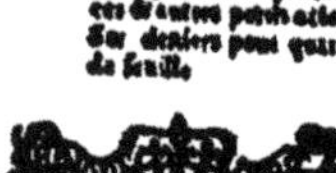

LILLE

IMPRIMERIE

LEFEBVRE-DUCROCQ

88, Rue de Tournai

1911

A17765.

LES PAPIERS

ET

PARCHEMINS TIMBRÉS

DE

FRANCE

ANCIEN RÉGIME

1673-1791

Illustré de 900 reproductions

PAR ALEXANDRE DEVAUX

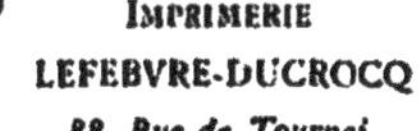

LILLE

IMPRIMERIE

LEFEBVRE-DUCROCQ

88, Rue de Tournai

1911

INTRODUCTION

Le nombre toujours croissant des collectionneurs de papiers et parchemins timbrés, joint aux nombreux amateurs qui hésitent à se lancer dans une collection dont le classement difficile est laissé à leur initiative, car ils n'ont, pour se renseigner, que quelques études locales, à tirage restreint et devenues rares, seuls documents dont il leur soit possible de s'inspirer, ou bien encore la consultation des collections d'édits, déclarations, arrêts du *Conseil* et *lettres patentes*, etc., dont les recueils même les plus volumineux sont toujours incomplets ; tout cela m'a incité à publier les documents que j'ai pu recueillir, en facilitant les recherches et le classement des collections.

Étant parvenu à rassembler des séries suivies des différents timbres créés dans l'ancien royaume de France, les nombreux édits, arrêts, déclarations que j'y ai joints m'ont permis d'effectuer ce classement qui, sans être définitif, ne me semble contenir que de légères lacunes faciles à combler.

Le cadre restreint que je suis obligé de conserver, pour former un manuel pratique, ne me permet pas de m'étendre sur de grands détails historiques : j'indiquerai seulement les renseignements qui me paraissent les plus utiles, ainsi que toutes les particularités que j'ai pu observer.

J'ai adopté la division régionale, que je crois la plus pratique, par sous-fermes, comprenant parfois plusieurs généralités, dont les timbres offrent un type uniforme.

Paris, siège de la Ferme générale, et qui a émis le plus grand nombre de variétés, me paraît tout indiqué comme devant tenir la place primordiale, autour de laquelle viendront se grouper les autres généralités.

Sans m'arrêter aux dissertations de Boucher d'Argis, qui fait remonter l'origine du timbre aux Romains, je crois devoir me baser sur des documents plus modernes, qui me paraissent plus précis.

L'établissement du timbre remonte en Hollande à 1624, en Espagne à 1636, avec extension aux possessions d'outre-mer en 1638.

En France, en 1655, Fouquet, pour faire face à la guerre contre l'Espagne, créa de nouveaux impôts, parmi lesquels, à l'imitation de la Hollande, figurait l'établissement d'une marque sur le papier et le parchemin ; mais l'opposition qu'il rencontra au Parlement fit abandonner l'exécution de l'édit.

Louis XIV, voulant procéder à la réforme de la justice, publia les ordonnances de 1667, 1669 et 1670, pour rendre le style des actes uniforme dans tout le royaume. Il fut dressé, pour la rédaction de ces actes, des formules dont les recueils furent publiés ; une déclaration du 19 mars 1673 en ordonna l'impression ; mais, pressé par les besoins de la guerre, on édicta une autre déclaration le 10 juillet qui ordonna aux commis préposés à la distribution des dites formules de vendre et distribuer le papier et parchemin marqué en tête d'une fleur de lis et timbré de la qualité et substance des actes avec mention du droit porté au tarif, le corps de l'acte entièrement en blanc, pour être écrit à la main.

Le tarif des droits, en exécution de la déclaration du 19 mars, était fixé comme suit :

Pour le papier : le quart de feuille, six deniers ; la demi-feuille, huit deniers ; la feuille, douze deniers ; le grand papier, seize deniers.

Pour le parchemin : le rôle, cinq sols ; la peau, vingt sols ; la demi-peau, quinze sols ; les autres, dix sols. Les quittances, cinq sols ; les quittances de l'Hôtel-de-Ville, deux sols.

Je ne donnerai qu'une nomenclature bien incomplète des premiers types, car ces émissions, de très courte durée, furent aussi les plus considérables comme variétés, et, par suite, les plus difficiles à rassembler.

Les timbres marqués du quartier de juillet 1673, ne me semblent pas avoir été employés dans toutes les généralités ; je n'en ai pas encore rencontré dans les généralités de Moulins, Bourges, Riom, Limoges, Bordeaux, Auch, Pau et Aix.

Le quartier d'octobre figure en Languedoc, Parlement de Toulouse, pour les généralités de Toulouse, Montpellier et Montauban, et dans les généralités de Lyon et Dauphiné.

Un arrêt du Conseil du 4 juillet 1673 donnant l'état des formules dont les actes et registres seraient timbrés, sans en préciser la rédaction, les sous-fermiers, dans leur interprétation, émirent une très grande quantité de variétés. Colbert, dans une lettre qu'il écrivit au roi le 11 juin 1674, estime que « les formules sont composées de quarante à cinquante timbres différents, et l'on paye les droits suivant la différence des timbres, et la feuille de papier, de toute grandeur, se trouve taxée depuis six jusqu'à dix-huit deniers ».

Le bail fait, le 9 juin 1674, à Martin du Fresnoy, des aides de France et droits y joints, dans lequel étaient compris les papiers et parchemins timbrés, réduisit les timbres à trois, suivant les trois sortes de papier, et, par édit du mois d'août 1674, le droit fut réglé à raison de deux sols pour chaque feuille de quatorze pouces de haut sur dix-sept pouces de large.

Un sol six deniers par feuille de moyen papier de douze pouces sur seize.

Neuf deniers par demi-feuille.

Un sol par feuille de papier de neuf pouces sur treize pouces et demi.

Huit deniers par demi-feuille.

Six deniers par quart de feuille.

Ce fut le véritable point de départ de l'établissement du papier timbré en France.

Jusqu'à cette époque, le timbre avait été composé d'une marque, vignette gravée ; dans sa composition figurait la fleur de lis et la couronne royale : on y joignait une composition typographique, indiquant l'attribution, le format du papier et sa valeur. La rédaction, sa disposition et la diversité des caractères employés offrent un nombre considérable de variétés.

On commença ensuite à employer des timbres entièrement gravés, n'offrant plus de changement dans leur composition, et l'usage en fut appliqué à toutes les généralités en 1680.

Sauf la généralité de Paris, et à de rares exceptions pour les autres, chaque timbre comprendra généralement dix variétés, dont six pour les papiers et quatre pour les parchemins.

En papier : le quart de feuille, la demi-feuille, la feuille ; pour le petit papier, le moyen papier, le grand papier et le timbre extraordinaire.

En parchemin : la quittance, le placard, la feuille et le timbre extraordinaire.

Les quarts, principalement à l'origine du timbre, se rencontrent en plusieurs formats bien que taxés à la même valeur ; les petits, moyens et grands papiers étaient réduits en quarts de feuille et au même prix, et portaient l'indication du papier.

Le bail des fermes, fait en 1674 à M⁰ Martin du Fresnoy, fut imprimé sur du papier dont chaque feuillet porte : *Grand Papier. Six deniers pour quart.* Celui de M⁰ Jean Fauconnet, en 1681, imprimé sur du papier de même format, ne porte que la marque, comme timbre extraordinaire, sans autre désignation.

Les quarts sont timbrés à droite ou à gauche du papier ou bien encore au milieu de la feuille, verticalement ou horizontalement ; cette particularité tient à ce que, dans les petites valeurs, dont la consommation était plus grande, le poinçon était le plus souvent composé de deux timbres renversés, de manière à obtenir deux épreuves à la fois. Le timbrage s'effectuant au centre de la feuille entière, sa séparation en quarts produisait cette disposition spéciale des timbres.

Ils furent employés pour les billets de logement des gens de guerre. Les quittances des tailles s'expédiaient également sur ce format. Après 1750, il fut créé des timbres spéciaux pour les fermes du roi, et ses quittances en furent frappées ; ils n'eurent cependant pas cours dans toutes les généralités. On employa aussi le timbre de la ferme générale seul, ou encore accompagné d'un petit timbre portant : *Quittance des Tailles* (généralités de Moulins, Limoges).

Le timbrage des demi-feuilles de petit papier s'effectuait comme pour les quarts sur feuille entière, ce qui explique qu'on les trouve frappées du timbre à droite ou à gauche ; elles furent souvent employées sans être séparées, comme feuille entière.

Le moyen papier, frappé avec un poinçon d'une seule marque, est timbré au milieu de la feuille, quelquefois cependant dans l'angle gauche. Il fut créé aussi des demi-feuilles de ce papier, cotées à la moitié de la valeur ; de même que dans celles du petit papier, l'épreuve se trouve placée à droite ou à gauche.

Le grand papier est, comme le moyen, timbré au milieu de la feuille ou à l'angle gauche ; la demi-feuille à un sol était destinée aux registres.

Les registres étaient frappés du timbre de la ferme générale portant l'indication de leur valeur, ou quelquefois du timbre extraordinaire dont le droit était alors perçu, suivant le format employé. En 1750, il fut créé des timbres spéciaux pour les registres des fermes, sans indication de valeur : ils étaient soumis au tarif des droits.

Le timbre extraordinaire que l'on apposait sur les papiers et parchemins fournis par les particuliers, ne se composait, pour les premiers types, que de la marque, sans légende. En 1673, pour la généralité de Paris, il fut émis un type plus grand, employé sur les grands placards : il figure sur la première page du bail des formules fait à M⁰ Michel de Prasly le 6 mai 1673 ; dans cette généralité, de 1674 à 1756, les timbres pour les papiers portaient cette formule spéciale : *Papier extraordinaire*, plus l'indication de la valeur suivant les formats ; mais ensuite, ils n'eurent plus que cette seule légende : *Extraordinaire*, de même que dans toutes les autres généralités du royaume. Il y en eut quelquefois de spéciaux, c'est-à-dire d'un dessin différent de ceux du bail en cours ; on rencontre cette particularité dans les généralités de Riom 1706, Toulouse 1712, Montauban 1704, Montpellier 1709.

Avec le bail de 1703, apparaît le timbre de *Cheville*, destiné uniquement aux registres et expéditions de la ferme gér⁰ ⁰⁰⁰ ; en 1744 il fut émis un nouveau timbre de *Cheville*, mais pour le service de la ferme des aides seulement. (Retrouvé dans les généralités de Soissons, Alençon, Châlons, La Rochelle).

Des timbres spéciaux pour les fermes du roi, registres, expéditions et quittances des tailles, furent émis pendant la durée des baux de 1750 à 1780. A cette époque la perception des droits dévolue à trois compagnies : Ferme générale, Régie générale, Administration générale des domaines, nécessita pour la Régie générale la création de deux nouveaux timbres, un pour les expéditions, et l'autre, timbre extraordinaire, pour les quittances des octrois, tarifs généraux.

Le papier Terrier, dont la confection fut ordonnée par un arrêt du Conseil du 4 janvier 1673, fut marqué d'une formule spéciale; il n'était payé que la moitié des droits, pour les déclarations qui étaient fournies au papier Terrier du domaine du roi.

Parmi les parchemins, la quittance, d'un emploi restreint, se rencontre très souvent frappée de plusieurs timbres. Le parchemin, d'une valeur plus élevée que le papier, se détruisait rarement, et, à chaque changement de bail, le sous-fermier y apposait son nouveau timbre. Il en existe pourtant six timbres différents.

La demi-feuille, pour brevet, placard ou rôle, d'un emploi plus grand, se trouve au plus contremarquée de quatre timbres.

La feuille de parchemin de deux rôles fut, dans les premiers baux, timbrée par demi-feuille ou rôle, à cinq sols. La feuille entière se trouve en plusieurs grandeurs de formats : les plus grands étaient destinés à la Chambre des Conseils du roi, du Grand Conseil; les notaires s'en servirent également, mais un arrêt du Conseil leur en interdit l'usage.

Les lettres de chancellerie s'expédiaient sur peau entière, demi-peau et quart de peau; les prix en étaient proportionnés aux formats; elles existaient principalement pour la généralité de Paris: on les trouve aussi dans la généralité de Caen. En 1774 les demi-peaux furent frappées d'un timbre de 35 sols, identique pour toutes les généralités.

Les lettres d'université furent employées dans les généralités de Paris, Caen et Toulouse avec un timbre portant une indication spéciale, et, dans les autres généralités, avec le timbre ordinaire de la ferme.

En 1723, il fut établi un timbre particulier pour la formule des actes des notaires au Châtelet de Paris. Le roi, par la déclaration du 7 décembre 1723, supprimant la formalité du contrôle à laquelle ils étaient assujettis, ordonna qu'il serait établi des formules particulières pour les papiers et parchemins timbrés qu'ils employaient, et qu'elles seraient imprimées à côté de celle de la ferme. Les actes furent divisés par classes. Elles durèrent sept années.

L'embarras que la distinction du papier selon la nature des actes causait aux notaires et aux parties contractantes, engagea le roi, par une autre déclaration du 5 décembre 1730, à supprimer ces formules pour les remplacer par une formule uniforme à compter du 1ᵉʳ janvier 1731, portant : *Actes des Notaires de Paris*, et imprimée à côté du timbre ordinaire des fermes; les empreintes en furent déposées au greffe de l'élection de Paris.

Lorsqu'ils allaient recevoir des actes dans les provinces où il n'existait ni papier timbré ni contrôle pour les actes, les notaires pouvaient les écrire sur papier commun; mais, dans un pays où le timbre n'était pas en usage et dans lequel néanmoins existait le contrôle, ils étaient obligés de se servir du papier en usage à Paris.

Sont dispensés de la nouvelle formule et écrits sur du papier timbré seulement de la formule générale des fermes, les grosses, expéditions, copies collationnées et extraits des actes et contrats antérieurs au 1er janvier 1724 ; les contrats et quittances des rentes sur l'Hôtel-de-Ville ou sur les tailles et autres quittances à la décharge de sa Majesté, à condition que les pièces justificatives du droit et des qualités de ceux qui donnent ces quittances soient mises sur du papier timbré de la nouvelle formule ; les copies collationnées que les notaires délivrent des arrêts, sentences et autres jugements, et autres actes qui n'émanent pas de leur ministère, un acte à côté ou à la suite d'un acte précédent reçu sur du papier timbré de la forme générale, ou d'un timbre précédent ou même sur du papier commun, lorsque le nouvel acte a une liaison et une connexité naturelle, comme lorsqu'il s'agissait de faire mention sur l'original d'un acte d'un paiement, d'une décharge, d'une réduction, augmentation ou autre déclaration.

Au commencement de chaque bail, le nouveau fermier devait faire graver de nouveaux timbres, pour les mettre en usage dans les généralités. Le Conseil du roi l'autorisait à se servir de celui de l'ancien fermier ou lui en défendait l'usage ; il était alors tenu de contre-timbrer gratis les papiers et parchemins du précédent bail restant en magasin, de reprendre et échanger ceux qui étaient entre les mains des particuliers, et qui pouvaient lui être rapportés pendant le délai d'un mois, à l'exception cependant des registres en papier timbré, cotés et paraphés par un juge et qui avaient été commencés avant l'expiration du dernier bail : ils pouvaient être continués jusqu'à leur entière consommation.

Il existe des feuilles de papiers et parchemins d'un emploi peu fréquent, et des imprimés que l'on employait jusqu'à leur épuisement, contremarqués de trois timbres et plus.

La contre-marque se composait principalement de l'apposition du nouveau timbre de même valeur, ou de celui à l'extraordinaire, à côté de celui de l'ancien fermier ; il en fut créé plusieurs spéciaux et portant l'indication : *Contre-marque* (généralités de Paris, Bretagne).

Lorsqu'on découvrait de faux timbres, les fermiers étaient aussi autorisés à apposer une contre-marque, mais avec un poinçon spécial. Le plus souvent, ils étaient autorisés à confectionner un nouveau timbre.

L'article 21 de l'ordonnance du mois de juin 1680 porte que ceux qui auront contrefait les timbres et moules du papier et parchemin, ou qui auront aidé à en faire le débit, seront condamnés à 1.000 livres d'amende, à faire amende honorable aux portes de la principale église de la juridiction, et aux galères pour cinq ans ; et, en cas de récidive, aux galères à perpétuité.

Les parcheminiers et autres, convaincus d'avoir enlevé l'encre sur les parchemins timbrés, que les actes effacés aient eu leur exécution ou non, étaient condamnés à 1.000 livres d'amende et poursuivis comme crime de faux.

Les papiers et parchemins timbrés compris dans le bail des fermes

furent mis en usage, lorsqu'il y eut émission de nouveaux timbres, au
1ᵉʳ octobre, dans les pays où les Aides ont cours, c'est-à-dire les généralités
de Paris, Soissons, Amiens, Rouen, Caen, Alençon, Champagne, Tours,
Orléans, Poitiers, La Rochelle, Moulins, Bourges, Lorraine et Bar après
son annexion.

Les Aides, qui n'avaient pas cours en Bretagne, étaient remplacés par la
forme des Devoirs, Impôts, Billots, tout en suivant les usages des provinces
d'aides. Les États, en 1760, reconnurent que la formule ne pouvait être bien
régie que par les employés des domaines, et l'assimilation eut lieu le
1ᵉʳ janvier 1761.

Pour la forme des Domaines, les timbres n'avaient cours que le
1ᵉʳ janvier suivant : elle comprenait les généralités de Bordeaux, Auch, Pau,
Toulouse, Montpellier, Montauban, Provence, Dauphiné, Lyon, Metz, Sedan,
Riom, Limoges, la Bourgogne et Bresse.

Le comté de Clermont en Argonne, le duché de Lorraine et Bar, la
principauté de Commercy, le comté de Montbéliard, la vicomté de Turenne
avaient leur régie spéciale, avant leur réunion au royaume.

Le tableau ci-dessous, indiquant les augmentations successives du timbre
suivant la valeur indiquée sur chaque vignette, servira utilement de guide
pour la reconnaissance et le classement des pièces.

PAPIERS		1673	1690	1748 avant les 45 s. pour la livre	1748 avec les 45 s. pour la livre	1780
		» »	» »	» »	» »	» »
Petit papier	Quart de feuille......	» 6	» 8	» 10	1 »	1.2
	Demi-feuille.........	» 8	» 10	» 12 ½	1 3	1.5 ½
	Feuille	1 »	1. 4	1.8	2 »	2.4
Moyen papier	»	» 18	2 »	2.6	3 »	3.6
Grand papier	»	2 »	2. 8	3.4	4 »	4.8
PARCHEMINS						
	Quittance	5 »	6. 8	8.4	10 »	11.8
	Rôle............	6 »	8 »	10 »	12 »	14 »
	Feuille........... ...	8 »	13. 4	16 8	20 »	23.4
	Rev. casuels du roi...	5 »	6. 8	—	10 »	11.8
	Lettres de chancellerie.	6 »	8 »	—	12 »	14 »
	»	15 »	20 »	—	30 »	35 »
	»	20 »	27 »	—	40 »	
	Quittances de l'Hôtel de ville	2 »	—	—	3 »	3.6
	Lettres d'université ...	10 »	13. 4	—	20 »	23.4

Le tarif de 1748 ne figure pas dans toutes les généralités, la valeur portée sur les timbres n'indiquant pas toujours les quatre sols pour livre d'augmentation des droits.

Par les déclarations des 3 mars et 7 juillet 1703, les deux premiers sols pour livre furent créés pendant une année ; cette augmentation fut prorogée jusqu'au 31 décembre 1705 ; une nouvelle déclaration du 18 septembre 1706 ordonna qu'elle serait continuée jusqu'à ce qu'il en eût été autrement ordonné. Une déclaration du 7 mai 1713 porta cette perception à quatre sols pour livre ; supprimée par déclaration du 13 février 1717, elle fut rétablie par lettres patentes du 18 mars 1718, pour trois années seulement ; prorogée de nouveau pour trois années par arrêt du Conseil du 18 janvier 1721, elle fut continuée jusqu'au 20 mars 1727 par lettres patentes du 27 février 1724, et jusqu'au 31 décembre 1732 par autres lettres patentes du 12 juillet 1726 ; jusqu'au 31 décembre 1738, par déclaration du 3 août 1732 ; jusqu'au 31 décembre 1744, par déclaration du 7 janvier 1738 ; prorogée jusqu'au 31 décembre 1750, par une autre déclaration du 13 octobre 1743.

En 1748, lorsque l'édit du mois de février porta l'augmentation sur le papier et parchemin timbrés

La feuille de petit papier à	1 sol 8 deniers se payait	2 sols la feuille.
Le moyen papier à	2 sols 6 deniers	»	3 sols	»
Le grand papier à	3 sols 4 deniers	»	4 sols	»
Le rôle de parchemin de . . .	10 sols	»	12 sols	»
Et la feuille de parchemin à	16 sols 8 deniers	»	1 livre	»

Le droit fut prorogé successivement par différentes déclarations jusqu'au 31 décembre 1790.

Un édit du mois de septembre 1759 créa une subvention générale établissant quatre nouveaux sols pour livre sur différents droits des fermes, parmi lesquels furent compris les papiers et parchemins timbrés, et par un arrêt du Conseil du 11 novembre, Mᵉ Pierre Henriet, adjudicataire général des fermes, fut chargé de la perception de ces droits. Un autre édit du mois de novembre les prorogea jusqu'à fin décembre 1780.

Le petit papier marqué. . . .	2 sols se payait	2 sols 4 deniers.
Le moyen papier à	3 sols	»	3 sols 6 deniers.
Le grand papier à	4 sols	»	4 sols 8 deniers.
Le rôle de parchemin à	12 sols	»	14 sols.
La feuille de parchemin de	20 sols	»	23 sols 4 deniers.

Le 3 février 1760 une nouvelle déclaration ordonnait que jusqu'au 31 décembre 1790, il serait perçu au profit du roi un autre vingtième ou sou pour livre d'augmentation sur différents droits. L'article cinq en exempte les papiers et parchemins timbrés et la formule des notaires de Paris.

Ce ne fut qu'en 1780, sur les timbres du bail de M° Jean-François René, que figura la totalité des droits, comprenant le droit principal, les anciens et nouveaux quatre sols pour livre, indiqués au tarif ci-dessus.

Le classement ci-après des généralités indique comme première date l'introduction de l'impôt du timbre dans la généralité ou la création de cette généralité, lorsqu'elle n'existait pas en 1673; les dates suivantes indiquent l'époque où la légende du timbre subit un changement. Enfin l'accolade comprend les généralités ayant fait partie d'une même sous-ferme ou d'un même bureau de finances.

1673. Généralité de Paris.

1673. Généralité de Soissons.
    »   d'Amiens.

1673. Normandie { 1674, Rouen. Caen. Alençon.

1673. Champagne; 1718, Châlons.

1674. Clermontois.

1698. Lorraine et Barrois; 1780, Lorraine.

1740. Principauté de Commercy; 1741, Lorraine et Bar.

1673. Généralité de Metz; 1674, Parlement de Metz; 1708, Généralité de Metz; 1719, Metz et Sedan.

1704. Comté de Montbéliard.

1673. Province de Bretagne; 1673, Bretagne.

1673. Généralité de Tours.

1673. Généralité d'Orléans.

1673. Généralité de Bourgogne; 1674, Province de Bourgon. et Bresse; 1675, Bourg, Bresse, Bugey; 1680, Généralité de Bourgogne; 1681, Généralité de Dijon.

1673. } Généralité de Poitiers.
1697. } Généralité de La Rochelle.

      Généralité de Moulins.
1673. { Généralité de Bourges; 1673, Généralité de Berry; 1683, Berry; 1687, Généralité de Bourges.

1673. { Généralité de Riom; 1680, Généralité d'Auvergne; 1720, Auvergne. Généralité de Limoges.

1673. Vicom é de Turenne.

1676. Comté de Montfort.

1673. Généralité de Bordeaux.

1673. Parlement de Pau; 1728, Généralité de Pau.

1716. Généralité d'Auch; 1722, Généralité d'Auch et Pau.

1673. Parlement de Toulouse. 1674. { Généralité de Toulouse. » Montpellier. » Montauban.

1674. Foix et Bigorre; 1681, Généralité de Montauban, Foix et Bigorre.

1673. Généralité de Lyon.

1671. { Généralité du Dauphiné; 1674, Généralité de Grenoble.
      { Généralité de Provence; 1674, Généralité d'Aix.
1772. Roussillon.
1770. Corse.
Pays occupés: 1792-1793, Savoie.

J'avais songé à ajouter à ce travail les filigranes figurant dans la pâte des papiers, qui forment le complément du timbre et sont destinés à en prévenir les fraudes; ils représentent le plus souvent un dessin similaire à celui du timbre.

On se servait, pour l'appliquer aux formes du papier, d'un fil de laiton façonné à la pince par l'ouvrier; mais ce procédé offrait une grande difficulté pour obtenir une ressemblance uniforme dans les types. Dans la fabrication moderne, le dessin est reporté sur des feuilles de métal puis repercé, ce qui permet d'obtenir des filigranes exactement semblables.

D'ailleurs, on l'apposait d'une façon très irrégulière: sur le petit papier par exemple, il se rencontre placé sur la feuille droite ou sur la feuille gauche ou bien au centre, quelquefois avec la marque du fabricant; il est aussi placé sur les deux feuilles, de telle sorte que, lorsqu'il est employé par demi-feuilles, l'épreuve existe sur chacune d'elles. Dans le papier des quarts, on le rencontre avec une, deux ou quatre épreuves à la feuille.

La ferme manquant souvent de papiers, on se servait de n'importe quelles marques, raisin, jésus, pot, couronne, etc. n'ayant aucun caractère de papier officiel, et quelquefois même du papier d'une autre généralité que celle où il devait être utilisé.

J'ai dû renoncer à leur description, car j'ai rencontré, pour un même type de timbre, jusqu'à dix variétés de filigranes, et j'estime que, en dehors du papier officiel, il n'y avait qu'un intérêt bien médiocre à les cataloguer.

En terminant, je dois exprimer tous mes remerciements aux nombreux collègues qui ont bien voulu faciliter cette tâche en mettant à ma disposition leurs collections pour compléter mon classement.

Suivant l'accueil qui me sera réservé, je me propose de compléter le catalogue du timbre par la publication de ce que j'appellerai la deuxième époque, c'est-à-dire les timbres créés depuis la division départementale de la France, en 1791, jusqu'à la période actuelle.

GÉNÉRALITÉ DE PARIS

Généralité de Paris [1]

PAPIERS

Huit deniers. Format : 18 × 28, feuille simple, vignette à gauche, au milieu : Généralité de Paris.

Pour — Contrats — & Actes — des No — taires de Paris. — Huit deniers
Pour — les procé — dures des — procureurs. —   Huit deniers
Pour les — Comp — tes — aux — sal — aires Rebelles —   "
Pour — les procé — dures des — procureurs — du Parlement de — Paris — "
Pour — Contrats — ou actes — des No — taires.   Huit den. pour — double feuille
Pour — Con — trats & — Actes — des Notaires de — Paris —   "
Pour — Con — tracts & — Actes — des Notaires — & Tabellions — "
Pour — Con — trats & — Actes — des Notaires & — Tabellions — "
Pour — les procé — dures des — procureurs —   Huit den. pour — demie feuille
Pour — les pro — cédures — des — procureurs —   "
Pour — Exploit. —   Huit — deniers pour — demie feuille

Douze deniers. Format : 18 × 28, feuille double.

Pour — Contrats — & Actes — des No — taires de Paris. — Douze deniers
feuille — pour copie — de pièces.   "
Pour — Con — tracts & — Actes — des Notaires   & Tabellions — Douze den pour — feuille
feuille — pour co — pie de — pièces   "

Douze deniers. Format : 21 × 35, feuille double.

Pour — Actes —   Douze — den pour — feuille
Pour — Contracts — & actes des — Notaires — de Paris. — Douze deniers pour — feuille

---

Pour — Contracts & — actes des — Notaires — de Paris. — Douze deniers pour — feuille

Pour — Contracts — & Actes — des No — taires de Paris — »

Pour — Contracts — & Actes — des Not — taires & Tabellions — »

Pour — Con — tracts & — Actes — des Notaires — de Paris — »

Pour — les la — ventel — res & — autres grosses — des procureurs — »

Pour — servir aux — minuttes — des Sent Jug — & Ordon, — »

Pour — servir — aux mi — nuttes — des Sentences — Jugemens & —
    Ordonnances — »

Pour — servir de mi — nuttes des — Conseils du — Roy — »

Pour — Escritures — et Instru — ctions des — Advocats des Con — »
    seils du Roy — »

Pour — servir aux — minuttes — de la Cour — des Aydes — »

Pour — servir — aux mi — nutes de — la Cour — des Aydes — »

Pour — expeditions — des Gref — fiers — »

PARCHEMINS

Sans indication de quartier et ne portant pas :
Généralité de Paris. Vignette à l'angle gauche.

Pour expé — ditions des — Greffiers du — Parlement de —
Paris. — Six sols.

Pour expé — ditions des — Greffiers. — Dix sols pour —
rolles.

Pour Contracts — & Actes des Notai — res de Paris. —
Dix sols pour — deux rolles

Pour Contracts — & Actes des Notai — res de Paris. —
Dix sols pour deux rolles

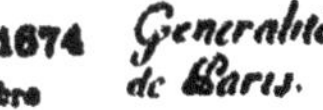

Vignette à l'angle gauche. Généralité de Paris en
deux lignes.

PAPIER

Quittance — du Trésorier — des Revenus — Casuels du Roy —
Cinq sols.

PARCHEMINS

Quittance — de partie — Prenante. — Cinq sols.

Pour Contrats — & Actes des — Notaires & — Tabellions. — Six sols.

Pour Contrats — & Actes des — Notaires & — Tabellions. — Dix sols
    pour — deux rolles.

Pour expedi — tions des Greffiers. — Dix sols pour — deux rolles.

Il existe une variété avec Généralité de — Paris.

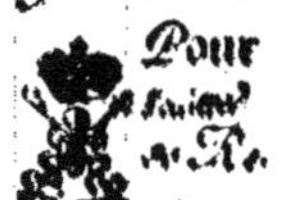

PAPIER

Généralité de Paris, sur une seule ligne.

Pour — feuilles — de Re — gistre. — Huit den. pour — feuillet.

———

Il n'existe pas de timbre à l'extraordinaire pendant cette première période. Les imprimés et placards portent la marque et la formule sans indication de la valeur. Copie d'Arrest. Copie de Sentences. Il fut gravé une marque spéciale de 32 × 40 destinée aux grandes affiches; elle figure également à la première page du bail des droits de formule fait à Michel de l'raly le 6 mai 1671.

On rencontre de nombreuses variétés, dans la marque, la disposition des formules, et les caractères employés; elles peuvent être attribuées à ce qu'il y avait plusieurs imprimeurs des formules : ils durent faire exécuter person-nellement la gravure des marques, ce qui produisit de légères différences dans leur exécution. La disposition du texte et la variété des caractères doivent provenir de la même cause, sauf toutefois si l'on considère ces changements comme un contrôle de fabrication ou d'administration, ainsi que l'on peut l'observer plus tard sur des timbres portant des signes distinctifs et même des numéros.

———

Pour Contrats ou actes du Notaire. *Une fois par deux rolles.*

PAPIERS

Vignette au milieu de la feuille. Quart à six deniers, format : 15 × 18.

Pour procédures des Procureurs — Six deniers.
Pour les fermes & droits du Roy   »
Pour extraits & certificats — Six deniers pour quart de feuille
Pour les procédures des Procureurs — Six deniers pour quart de feuille
Quittance Six deniers

———

Demi-feuille à huit deniers. Formats : 16 × 25, 17 × 29, 18 × 27, 22 × 35.

Pour Exploit. —   Huit deniers pour demie feuille.
Pour Contrats ou actes des Notaires —   »
Pour Contrats ou Actes des Notaires —   »

Pour les procédures ⊐ des Procureurs —   Huit deniers ⊐ pour demie feuille,
Pour les Procédures ⊐ des Procureurs —   »
Pour les Fermes ⊐ & droits du Roy —   »
Pour Extraits ⊐ & Certificats —   »
Pour les Commissaires   Enquesteurs & autres —   »
Pour servir aux ⊐ minuttes & expeditions des Greffes —   »
Pour servir ⊐ aux minuttes & expeditions — des Greffes. ⊐ Huit den pour demie feuille,
Pour Contrats ⊐ & Actes des Notaires — & Tabellions ⊐   »
Feuille pour ⊐ Copies de pièces. — Huit deniers ⊐ pour demie feuille

---

Vignette à l'angle gauche. Format : 21 × 28 double.

Feuille — pour Copie — de pièce — imprimée — Huit den pour — demie feuille.

Feuille à douze deniers. Formats : 18 × 28 ¹/₂ , 35 × 21 ¹/₂.

Actes ⊐   Douze deniers pour feuille
Pour ⊐ Exploit. —   Douze deniers ⊐ pour feuille.
Pour les procédures ⊐ des Procureurs —   »
Pour les Procedures ⊐ des Procureurs. —   »
Feuille pour ⊐ copies de pièces —   »
Pour Contrats ⊐ ou actes des Notaires —   »
Pour Contrats ⊐ ou Actes des Notaires —   »
Pour minuttes ⊐ & expeditions des Greffiers —   »
Pour servir aux ⊐ minuttes & expeditions des Greffes —   »
Pour Copies   Collationnées. —   »
Pour les Inventaires   & autres grosses des Procureurs —   »
Pour expéditions   des Greffes des Conseils du Roy —   »
Pour minuttes   & expéditions des Conseils du Roy —   »
Pour Contrats ⊐ & Actes des Notaires — & Tabellions ⊐ Douze deniers pour feuille
Pour servir   aux minuttes & expéditions — des Greffes ⊐   »
Pour les procez ⊐ verbaux & grosses des Huissiers — & Sergens ⊐   »

Copie ⊐ d'Arrest.

Format : 18 × 28.

Pour feuillet ⊐ de Registre — Quatre ⊐ deniers
Pour feüillet ⊐ de Registre —   »

Quittance du Trésorier ⊐ des Revenus Casuels du Roy — Cinq ⊐ sols

---

PARCHEMINS

Quittance ⊐ du Receveur des Consignations — Cinq ⊐ sols

Pour expéditions ⹀ des Greffiers —   Six ⹀ sols
Pour Contracts & ⹀ Actes des Notaires & Tabellions —   »
Pour servir aux Lettres ⹀ de la Chancellerie près le Parlement —   »
Pour servir aux Lettres ⹀ de la Chancellerie de France —   a

———

Pour expéditions ⹀ des Greffiers —   Dix sols pour ⹀ deux rolles
Pour Contrats ⹀ ou actes des Notaires —   »
Pour les Commissaires ⹀ Euquesteurs & autres —   »
Pour expéditions ⹀ des Greffes des Conseils du Roy — Dix sols ⹀ pour deux rolles
Pour expéditions ⹀ des Greffiers des Requestes — de l'Hostel ⹀ Dix sols pour deux rolles
Pour expéditions ⹀ des Greffiers des Conseils — du Roy ⹀   »

———

Pour servir aux Lettres ⹀ de la Chancellerie de France — Quinze ⹀ sols

———

Quittance pour les ⹀ Rentes de l'Hostel — de Ville de Paris ⹀ Deux sols

Tous ces papiers et parchemins et ceux du mois d'octobre 1673 se trouvent contremarqués du timbre suivant.

Les papiers et parchemins présentent jusqu'à quatre variétés, pour chaque type, soit comme disposition du texte, ou son inscription en lettres majuscules ou minuscules.

PAPIERS

Petit ⹀ Papier — Six deniers ⹀ pour quart
  »   — huit den ⹀ le feuillet
  »   — Un sol ⹀ pour feuille
Moyen ⹀ Papier — Six deniers ⹀ pour quart
  »   Neuf den ⹀ le feuillet
  »   dix huit den ⹀ la feuille
Grand ⹀ Papier — Six deniers ⹀ pour quart
  »   Un sol ⹀ le feuillet
Registre ⹀ Grand Papier —   »
Grand ⹀ Papier — Deux sols ⹀ la feuille

———

Papier ⹀ Extraordinaire — Six den ⹀ pour quart
  »   huit den ⹀ le feuillet
  »   Un sol ⹀ la feuille
  »   Dix huit ⹀ den la feuille
  »   Deux sols ⹀ la feuille

———

PARCHEMINS

Quittance des Rentes = de l'Hostel de Ville — Deux = sols,
Quittance = Cinq sols
Pour contracts ou = Actes des Nottaires — Six = sols
Pour Expéditions = des Greffiers — »

A Dix sols = pour deux Roolles.

Pour Expéditions = des Greffiers —
Pour Contracts = ou Actes des Nottaires.
Pour Expéditions = des Greffiers des Requestes
Pour Expéditions des = Greffiers du parlement
Pour Expéditions des = Greffiers des Conseils — du Roy

Pour servir aux = Lettres de la chancellerie — Six = sols
  »   »   Quinze = sols
  »   »   Vingt = sols

Grand Papier
Six deniers pour quart

1676   *Nouveau timbre de même forme, avec de nombreuses variétés comme le précédent.*

PAPIERS

Petit = Papier — Six deniers = pour quart
  »   Huit den = le feuillet
  »   Un sol = la feuille.
Moyen = Papier — Six deniers = pour quart
  »   Neuf den = le feuillet
  »   Dix huit den = la feuille.
Grand = Papier — Six deniers = pour quart
  »   Un sol = le feuillet
  »   Deux sols = la feuille.

Quittance des Revenus = Casuels du Roy — Cinq sols

PARCHEMINS

Quittance des Rentes = de l'Hostel de Ville — Deux = Sols.
Quittance = Cinq Sols.

Pour Expéditions = des Greffiers —   Six = sols
Pour Contrats ou = Actes de Notaires —   »

A Dix sols pour = deux Rolles.

Pour contracts ou = Actes de Nottaires
Pour Expéditions = des Greffiers
Pour Expéditions des = Greffiers des Requestes
Pour Expéditions des = Greffes des Conseils du Roy
Pour Expéditions de la = Chambre des Comptes

Pour Expéditions des = Greffiers du Grand Conseil — Quinze = Sols.

Lettres de la = Chancellerie — Six = Sols
        »   Quinze = Sols
        »   Vingt = Sols.

Timbre gravé avec quelques variantes dans les caractères.

PAPIERS

Petit = Papier — Six den⁵ = Pour Quart.
        »   Huit den = Le feuillet
        »   Un Sol = la feuille.
Moyen Papier — Six den   Pour quart.
        »   Dix huit den = La feuille.
Grand Papier — Deux sols = la feuille.

Quittance des Revenus = Casuels du Roy — Cinq = Sols.

Papier = Extraordinaire. — Six deniers = pour quart
        »   Huit den = Le feuillet
        »   Un sol = la feuille.
        »   Dix huit = den la feuille
        »   Un Sol = le feuillet
        »   Deux sols = la feuille.

Il se rencontre également, sans indication de valeur, sur les différents formats.

PARCHEMINS

Quittance des Rentes ... de l'hotel de Ville — deux ... Sols.
Quittance ... Cinq sols
Quittance des Revenus Casuels du Roy ... Cinq sols

Marque seule, sans autre indication.

———

Pour Expeditions ... des Greffiers, —   six ... sols
Pour Contracts ... ou actes des Notaires —   »

———

Pour les Secretariats ... des Archevèques — Et Evèques ... Dix Sols
Lettre ... d'Université, — Dix ... Sols

———

A Dix sols pour   Deux Roules.

Pour Expéditions   des Greffiers,
Pour Contracts   ou actes des Notaires
Expéditions Des ... Greffes du Grand — Conseil ...
Pour Expéditions Des ...   Greffes des Con^{les} du Roy —

———

Lettre de la   Chancellerie — Six   sols
    »   Quinze   sols
    »   Vingt   sols

———

1687
1er octobre   *La vignette de ces timbres, entièrement gravée, ne présente plus qu'un type pour chaque timbre.*

———

PAPIERS

Petit Papier. Six den P. Quart
    »   Huit D. Le Feuillet
    »   Un Sol La Feuille.
Moyen Papier Dix Huit D. La Feuille
Grand Papier Deux Sols La Feuille

———

Papier ... extraordinaire.

Avec et sans indication de valeur, et ne se composant le plus souvent que de la marque du centre.

———

Quittance Des Revenus Casuels Du Roy Cinq Sols

———

PARCHEMINS

Quittance Des Rentes De Lhôtel De Ville. Deux Sols.
Quittance Cinq Sols.
Quittance Des Revenus Casuels Du Roy. Cinq Sols

Marque seule sans indication.

P. Expeditions Des Greffiers.   Six Sols.
P. Contracts ou Actes Des Nottaires   »

Dix sols Pour Deux Rooles

P. Contracts Ou Actes Des Nottaires.
P. Expeditions Des Greffiers.
P. Expéditions De La Chambre des Comptes..

Lettres de la Chancellerie. Six sols
       »   Quinze Sols
       »   Vingt Sols.

1590   *Augmentation d'un tiers du prix des papiers et des parchemins timbrés. A commencer du 1ᵉʳ juin, ils furent contremarqués de petits timbres indiquant cette augmentation.*

PAPIERS

Petit Papier. Quart	Augᵐ	2 D.
»	Le feuillet	»	2 D.
»	La feuille	»	4 D.
Moyen Papier. La feuille	»	6 D.
Grand Papier	»	»	8 D.

PARCHEMINS

Parchemins à Cinq Sols		20 D.
»	à Six Sols	2 S.
»	à 10 Sols	3 • 4 D.
»	à 15 Sols	5 S
»	à 20 Sols	7 S

*Ils furent à nouveau timbrés en 1691 de la contremarque du timbre
suivant :*

1691

1er octobre

PAPIERS

Petit Papier Huit Den P. Quart.
   »   Dix Den. Le Feuillet.
   »   Un Sol 4 Den La feuille.
Moyen Papier Deux Sols La Feuille
Grand Papier 2 S 8 D La Feuille.

PAPIER EXTRAORDINAIRE

Petit Pa. Extra^{re} Huit Den P. Quart
   »   Dix Den Le Feuillet
   »   Un Sol 4 D La Feuille
Papier Extra^{re} Deux Sols La Feuille
   »   2 S 8 D. La Feuille.

*La marque seule fut employée également pour le timbrage du papier
extraordinaire.*

PARCHEMINS

Quittance des Rentes De l'Hostel de Ville Deux Sols
Quittance Six Sols Huit Den.
Quittance des Revenus Casuels du Roi Six Sols Huit Den.
P. Expeditions Des Greffiers.   Huit Sols
Pour Contracts ou Actes des Notaires   »
Expeditions Des Greffes Du Grand Conseil   »

A Traize Sols 4 D. P. Deux Rooles.

Pour Contracts ou Actes des Nottaires
P. Expéditions des Greffiers
P. Expeditions Des Greffes Des Con^{tes} du Roy.
Lettre d'Université.

Lettre De La Chancellerie Huit Sols.
   »   Vingt Sols.
   »   Vingt sept Sols.

Les mêmes papiers et parchemins contremarqués de la vignette du timbre suivant :

PAPIERS

Petit Papier Huit Den P Quart
»   Dix Den La Feuillet
»   Un Sol 4 D La Feuille
Moyen Papier Deux Sols la Feuille
Grand Papier Deux Sols 8 D La Fe

PAPIER EXTRAORDINAIRE

Petit P Exte Huit Den P. Quart
»   Dix Den le Feuillet
»   Un Sol 4 D La Feuille
Moyen P Exte Deux Sols La Feuille
Grand P. Exte Deux Sols 8 D La Fe

Marque seule, sans indication de valeur, frappée sur les différents formats.

Quittance des Revenus Casuels du Roy. Six S. Huit Deniers.

PARCHEMINS

Quittance —   Six Sols Huit Den.
Quittance Des Revenus Casuels du Roy   »
P Expéditions Des Greffiers.   Huit Sols
P Contracts ou Actes Des Notaires   »
Expedition D Greffes D. Gra⁴ Conseil   »

A Traize Sols 4 D. Pour 2 Rooles

Pou' Contracts ou Actes des Notais
P. Expeditions Des Greffiers
P. Expedition' Des Greffiers Des Con¹ⁿ du Roy
Lettre D'université.
Expedⁿˢ Des Greffes Du Grand Conseil.

Lettre de la Chancellerie. Huit Sols
»   Vingt Sols
»   Vingt sept Sols
Quittance D Rentes De L.Hotel De Vill' Deux Sols

*Ces papiers et parchemins furent contre-timbrés, pour le bail suivant,
d'un timbre de même valeur, ou de celui de cheville.*

1709
1er octobre

PAPIERS

HUIT DENIERS POUR QUART
PETIT PAP. X. DEN LE FEUIL.
PETIT PAP. I SOL. IV DEN. LA. F.
MOYEN PAP. II SOLS LA FEUILLE
GRAND PAP II SOLS VIII. D LA F.

PAPIER EXTRAORDINAIRE

PETIT PAP EXTRAO
PETIT PAP EXTRAO. I S. IV. D LA. F.
MOYEN PAP EXTRAOR II. S. LA F
GRAND PAP EXTRAOR II. S VIII. D. LA F.

CHEVILLE
REV. CASUELS DU ROI. VI. S. VIII. D

PARCHEMINS

Q DES RENT. DE L'HOT DE VIL. II. S
REV. CASUELS DU ROI. VI. S. VIII. D
GRANDES. QUITT. VI SOLS VIII D.
ACTES DES NOT. VIII SOLS
EXP. DES GREFFIERS. VIII SOLS.

ACTES DES NOT. XIII SOLS. IV D.
EXP. DES GREFF. XIII SOLS. IV D.
GREF DU G CONSEIL XIII SOLS IV D.
LETT DE L'UNIVERS. XIII SOLS IV D.
CH. DES COMPTES XIII. S. IV D.

LETTRES DE CHANC. VI.I SOLS.
LETTRES DE CHANCEL. XX SOLS.
LETT. DE CHANCEL. XXVII SOLS.

Les papiers ne sont pas contremarqués du timbre suivant, des parchemins le furent seulement du timbre de 1743.

PAPIERS

HUIT DENIERS POUR QUART
PETIT PAP. X. DEN. LE FEUIL.
PETIT PAP. I SOL, IV DEN. LA F.
MOIEN PAP. II. SOLS LA FEUIL.
GRAND PAP II SOLS VIII. D. LA F.

PAPIER EXTRAORDINAIRE

PET PAP. EXTRAO. I S. IV D. LA F.
MOIEN PAP. EXTRAORD. II. S. LA F.
PAP. EXTRAO. I. SOL, IV. DEN. LE F.
CHEVILLE
REV. CASUELS DU ROI VI. S. VIII D.

PARCHEMINS

REV. CASUELS DU ROI. VI. S. VIII D.
GRANDES QUITT. VI. SOLS VIII D.
ACTES DES NOT. VIII SOLS.
EXP. DES GREFFIERS VIII SOLS.

ACTES DES NOT. XIII SOLS IV. D.
EXP DES GREFF. XIII. SOLS IV. D.
GREFF. DES CONSEILS XIII. SOLS IV. D.
CH. DES COMPTES XIII. S IV. D.
LETT DE L'UNIVERS. XIII. SOLS IV. D.

LETTRES DE MAITRISE VIII SOLS
LETTRES DE CHANC VIII SOLS.
LETTRES DE CHANCEL. XX SOLS
LETT. DE CHANCEL. XXVII. SOLS

Q. DES RENT. DE L'HOT. DE VIL. II. S.
Q. DES RENT. DE L'HOT. DE VIL. II. S.

Variété du précédent gravé : l'dot pour l'hot. (Hôtel de Ville.)

Les mêmes, contremarqués du timbre suivant :

PAPIERS

HUIT DENIERS POUR QUART.
PETIT PAP. X. DEN. LE FEUIL.
PETIT PAP. I. SOL. IV. DEN. LA F.
MOYEN PAP. II. SOLS LA FEUIL.
GRAND PAP. II. SOLS VIII. D.

PAPIER EXTRAORDINAIRE

PET PAP EXTRAO. I. S. IV. D LA F.
CHEVILLE

PARCHEMINS

Q. DES RENT. DE L'HOT. DE VIL. II. S.
REV. CASUELS DU ROI VI. S. VIII. D.
ACTES DES NOT. VIII. SOLS.
EXP. DES GREFFIERS. VIII. SOLS

ACTES DES NOT. XIII. SOLS IV D.
EXP DES GREFF. XIII. SOLS IV D.
GREFF DES. CONSEILS. XIII. S. IV D.
GREF. DU G. CONSEIL. XIII. S. IV D

LETTRES DE CHANC. VIII. SOLS.
LETTRES DE CHANC. XX. SOLS
LETT. DE CHANCEL. XXVII SOLS

Les mêmes timbres, contremarqués du suivant.

PAPIERS

R. DE. P. QUART
P. P. D. D. LR. FEUI.

*Il existe une variété où la gravure est plus faible et les fleurs de lis
moins larges.*

P. P. I. SOI. 4. D. LA. P.
M. P. H. SOI. LA. FEUI.
G. P. H SOI. 8. D. LA. P.

CHEVILLE

R. CA. DU ROI 6 S 8 D.

PARCHEMINS

Q. D. R. D I. H. D. V. H S.

R. CA. DU ROI 6 S 8 D.
G. QUIT. 4 S 8 D
AC. DES NOT. 8 S.
EX. DES GR. 8 S.

AC. DES N. 13 S 4 D
EX. DES GR 13 S 4 D
G. DES C 13 S. 4 D.
L. DE I.V. 13 S. 4 D.

L. DE CH. 8 S.
L. DE CH. 20 S.
L. DE CH. 27 S.

*De faux parchemins ayant été mis en circulation,
à compter du 24 mai 1719, ils furent contremarqués
de deux L enlacées, avec une fleur de lis au centre.*

Les mêmes papiers et parchemins furent contretimbrés du timbre suivant.

1788

1er juillet

PAPIERS

HUIT DEN. P. QUART
DIX DENIER LE FEUILL.
P. P. UN SOL QUATRE DEN
P. DEUX SOLS LA FEUILLE
P. DEUX SOLS HUIT D. LA F.
POUR CHEVILLE
REV. CAS. DU ROY 6 S. 8 D.

PAPIER EXTRAORDINAIRE

EXTRAORD. HUIT D LE Q.
EXTRAORD DIX D. LE F.
P. P. EXTR. 1 S. 4 D. L. F.
M. P. EXTR. 2 SOLS L. F.
G. P EXTR 2 S. 8 D. L. F.

PARCHEMINS

Q. DES R. DE LH. DE V. 2 S.

REV. CAS. DU ROY 6 S. 8 D.
GR. QUIT. 6 SOLS 8 D.

ACT. DES NOTT. 6 SOLS
EXP. DES G. HUIT SOLS
L. DE MAIT. HUIT SOLS (Maîtrises)
GR DU GR C. HUIT SOLS. (Greffiers du grand conseil).

ACT. DES N. 13 SOLS 4 D.
GREFFIER   »
GREFF DES C.   »   (Greffiers des cours).
GR. CONSEIL   »

LETTRES DE CHANC. 8 S.
LETTRES DE CHANC 20 S
LETTRES DE CHANC 27 S.

FORMULE DES NOTAIRES DE PARIS

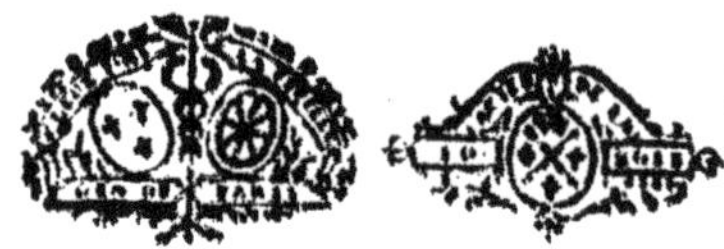

PAPIERS

P DEUX SOLS LA FEUILLE ACTES DE LA 1ʳᵉ CLASSE. 10 SOLS

PARCHEMINS

ACT DES NOT 8 SOLS ACTES DE LA 1ʳᵉ CLASSE 20 SOLS.

PAPIERS

P DEUX SOLS LA FEUILLE MINUT DES ACTES DE LA DEUXIÈME
CLASSE 5. S.

PAPIERS

P DEUX SOLS LA FEUILLE PREMI FEUIL D'EXPÉDITIONS 2. L. 10. S.
P. DEUX SOLS LA FEUILLE DEUXI FEUIL D'EXPÉDITIONS 10 SOLS.

PARCHEMINS

ACT DES N. 13 SOLS 4 D. PREMI FEUILLE D'EXPÉDITIONS 4. LIVR.
ACTES DES N. 13 SOLS 4 D. DEUXI FEUILLE D'EXPÉDITIONS 20 SOLS.

1731

1" janvier

PAPIERS

P. DEUX SOLS LA FEUILLE   ACTES DES NOTAIRES DE PARIS 7 SOLS 6 DEN.

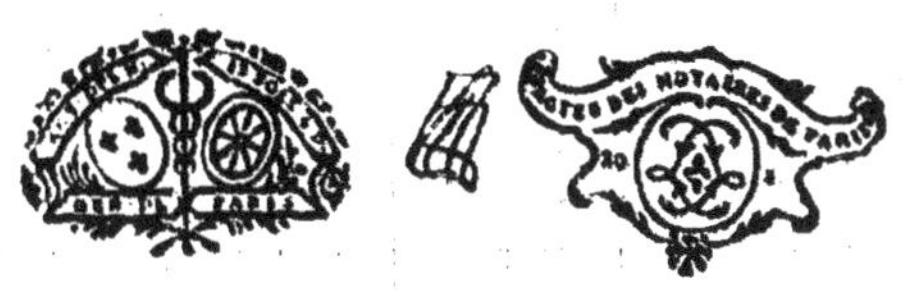

PARCHEMINS

ACT DES NOTT 8 S.   ACTES DES NOTAIRES DE PARIS 12 S.
ACT DES N. 13 S 4 D.   »   »   20 S.

Les mêmes papiers et parchemins sont contremarqués du timbre suivant.

1738

1" octobre

PAPIERS

HUIT DEN.
DIX DEN.
P PAPIER 1 S. 4 D.
PAPIER   2 S. LA F.
     »   2 S. 8 D. LA F.

PAPIER EXTRAORDINAIRE

EXTRAORD. 8 DEN LE QU.
     »   10 DEN LE F.
P. P. EXTRA. 1 S. 4 D. L. F.
M. P. EXTRA. 2 S. L. F.
G. P. EXTRA. 2 S. 8 D. L. F.
R. CA. DU ROY 6. S. 8. D.
P CHEVIL. EXP DES FERMES.

PARCHEMINS

Q. D. R. D. L'H. D. V. 2 S.

GR. QUITT. 6 S. 8 D.
R. CA. DU ROY. 6 S. 8 D.

AC. DES NOT. 8 S.
EXP. DES GR. 8 S.

AC. DES NOT. 13 S. 4 D.
GREFFIER. 13 S. 4 D.
GREFF DES C. 13 S. 4 D.
G CONSEIL 13 S. 4 D.

L. DE CHANC. 8 S.
    »   20 S.
    »   27 S.

Q. DES R. DES TONTINES 2 SOLS

FORMULE DES NOTAIRES DE PARIS

Le nouveau timbre fut d'abord employé avec le timbre des notaires du 1er janvier 1731, et depuis 1739 avec un nouveau timbre.

PAPIERS

2 S. LA F.   ACTES DES NOTAIRES DE PARIS 7. S 6 D.

PARCHEMINS

AC DES NOT. 8 S.   ACTES DES NOTAIRES DE PARIS 12 S.
    »   13 S. 4 D.   »   »   20 S.
    »   13 S. 4 D. EXTRAORDIN.

On trouve les mêmes papiers et parchemins contremarqués du timbre suivant.

1744

1ᵉʳ octobre

PAPIERS

HUIT DEN LE QU.
DIX DENIERS LE F.
P. P. UN SOL QUATRE D.
M. P. DEUX SOLS LA. F.
PAPIER 2. S. 8. D. LA F.

PAPIER EXTRAORDINAIRE

EXTRA. HUIT DEN. LE Q.
EXTRA. DIX DEN. LE F.
P. P. EXTRA. 1. SOL. 4. D. LA. F.
M P EXTRAOR. 2. S. LA F.
G P EXTRAOR. 2. S 8 D.
EXP. D. F. GEN. SEULEM. (Expéditions des fermes générales seulement.)
R. C. DU ROY. 6. SOLS 8. D.

PARCHEMINS

Q. DES R. DE L'H. D. V. 2 S.

GR QUIT 6 S. 8 D.
R. C. DU ROY 6. SOLS 8 D.

ACT. DES NOT. HUIT SOLS.
EXP. DES GREFFIERS 8. S.
LET. DE MAITRISE 8. S.

ACT. DES NOT. 13. S. 4. D.
GREFFIERS 13. SOLS. 4 D.
G. DES C. 13 S. 4. D. LA. F.
G CONSEIL 13. S. 4. D. LA. F.

LET. DE CHANCELL. 8. S.
L. DE CHANCELLER. 20 S.
    D   27 S.

Q. DES R. DES TONTINES. DEUX SOLS

FORMULE DES NOTAIRES DE PARIS

PAPIERS

M. P. DEUX SOLS LA F.   ACTES DES NOTAIRES DE PARIS 7 S. 6 D.
M. P. EXTRAOR 2. S. LA. F.   EXTRAORDIN.

PARCHEMINS

ACT DES NOT. HUIT SOLS   ACTES DES NOTAIRES DE PARIS 12 S.
  D 13. S. 4. D   D   D 20 S.

Les mêmes papiers et parchemins sont contremarqués du timbre suivant.

PAPIERS

P. PAP. 1 SOL
P PAP. 1. S. 3 D.
P PAP. 2 SOLS
M. PAP. 3 SOLS
G. P. 4. S LA. F.

PAPIER EXTRAORDINAIRE

P. P. EX. 1. SOL
P. P. EX. 1. S. 3. D.
P. P EX. 2. SOLS.

M. P. EX. 3. SOLS.
G. P. EX. 4. SOLS.
EX. D. F. GEN. S. (Expéditions des fermes générales seulement.)

PARCHEMINS

Q. D. L. D. V. 3 SOLS (Quittance de l'Hôtel de Ville)

G. QUIT. 10 SOLS. (Grandes Quittances.)
Q. D. R. C. 10 SOLS (Quittance des revenus casuels).

AC. D. N. 12 SOLS (Actes des Notaires).
EX. D G 12 SOLS (Expéditions des greffiers).
GR. C. 12 SOLS (Grand conseil).
L. DE. M. 12 SOLS (Lettres de maîtrise).

AC. D. N. 20 SOLS (Actes des Notaires).
GREFF 20 SOLS (Greffiers).
GRA. C. 20 SOLS (Grand conseil).
G. DES C 20 SOLS (Greffiers des conseils).
L. D. L.UNI. 20 SOLS (Lettres de l'Université).

L. D. CH. 12 SOLS. (Lettres de chancellerie).
L. D. C.   30 SOLS   »
L. D. C.   40 SOLS   »

FORMULE DES NOTAIRES DE PARIS

Au mois d'octobre 1750, ce nouveau timbre fut employé avec le timbre de la formule des notaires du précédent bail.

PAPIERS

M PAP. 3 SOLS   ACTÉS DES NOTAIRES DE PARIS 7 S. 6. D.
»   »   »   »   12 S.
M. P. EX. 3 SOLS   EXTRAORDIN.

PARCHEMINS

AC. D. N. 20 SOLS   EXTRAORDIN. 20. S.

Puis, vers la fin de l'année 1750, ils furent contretimbrés du nouveau timbre à l'extraordinaire, et les nouvelles formules furent mises en cours.

PAPIERS

M. PAP 3 SOLS
M. P. EX. 3 SOLS

ACTES DES NOTAIRES DE PARIS DIX SOLS.
EXTRAORD.

PARCHEMINS

AC. D. N. 12 SOLS
AC. D. N. 20 SOLS

ACTES DES NOTAIRES DE PARIS QUINZE S.
»　　　　　»　　　UNE L. CINQ S.

Les papiers et parchemins, qui précèdent, furent contremarqués du timbre suivant.

PAPIERS

P. PAI . 1 SOL
P. PAP. 1. S. 3. D
P PAP. 2 SOLS.
M. PAP. 3 SOLS
G. P. 4. S LA. F

———

EXTRAORDINAIRE

Il ne fut créé qu'un seul type, sans indication de valeur, qui fut employé pour tous les formats de papiers et de parchemins.

———

Q. D. R. C 10 SOLS. (Revenus Casuels du Roy)
REGIST. EXPEDI DES FERMES.

———

PARCHEMINS

Q. COMPT 10 SOLS (Quittance comptable)
Q. D. R C. 10 SOLS (Quittance des Revenus Casuels)
Q. D. M. D. 10 SOLS

———

AC. D. N 12 SOLS (Actes des Notaires)
EX. D. G   »   (Expéditions des Greffes)
L. DE. M   »   (Lettres de Maîtrise)
GRAND. C   »   (Grand Conseil)

—

AC. D. N. 20 SOLS. (Actes des Notaires)
GREFF   »   (Greffiers)
G. DES. C,   »   (Greffiers des Cours)
GRAND. C,   »   (Grand Conseil)
CH. D. C,   »   (Chambre du Conseil)
L. DE LUNI   »   (Lettres de l'Université)

—

L. D. CH. 12 SOLS, (Lettres de chancellerie),
L. DE. C. 30 SOLS,   »
L. DE. C. 40 SOLS,   »

Q. D. R. D. L'H. VILLE 3. S
Q. D. R. D. TONTINES 3. S

*Ce timbre ne varie des précédents que par une banderole transver-
sale, où est placée la légende.*

———

FORMULE DES NOTAIRES DE PARIS

*On marqua du nouveau timbre accolé au timbre précédent des notaires
de Paris, de la fin de l'année 1750.*

Ceux de la nouvelle formule sont au type ci-dessous :

PAPIERS

M. PAP 3 SOLS   ACT DES NOT DE PARIS 10 SOLS
EXTRAORDINAIRE   EXTRAOR

PARCHEMINS

AC. D. N. 12 SOLS   ACT DES NOT DE PARIS 15 SOLS
AC. D N 20 SOLS   »   »   25 SOLS

EXPÉDITIONS DES FERMES DU ROY
1767

EXPÉD. DES FERM DES AYDES.

EXP. DES FERMES

EXP. DES FERMES DU ROY, V. ET BAN DE PARIS (Ville et Banlieue de Paris).

LETTRES DE CHANCELLERIE

35 SOLS

Ce timbre spécial fut aussi mis en cours dans les autres généralités.

Pour empêcher l'emploi d'une grande quantité de parchemins dont l'écriture avait été effacée pour servir une seconde fois, il fut créé un nouveau timbre. Il ne fut plus employé d'autres parchemins que ceux timbrés ou contretimbrés des nouvelles marques.

Q. D. R. C 10 SOLS
Q. COMPT 10 SOLS

AC. D. N. 12 SOLS.
EX. D. G. 12 SOLS
L. DE. C 12 SOLS (Lettres de Chancellerie)

AC. D. N. 20 SOLS.
GREFF 20 SOLS
G. DES C 20 SOLS (Greffiers des Conseils)
CHAMB. D. C 20 SOLS (Chambre des Conseils)
EXTRAORDINAIRE.

Q. D. R. D. L'H. DE VILLE. 3. S

FORMULE DES NOTAIRES DE PARIS

AC. D N. 12 SOLS.   ACT. D. NOT DE PARIS 15 SOLS
AC. D N 20 SOLS.   ACT. D. NOT DE PARIS. 25 SOLS

Tous les papiers et parchemins, la formule des notaires, sauf les expéditions des fermes du roi, furent contremarqués du timbre suivant.

1780
1er octobre

PAPIERS

P. P. 1 SOL 2 D. (Petit papier. Quart)
P. P. 1 SOL 5 D ¼ (Petit papier. Feuillet)
P. P. 2 SOLS 4 D. (Petit papier. Feuille)
M. P. 3 SOLS 6 D. (Moyen papier)
G P. 4 SOLS 8 D. (Grand papier)

EXTRAORDI. (Extraordinaire)
Q. D. VILLE 3 S. 6 D. (Quittance de Ville)
Q. COMPT. 11 S. 8 D. (Quittance comptable)
Q. D. R. C. 11 S. 8 D. (Quittance Revenus casuels)

PARCHEMINS

Q. D. VILLE. 3 S. 6 D.
Q. COMPT. 11 S. 8 D.
Q. D. R. C. 11 S. 8 D.

AC. D. NOT. D. PARIS. 14. S.
EX D GREFFIERS. 14. S

AC. D. NOT. D. P. 23 S. 4. D.
GREFFIERS 23 S. 4. D.
GREFF. D. C. 23 S. 4 D.
CHAMB. D. C. 23 S. 4. D.

L. D. CHANC. 14. S. (Lettres de chancellerie).
35 SOLS   »

FORMULE DES NOTAIRES DE PARIS

PAPIERS

M. P. 3 SOLS 6 D.   ACT DES NOT. 14 S.
EXTRAORDI.   EX. AC. D NOT D. PARIS

PARCHEMINS

ACT. DES NOT. 14 S.   AC. D. NOT. D. P. 21 S.
AC. D. NOT. D. PARIS 14 S.   AC. D. NOT. D. P. 21 S.
AC. D. NOT. D. P. 23 S. 4. D.   AC. D. NOT. D. P. 35 S.

REGISTRES ET EXPÉDITIONS DES FERMES DU ROI

REGIST. DES FERM. DU ROY. T. D. D. (Tarif des droits)
EXPÉDI. DES FERM DU ROY. T. D. D.   »

RÉGIE GÉNÉRALE

EXPÉDITIONS   OCTROIS, TARIFS & TIMB. EXTRAORD.

Ces deux timbres, ainsi que ceux mentionnés ci-dessus, pour les registres et expéditions des fermes du roi, eurent cours dans différentes généralités du Royaume.

1780
1er octobre

GÉNÉRALITÉ DE SOISSONS

La Généralité de Soissons (Ile-de-France) et celle d'Amiens (Picardie) furent comprises dans une même sous-ferme; on y trouve, dans le premier bail, et ensuite pour la Régie des fermes du Roi, des timbres de même type.

Ceux du quartier de juillet 1673 ont une disposition spéciale pour chaque valeur, avec diverses variétés dans les caractères employés.

PAPIERS

POVR GENERALITE DE SOISSONS.

Laquelle. Six deniers. Quartier de Juillet 1673.

Généralité de Soissons, en capitale penchée. Marque au milieu du papier. POVR en capitale droite, la lettre V pour U. Formule & valeur à l'angle gauche en caractère romain. Quartier de juillet 1673 en italique.

POVR — Exploit. — Six deniers.

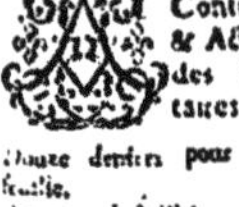

POVR GENERALITE DE SOISSONS

Contracts & Actes des Notaires. Huict deniers pour demie feuille. Quartier de Juillet 1673.

Formule et valeur à l'angle gauche. Marque à côté; dans le haut de la feuille: Généralité de Soissons, en capitale penchée.

Formats : 18 × 28, 20 × 30.

POVR — Contracts — & Actes des — Notaires. — Huict deniers — pour demie feuille.

Se rencontre, avec l'I de Soissons en capitale droite dans les deux formats.

GENERALITE DE SOISSONS

POVR Contracts & Actes des No- taires. Douze deniers pour feuille. Quartier de Juillet 1673.

Marque à l'angle gauche avec formule à côté. Valeur au-dessous. Dans le haut de la feuille, au milieu: Généralité de Soissons.

Format : 20 × 30.

POVR — Contracts — & Actes — des No — taires. — Douze deniers pour — feuille.

Même type, avec Quartier de Jui — 1673 :

POVR — Exploict. — Douze deniers pour feuille.

GÉNÉRALITÉ DE SOISSONS.

Marque à gauche, formule et valeur au-dessous. Au milieu de la feuille : Généralité de Soissons ; l'I de Soissons en capitale droite.

POVR — fervir aux Pro — cureurs du — Roy du Bailage — Senechauffées, — & Sieges Presi — diaux. — Trois deniers pour feuille.

Generalité de Soiffons.

Marque à l'angle gauche, formule et valeur au-dessous, en italique ; POUR en capitale penchée avec U majuscule italique. Au milieu de la feuille : Généralité de Soissons, en gros romain.

Format : 18 × 29.

POUR — Contracts & — Actes des No — taires — Huit deniers pour — demy-feuille.
POUR — Contracts & — Actes des No — taires — Douze deniers — pour feuille.

Generalité de Soiffons.

Marque à l'angle gauche, formule, valeur et Généralité de Soissons en italique. POVR en capitale penchée V pour U.

POVR les pro — cedures des Pro — cureurs — huit deniers pour — demie feuille.

PARCHEMIN

Marque à l'angle gauche, formule et valeur en romain. Généralité de Soissons en capitale penchée ; l'I de Soissons en capitale droite. POUR en capitale droite avec V pour U.

POVR — Contracts & — Actes des No — taires et Tabel — lions. — Six sols.

Généralité de Soissons

POVR
Contracts &
Actes des No-
taires & Tabel-
lions.

*Huit deniers
pour feuille*

Marque à l'angle gauche, formule au-dessous en romain et valeur en italique; en haut de la feuille : Généralité de Soissons en grosse italique (caractères gravés). POUR en capitale droite avec V pour U.

Formats : 18 × 28, 20 × 30.

PAPIERS

POVR — Feuillet de — Registre —   Huit deniers — pour feuillet.
POVR — Contracts & — Actes des No — taires & Ta — bellions   »
POVR — Escritures — d'Avocats. — Huit den pour — demie feuille.
POVR — les procedures — des Procureurs   »
POVR — Exploit   »
POVR — Contracts & — Actes des No — taires & Tabel — lions — Douze deniers — pour feuille.
POVR — Contracts — & actes des — Notaires & — Tabellions — Douze deniers — pour feuille.
POVR — les Greffes — des Cours — Douze deniers — pour feuille
POVR — Minutes — des Cours —   »
POVR — Exploit —   »
POVR — Affaires du — Roy   »

Varièté avec POUR *en capitale droite.*

POUR — Contracts — & Actes des — Notaires & — Tabellions. — Douze deniers — pour feuille.

Même type. POVR *en capitale penchée, V pour U. Formats : 18 × 28, 20 × 30.*

POVR — Feuillet de Re — gistre. — Quatre deniers — pour feuillet.
POVR — les Expeditions — des Greffes. — Six deniers.
POVR — Feüillet de Re — gistre. —   »
POVR — Actes —   *   Huit den pour — demie feuille.
POVR — Exploit —   »
POVR — Minuttes & — expeditions — des Greffes —   »
POVR — les Minuttes & — Expeditions des — Greffes —   »
POVR — les procedures — des Procureurs — Huit deniers — pour demie — feuille.
POVR — Contracts & — Actes des No — taires & Ta — bellions. — Huit deniers — pour feuillet.
POVR — Minuttes & — Expeditions des Greffes — Douze deniers — pour feuille.
POVR — les Fermes & — droits du Roy. —   »
POVR — les Comptes — Societez et au — tres Actes. —   »
POVR — Exploict.   »
POVR — les Inventaires — & autres grosses — des Procureurs   »

1674

Marque, formule et valeur placées dans le haut de la feuille, au milieu. Généralité de Soissons en grosse italique ; dans beaucoup de pièces, la lettre S terminant Soissons est effacée. POVR en capitale droite, V pour U.

Format : 18 × 28, 20 × 30.

POVR les Procedures = des Procureurs — Six = deniers.
POVR   Exploict. — Huit deniers _ pour demie feuille.
POVR Contracts = & Actes des Notaires — & Tabellions, Huit = den pour demie feuille.
POVR Contracts & = Actes des Notaires & — Tabellions, Douze = deniers pour feuille.
POVR Contracts & Actes = des Notaires & Tabellions, — Douze deniers = pour feuille.
POVR les Expeditions = des Greffes, —   »
POVR les certificats = des ventes du Sel, —   »
POVR Comptes, = Societez & autres Actes, —   »

Variété avec U à POUR.

POUR Contracts & = Actes des Notaires & — Tabellions, Douze = deniers pour feuille.

PARCHEMIN

POVR Contracts & Actes = des Notaires & Tabellions — Dix sols pour = deux Rolles.

PAPIERS

Même type. POVR en capitale penchée, V pour U.

POVR les = Quittances — Six = deniers.
POVR = Exploict — Douze deniers = pour feuille.

1674

Juillet

1er type. — *Vignette au milieu de la feuille. Indication du papier en petite capitale ; valeur en romain. Généralité de Soissons en caractère blanc sur banderole noire.*

PAPIERS

PETIT = PAPIER — Six deniers = le quart.
»   — Huit den. la = demy feuille.
»   — Vn Sol = la feuille.
MOYEN = PAPIER — Neuf den. la = demy feuille.
»   — Dix-huit den. = la feuille.

PARCHEMIN

Inscription des parchemins en caractère italique.

Pour Contracts ⌐ ou Actes des — Notaires & . Tabellions — Dix sols pour ⌐ deux Rolles'

2ᵐᵉ type. — Même genre. Indication du papier en capitale un peu plus forte et de différentes hauteurs. Généralité de Soissons en caractère noir sur banderole blanche.

PAPIERS

PETIT ⌐ PAPIER — Six den. ⌐ le quart.
     »   — Huit den. la ⌐ demie feuille.
     »   — Vn sol ⌐ la feuille.
     »   — vn sol ⌐ la feuille.
MOYEN ⌐ PAPIER — Neuf den. la ⌐ demie feuille.
     »   — Neuf deniers ⌐ la demie feuille.
     »   — Dix-huit den. ⌐ la feuille.

PARCHEMINS

Pour Contracts ou ⌐ Actes des Notaires — Six ⌐ sols
Pour Contracts ⌐ ou Actes des — Notaires & ⌐ Tabellions — Six ⌐ sols.
Pour Contracts ou ⌐ Actes des Notaires — Dix sols ⌐ pour deux Rolles.
Pour Contracts ou ⌐ Actes des Notaires — Dix sols pour ⌐ deux rolles
Pour Contracts ⌐ ou Actes des Notaires — Dix sols pour ⌐ deux rolles.
Pour Contracts ⌐ ou Actes des — Notaires & ⌐ Tabellions — Dix sols pour ⌐ deux rolles.
Pour Expéditions ⌐ des Greffiers — Dix sols pour ⌐ deux rolles.

3ᵐᵉ type. — Même genre. Indications du papier en grosse capitale uniforme.

PAPIERS

PETIT ⌐ PAPIER — Six den. ⌐ le quart.
     »   — Huit den. la ⌐ demie feuille.
     »   — Huit den. la ⌐ demie feuille.
     »   — Vn sol ⌐ la feuille.
MOYEN ⌐ PAPIER — Neuf den. la ⌐ demie feuille.
     »   — Dix-huit den. ⌐ la feuille.

Variété : MOYEN ⌐ PAPIER en capitale penchée.

PARCHEMINS

Les parchemins sont du même genre que les précédents, sauf toutefois le mot POVR, qui est en capitale penchée, avec la lettre V pour U.

POVR Contrats ou ⌐ Actes des Notaires — Six ⌐ sols.

POUR Contracts — ou Actes des — Notaires & — Tabellions — Six — sols.
POUR Contrats ou — Actes des Notaires — Dix sols pour — deux rolles.
POUR Contrats ou — Actes des Notaires — Dix sols pour — deux Rolles.
POUR Contracts — ou Actes des — Notaires & — Tabellions — Dix sols Pour — deux rolles.
POUR Exped. — des Greffiers — Six — sols.
POUR Exped. — des Greffiers — Dix sols pour — deux rolles.

Les mêmes papiers et parchemins contremarqués du timbre suivant :

1680

1ᵉʳ octobre

PAPIERS

SIX DEN
HUIT DEN
UN SOL
DIX HUIT DEN
DEUX SOLS

PARCHEMINS

SIX SOLS
DIX SOLS

Les mêmes contremarqués du timbre suivant :

1687

1ᵉʳ octobre

PAPIERS

SIX DEN
HUIT DEN
UN SOLS
DIX HUIT DEN.
DEUX SOLS
EXTRAORDI

PARCHEMINS

CINQ SOLS
SIX SOLS
DIX SOLS
EXTRAORDI

Les mêmes, avec augmentation.

PAPIERS

SIX DEN	AUG^{ON} DEUX D.	
HUIT DEN	»	DEUX D.
VN SOLS	»	QUATRE D.
DIX HUIT DEN	»	SIX. D.
DEUX SOLS	»	HUIT. D.
EXTRAORDI	»	—

PARCHEMINS

CINQ SOLS	AUG^{ON} UN SOLS 8 D.	
SIX SOLS	»	DEUX SOLS
DIX SOLS	»	TROIS S. 4 D.
EXTRAORDI	»	—

Ce timbre avec augmentation se rencontre sur des papiers de 1680.

Les papiers et parchemins furent contremarqués du timbre suivant :

PAPIERS

SIX DEN. — 2 D.
HUIT DEN. — 2 D.
UN SOL. — 4 D.
DIX HUIT D. — 6 D.
DEUX SOLS. — 8 D.
EXTRAORDI.

Il existe une variété du UN SOL avec gravure plus forte.

PARCHEMINS

CINQ SOLS — 1 S 8 D
SIX SOLS — 2 S.
DIX SOLS — 1 S. 4 D.
EXTRAORDI —

Les mêmes contremarqués du timbre suivant :

1703

1" octobre

PAPIERS

HUIT DENI
DIX DENI
VN SOL 4 DEN.
DEUX SOLS
DEVX S. 8 DEN.
EXTRAORDI.
QUATRE DENI. (pour impressions).

PARCHEMINS

6 SOLS. 8 DEN.
HUIT SOLS
13. SOLS 4. DE.
EXTRAORDI.

Les mêmes contremarqués du timbre suivant :

PAPIERS

HUIT. DEN.
DIX. DEN.
UN S. 4. D.
DEUX SOLS.
DE. S. 8. DE.
EXTRAO.

PARCHEMINS

6. SOLS 8. DE
HUIT SOLS
13 S. 4 DE
EXTRAO.

1713

1" octobre

Les mêmes contremarqués du timbre suivant :

PAPIERS

HUIT. D.
DIX. D.
VN. S. IV. D.
DEUX. S.
DEUX S. 8 D.
EXTRAOR.

PARCHEMINS

6. S. 8 D.
HVIT. S.
XIII. S. 4. D.
EXTRAOR.

Les mêmes papiers et parchemins contremarqués du timbre suivant :

PAPIERS

HVIT DEN
DIX DEN
I SOL IV. D
II SOLS
II SOL VIII. D.
EXTRAORD.

PARCHEMINS

VI SOL. VIII D.
HVIT SOLS
XIII S. IV. D.
EXTRAORD

Les mêmes contremarqués du timbre suivant :

PAPIERS

HUIT DEN. P. QUART
DIX DEN. LE FEUIL.

UN S. 4 D. LA FEUIL.
2 SOLS. LA FEUIL.
2 SOLS. 8 D. LA F.
EXTRAORDINAIRE

PARCHEMINS

SIX SOLS. HUIT DEN
HUIT SOLS.
13 S. 4. D. LA FEUIL.
EXTRAORDINAIRE

Les mêmes contremarqués du timbre suivant :

PAPIERS

1727
1" janvier

HUIT DENIE
DIX DENIE
SEIZE DENIE
DEUX SOLS
DEUX S. 8 DENI
EXTORDIN

PARCHEMINS

SIX. S. 8. DEN
HUIT SOLS
13 SOLS 4 DEN.
EXTRAORDIN.

Les mêmes contremarqués du timbre suivant :

PAPIERS

1738
1" octobre

HUIT DEN.
DIX DEN.
UN SOL 4 DEN.
DEUX SOLS.
DEUX. S HUIT DEN
EXTRAORDIN.

PARCHEMINS

SIX S. 8 DEN
HUIT SOLS
13 SOL. 4 DEN.
EXTRAORDIN

Les mêmes contremarqués du timbre suivant :

PAPIERS

HUIT DEN
DIX DEN
UN S. 4 D.
DEUX SOLS
DEUX S. 8 DEN.
EXTRAORDIN.

PARCHEMINS

SIX S. 8 DEN.
HUIT SOLS
13. S 4. D.
EXTRAORDIN.

TIMBRE DE CHEVILLE
Pour La Ferme Des aides seulement.

Les mêmes papiers et parchemins contremarqués du timbre suivant :

PAPIERS

DIX DEN
DOUZE DEN $\frac{1}{2}$
1. SOL 8. D
2 SOLS 6. D.
3 SOLS 4. D.
EXTRAORDI

PARCHEMINS

8 SOLS 4. D.
DIX SOLS
10 SOLS. 8. D.
EXTRAORDI

REG. ET EXPED. DE LA FER. D. AYDES POUR CHEVILLE
REG. DES FER. DU ROY SEUL. EXTRAORDI.

Les mêmes papiers et parchemins contremarqués du timbre suivant :

PAPIERS

1756

1" octobre

UN SOL.
1 SOL. 3 DEN.
DEUX SOLS
TROIS SOLS
QUATRE SOLS
EXTRAORDI

PARCHEMINS

DIX SOLS
DOUZE SOLS
VINGT SOLS
EXTRAORDI
L. D. RATIFICATION. (Lettres de Ratification).

EXPED. DES FERM. DU ROY

35 SOLS

Les mêmes papiers et parchemins contremarqués du timbre suivant:

PAPIERS

Q. D. F   1 SOL 2 D.
D. F.   1 SOL 5 D $\frac{1}{2}$
P. P   2 SOLS 4 D.
M P   3 SOLS 6 D.
G. P.   4 SOLS 8 D.
EXTRAORDI

PARCHEMINS

Q. 11 SOLS 8 D.
ROLLES 14 SOLS
F. DE P. 23 SOLS 4 D.
35 SOLS
EXTRAORDI.

EXPEDI. DES FERM. DU' ROY T. D. D. (Tarif des droits).
REGIST. DES FERM. DU ROY. T. D. D.   »

RÉGIE GÉNÉRALE

EXPÉDITIONS   OCTROIS TARIFS & TIMB. EXTRAORD.

GÉNÉRALITÉ D'AMIENS

*Les timbres du quartier de juillet 1673, de même que ceux de la
Généralité de Soissons, ont une disposition spéciale pour chaque valeur,
et composés de plusieurs variétés de caractères.*

1673

**Quartier
de juillet**

PAPIERS

*Généralité d'Amiens en caractère italique, à l'angle
gauche, marque, POVR en capitale penchée, V pour U.
Formule et valeur en italique. Format : 20 × 31.*

POVR ser — vir aux No — taires — Huit deniers —
Quartier de Juillet — 1673.

GÉNÉRALITÉ D'AMIENS.

*Marque à l'angle gauche avec
formule à côté. Valeur au-dessous. Dans
le haut de la feuille, au milieu : Généra-
lité d'Amiens, avec trois E en capitale italique, ainsi que l'U de POUR.
Format : 20 × 31.*

POUR — servir aux — Notaires — Douze deniers. — Quartier de Juillet 1673.

*Vignette à l'angle gauche de la feuille. Généralité d'Amiens en
grosse italique (caractères gravés). Marque, formule et valeur en petite
italique.*

1673-1674

PAPIERS

Feuille de — Registre — six deniers.
Pour No — taires. — Huit deniers.
Pour No — taires. — Douze deniers — pour feuille.
Pour Affaires — du Roy — Douze deniers.

Même type, avec POVR en capitale penchée, V pour U.

PAPIERS

POVR No — taires — Huit deniers
POVR No — taires — Douze deniers — pour feuille.

PARCHEMINS

POUR ser — vir au Ta — bellion — Dix sols pour — deux rolles.

Même type, Marque, Généralité d'Amiens, formule et valeur en ita-lique placées dans le haut de la feuille, au milieu.

Pour servir ⹀ aux Procureurs — Six ⹀ deniers.
Pour servir ⹀ aux Huissiers — Six ⹀ deniers.

Les mêmes contremarqués du timbre suivant :

Marque et valeur au milieu de la feuille, inscription en italique. Le huit et neuf deniers placés à l'angle gauche.

PAPIERS

Six ⹀ deniers — le quart
Huit deniers — le feuillet
Douze deniers ⹀ la feuille
Neuf deniers — la demy feuille
Dix huit deniers ⹀ la feuille.
Deux sols ⹀ la feuille.

PARCHEMINS

Quittance pour ⹀ partie prenante — cinq ⹀ sols
Pour Greffiers ⹀ six sols
Pour Greffiers ⹀ Dix sols
Pour servir ⹀ aux Greffiers — Dix sols pour ⹀ deux rolles.
Notaires ou Ta ⹀ bellions Dix sols
Pour Notaires ⹀ ou tabellions — Dix ⹀ sols.

Même type à l'angle gauche, le Douze deniers placé au milieu de la feuille.

PAPIERS

six denier
six deniers
Six deniers
huit deniers
Huit deniers
Douze ∷ deniers
Neuf deniers
Dix huit deniers
Deux sols

1680   *Même type, avec inscriptions en caractère romain.*

1680
1ᵉʳ octobre

Un   Sol.

Marque et valeur au milieu de la feuille.

PAPIERS

Six ∷ Deniers
Huit ∷ Deniers
Huit ∷ Deniers
Un ∷ Sol
Vn ∷ Sol
Dix huit ∷ Deniers.
Doux ∷ Sols

PARCHEMINS

Cinq ∷ Sols
Six ∷ Sols
Dix ∷ Sols

Même type mais avec les premières lettres minuscules.

Même type avec formule et valeur en grosse italique.

1681

petit   papier
douze   deniers

PAPIERS

six deniers, = pour quart,
petit   papier — huit deniers = la demy-feuille
petit   papier — douze = deniers,
moyen = papier — dix huit deniers = la feuille
grand = papier — deux sols = la feuille

PARCHEMINS

pour greffiers = et, nottaires
dix sols = la feuille.

Les mêmes contremarqués du timbre suivant :

PAPIERS

SIX DEN
HUIT DEN
VN SOL.
DIX HUIT DEN
DEUX SOLS
EXTRAORDINAIRE

PARCHEMINS

CINQ SOLS
SIX SOLS
DIX SOLS
EXTRAORDINAIRE

Les mêmes avec augmentation.

PAPIERS

SIX DEN.	AUGON. DEUX D.
HUIT DEN.	AUGON. DEUX D.
UN SOL.	AUGON. QUATRE D.

DIX HUIT DEN.   AUGON. SIX D
DEUX SOLS   AUGON. HUIT D
EXTRAORDINAIRE

PARCHEMINS

CINQ SOLS   AUGON. UN SOL 8 D.
SIX SOLS   AUGON. DEUX SOLS
DIX SOLS   AUGON. TROIX S. 4. D.
EXTRAORDINAIRE

Ces papiers et parchemins, avec augmentation, se trouvent également contremarqués du timbre suivant :

1691

1ᵉʳ octobre

PAPIERS

HVIT DEN
DIX DEN
VN SOL 4 DEN
DEUX SOLS
DEUX S. 8 D
EXTRAOR

PARCHEMINS

SIX SOLS 8 D.
HVIT SOLS
TRAIZE S. 4 D
EXTRAOR

Les mêmes contremarqués du timbre suivant :

1697

1ᵉʳ octobre

PAPIERS

HVIT DEN
DIX DEN
UN S. 4 D.

DEUX SOLS
DEUX S. 8 D.
EXTRAORD.

___

PARCHEMINS

SIX S 8 D
HVIT SOLS
13. S. 4 D.
EXTRAORD

___

PAPIERS

Huit Deniers
Dix Deniers
Un Sol 4 Deni
Deux Sols
Deux Sols 8 Den.
Extraordinaire

___

PARCHEMINS

Six Sols 8 Den
Huit Sols.
Treize Sols 4 Den
Extraordin.

___

Ces papiers et parchemins se rencontrent, ainsi que ceux de 1697, contremarqués du timbre suivant :

PAPIERS

HUIT. DENIERS
DIX. DENIERS
UN. SOL. 4 DEN.
DEUX SOLS
DEUX SOLS 8 DEN
EXTRAORDI.

___

PARCHEMINS

SIX SOLS 8 DEN
HUIT SOLS
13, SOLS, 4 D,
EXTRAORDI.

Les mêmes contremarqués du timbre suivant :

1713

1ᵉʳ octobre

PAPIERS

HUIT DENI
DIX DEN
VN SOL 4. DEN
DEUX SOLS
DEUX. S. 8 DEN
EXTRAORDIN

PARCHEMINS

SIX S. 8 DEN
HUIT DEN.
13 SOLS. 4 DEN
EXTRAORDIN

Les mêmes contremarqués du timbre suivant :

1715

1ᵉʳ octobre

PAPIERS

HUIT DE.
DIX. DE.
UN. S. 4 D.
DEUX SOLS.
DEUX S. 8 D.
EXTRAOR

PARCHEMINS

SIX S. 8 D.
HUIT DEN.
TEIZE S 4. D
EXTRAOR

Les mêmes contremarqués du timbre suivant :

PAPIERS

HUIT DEN.
DIX DEN
I SOL. IV D.
II SOLS
II S. VII D.
EXTRAORD.

PARCHEMINS

VI S. VIII. D
HUIT SOLS
XIII S. IV D.
EXTRAORD.

Les mêmes contremarqués du timbre suivant :

PAPIERS

HUIT DEN. P QUART
DIX DEN LE FEUIL
UN S. 4 D. LA FEUIL
2 SOLS LA FEUIL
2 SOLS 8 D. LA F.
EXTRAORDINAIRE

PARCHEMINS

SIX SOLS 8 DEN.
HUIT SOLS
13 S. 4 D. LA FEUIL
EXTRAORDINAIRE

Les mêmes contremarqués du timbre suivant :

1727

1" janvier

PAPIERS

HUIT DEN
DIX DEN
UN SOL 4 DEN
DEUX SOLS
2 SOL 8 DEN.
EXTRAORDIN

PARCHEMINS

6 SOLS. 8 DEN
HUIT SOLS
13 SOLS 4 DEN.
EXTRAORDIN

Les mêmes contremarqués du timbre suivant :

1738

1" octobre

PAPIERS

HUIT DEN
DIX DEN
UN SOL 4 DEN
DEUX SOLS
2 SOL 8 DEN
EXTRAORDI

PARCHEMINS

6 SOLS 8 DEN.
HUIT SOLS
13 SOLS 4 DEN.
EXTRAORDIN.

Les mêmes papiers et parchemins contremarqués du timbre suivant :

PAPIERS

HUIT DEN.
DIX DEN.
UN S. 4. D.
DEUX SOLS
2 SOLS 8 DEN
EXTRAORDIN

PARCHEMINS

6 SOLS 8 DEN.
HUIT SOLS
13 S. 4. D.
EXTRAORDIN.

Les mêmes contremarqués du timbre suivant :

PAPIERS

DIX DEN.
12 DEN $\frac{1}{2}$
1 SOL 8. D.
2 SOLS 6 D
3 SOLS 4 D
EXTRAORDI

PARCHEMINS

8 SOLS. 4. D.
DIX SOLS
16 SOLS 8 D.
EXTRAORDI

REG. ET EXPED DE LA FER D. AYDES POUR CHEVILLE
REG. DES FER. DU ROY SEUL. EXTRAORD.

Les mêmes papiers et parchemins contremarqués du timbre suivant :

1756

1" octobre

PAPIERS

UN SOL
1 SOL. 3 DEN
DEUX SOLS
TROIS SOLS
QUATRE SOLS
EXTRAORDI

PARCHEMINS

DIX SOLS
DOUZE SOLS
VINGT SOLS
L. D. RATIFICATION
EXTRAORDI

REGIST DES FERM DU ROY.
EXPED DES FERM DU ROY.

1774

Mars

35 SOLS

Les mêmes papiers et parchemins contremarqués du timbre suivant :

PAPIERS

Q. D. F 1 SOL. 2 D.
D. F.   1 SOL 5 D $\frac{1}{4}$
P. P.   2 SOLS 4 D.
M P   3 SOLS 6 D.
G P.   4 SOLS 8 D.
    EXTRAORDI

PARCHEMINS

Q. 11 SOLS 8 D.
ROLLES 14 SOLS
F. D P. 23 SOLS 4 D.
35 SOLS
EXTRAORDI

EXPEDI. DES FERM. DU ROY T. D. D.
REGIST. DES FERM. DU ROY T. D. D.

RÉGIE GÉNÉRALE

EXPEDITIONS   OCTROIS TARIFS & TIMB EXTRAORD.

NORMANDIE

GÉNÉRALITÉS DE ROUEN, CAEN, ALENÇON

Les papiers timbrés normands portaient au début le nom de la Province NORMANDIE et non ceux des trois Généralités Rouen, Caen, Alençon dans lesquelles ils étaient employés. Chaque Généralité eut cependant une sous-ferme distincte.

Quartier de juillet 1673. — *Les deux variétés du premier type de Juillet, à la fleur de lis couronnée, ont été employées uniformément dans toute la Province. Quelques pièces seules ont été créées spéciales à Rouen, pour les Actes du Parlement et les Notaires et Tabellions.*

Le deuxième type de Juillet 1673, aux deux L enlacés fleurdelisés et couronnés, ne se rencontre que dans le territoire normand des Généralités de Caen et Alençon.

Octobre 1673. — *Les papiers timbrés NORMANDIE ne portent jamais : Quartier d'octobre 1673.*

Dans la partie de la Province : Généralité de Caen et partie de la Généralité d'Alençon avoisinant celle de Caen (Mézidon, Falaise, Argentan et Alençon), le deuxième type de Juillet subsiste ; on y supprime la mention :
« Quartier de Juillet 1673 ».

La formule reste à côté de la marque.

Dans le surplus de la Province : Généralité de Rouen et autre partie de la Généralité d'Alençon avoisinant celle de Rouen (Lisieux, Bernay), ce deuxième type de Juillet est également employé mais avec cette différence :

La formule et la valeur se trouvent en dessous de la marque.

Octobre 1674. — *Les papiers timbrés NORMANDIE disparaissent et les marques nouvelles portent le nom de leur généralité : Rouen, Caen, ou Alençon.*

NORMANDIE

NORMANDIE

PREMIER TYPE

Dans l'angle gauche, une fleur de lis sur-
montée de la couronne royale, la formule en
caractères romains, placée à côté. POVR en
capitale penchée, Valeur et Quartier en italique.
NORMANDIE en capitale penchée dans le
haut de la feuille.

PAPIERS

A six deniers. Format : 20 × 15,5.

POVR — Exploit. —   *Six deniers*
POVR — Connoisse- — mons —   »
POVR — Contracts & — Actes de — Notaires & — Tabellions. —   »

A huit deniers. Format : 16 × 27. Feuille simple.

POVR — Quittance. — *Huict (et huict) deniers.*

A huit deniers. Format : 20 × 31.

POVR — Exploit. — POVR — Exploits. —   *Huict deniers*
POVR — les Greffiers. —   »
POVR et POVR — servir aux — Greffiers. —   »
POVR — Expeditions — de Greffiers. —   »
POVR — Procedures — de Procu- — reurs. —   »
POVR — les Procedu- — res des Pro- — cureurs. —   »
POVR — servir aux — Notaires & — Tabellions. —   *Huit (et Huict) deniers.*
POVR — Contracts — & Actes de — Notaires & — Tabellions. —   »
POVR — Contracts — & Actes des — Notaires & — Tabellions. —   »
POVR — Minutes de — Contracts — & Actes de — Notaires & Tabellions. —
                                                    Huit deniers.
POVR — les Commu — nautés. —   *Huict (et huict) deniers.*
POVR — les procedu — res des Pro — cureurs du — Parlement — de Rouen. —
                                                    Huict deniers.

A douze deniers. Format : 16 × 27. Feuille double.

POVR — Coppie de — Pieces. —   *douze deniers — pour Feuille*
POVR — Contracts & — Actes de — Notaires & — Tabellions. —   »
POVR — Copie Colla- — tionnée par — Nottaires & — Tabellions. —   »
POVR — Ecriture sous — seing privé. —   *Douze deniers — pour feuille*
POVR — Expeditions — des Greffiers. —   »
POVR — Proce- — dures de Pro- — cureurs. —   »

A douze deniers. Format : 20 × 31. Feuille double.

POVR — la Cour — d'Eglise. —   *Douze deniers — pour feuille.*
POVR — Exploit. —   »
POVR — Coppie de — Pieces, —   *douze deniers — pour feuille.*
POVR — Minutes de — Sentences — Jugémens — & Ordon- — nances. —   »
POVR — servir aux — Minutes des — Sentences — Jugémens & Ordon — nances, —
                                                     Douze deniers.

POVR — Expeditions — des Com- — missaires — Enquesteurs — & autres, —   »
POVR — procedures — de Procu- — reurs, —   »
POVR — Escrit sous- — seing priué, —   »
POVR — servir aux — Advocats. —   »
POVR — Avocats. —   *Douze deniers — pour feuille.*
POVR — servir aux — Greffiers, —   »
POVR — servir aux — Notaires & — Tabellions. —   »
POVR — Contrats & — Actes de — Notaires & — Tabellions. —
                                                     douze deniers — pour feuille
POVR — Copie colla- — tionnée par — Notaires & — Tabellions. —
                                                     douze deniers pour — feuille
POVR — Exploits des — Huissiers du — Parlement de — Roüen. —   »

PARCHEMINS

A six sols le placard.

POVR — servir aux — Nottaires & — Tabellions. —   *Six sols.*

A cinq sols le rôle ou demi-feuille.

POVR — servir aux — Greffiers. —   *Cinq sols.*
POVR — Notaires & — Tabellions. —   »
POVR — servir aux — Nottaires & — Tabellions. —   »
POVR — Contracts — & Actes de — Notaires & — Tabellions —   *cinq sols.*
POVR — Contracts & — Actes de — Nottaires & — Tabellions — de Rouen. —
                                                     Cinq (et cinq) sols.

Les feuilles de parchemin à dix sols furent généralement timbrées par demi-feuille ou rôle de cinq sols.

———

Les mêmes contremarques du premier timbre de la généralité de Rouen

———

NORMANDIE

Même type. — Variété.

Avec le mot NORMANDIE *en plus fort.*

PAPIERS

A douze deniers. Format : 20 × 31 feuille double.

POVR — Contracts — & Actes de — Notaires & — Tabellions, —
(*Douze deniers* — *pour feuille*) et *Douze deniers.*
POVR — Minutes de — Contracts — & Actes de — Notaires & — Tabellions, —
Douze deniers.

POVR — les procedures — des Procu — reurs. — »
POVR — Minutes de — Contrats — & Actes des — Notaires & — Tabellions de —
Roüen. — *Douze deniers — pour feuille*

PARCHEMINS

A cinq sols le rôle ou demi-feuille.

POVR — Notaires & — Tabellions. — *Cinq sols.*

A six sols le placard.

POVR — servir aux — Notaires & — Tabellions. — *Six sols.*

NORMANDIE

DEUXIÈME TYPE de Juillet 1673.

(CAEN ET ALENÇON.)

Dans l'angle gauche une fleur de lis posée sur deux L enlacés, le tout surmonté de la couronne royale. — NORMANDIE *en capitale droite à sabot. POVR en capitale penchée. — Formule en caractères romains à côté de la marque. Valeur et Quartier en italique au-dessous de la marque.*

En usage seulement dans le territoire normand des généralités de Caen et d'Alençon.

PAPIERS

A six deniers. Format : 16 × 13,5.

POVR — Exploits. — *Six deniers.*

A huit deniers. Format : 16 × 27. Feuille simple.

POVR — Escrit sous- — seing privé. — *Huit deniers.*

A huit deniers. Format : 20 × 31. Feuille simple.

POVR — servir aux — Exploits. — *Huit deniers.*
POVR — servir aux — Advocats. — »

A douze deniers. Format: 16 × 27. Feuille double.

POVR — Escrit sous- — seing privé. — *Douze deniers. — pour Feüille.*
POVR — servir aux — Advocats. — » »

A douze deniers. Format: 20 × 31. Feuille double.

POVR — Coppies — de Pieces. — *douze deniers. — pour Feüille.*

1" octobre 1673

NORMANDIE

Même marque que la précédente. Suppression de la mention : " Quartier de Juillet 1673 ".

Première Variété.

(CAEN ET ALENÇON).

Formule à côté et valeur en-dessous de la marque.

En usage dans la partie de la province (généralité de Caen et partie de la généralité d'Alençon avoisinant celle de Caen : Mézidon, Falaise, Argentan, Alençon...)

PAPIERS

A six deniers. Format : 20 × 15,5.

POVR — Fermes & — Droits du Roy —	six deniers
POVR — Fermes & — Droits du — Roy —	»
POVR — Extrait ou — Certificat —	»
POVR — sous-seing — privé —	»
POVR — sous-sein — privé —	»
POVR — Exploit — *POVR* — Exploits —	»
POVR — Procedure —	»
POVR — Notaire & — Tabellions —	»
POVR — Notaires & — Tabellions —	»
POVR — Quittances, — Congé ou — Passavant des Octroys. —	Six deniers

A huit deniers. Format : 16 × 27. Feuille simple.

POVR — Exploits — *Huit deniers.*

A huit deniers. Format : 20 × 31. Feuille simple.

POVR (et *POVR*) — Rolle des — Tailles —	Huit deniers
POVR — Feuillet de — Registre. —	»
POVR — Extrait ou — Certificat —	»
POVR — sous-seing — privé —	»
POVR — Sous-seing — privé —	»
POVR — Exploit —	»
POVR — Procedures de — Procureurs —	»
POVR — Procedures — de Procureurs —	»
POVR — Procedure de — Procureurs —	»
POVR — Greffiers —	»
POVR servir aux — Greffiers —	»
POVR — Avocats —	»
POVR — Advocats —	»
POVR — servir aux — Advocats —	»
POVR — Notaires & — Tabellions —	»
POVR — Contracts & — Actes de No- — taires & Tabellions —	»

A huit deniers. Format : 23 × 35. Feuille simple.

POVR Fermes & — Droits du Roy —	Huit deniers
POVR Feuillet de — Registre —	»

A douze deniers, Format: 16×27. Feuille double.

POVR — Exploits —	douze deniers — pour feuille.
POVR — Exploit —	Douze deniers — pour feuille.
POVR — Copples de — Pieces. —	»
POVR — Minutte de — Sentence Iuge- — ment & Ordonnance —	»
POVR — Minutte de — Sentence — Iugement & Ordon — nance —	»
POVR — Procedures — de Procu — reurs. —	»
POVR — Commissai- — res Enque- — steurs —	»
POVR — Greffiers —	»
POVR — servir aux — Greffiers. —	»
POVR — Contracts & — Actes de No- — taires Tabellions —	»
POVR — Minuttes & — Expeditions — de Contracts de No- — taires & Tabellions —	
	Douze deniers — pour feuille.
POVR — Copples col- — lationnées — par Notaires & Ta — bellions —	
	Douze deniers — pour feuille.
POVR — Notaires & — Tabellions —	»
POVR — Notaires — Apostoliques —	»
POVR — Les Secretaires — des Eves- — ques —	»
POVR — Commu — nautez —	»

A douze deniers. Format: 20 × 31. Feuille double.

POVR — Fermes & — Droits du Roy —	Douze deniers — pour feuille.
POVR — Registre —	»
POVR — Feuille de — Registre	»
POVR — Feuillet de — Registre —	Douze deniers
POVR — sous-seing — privé —	Douze deniers — pour feuille.
POVR — Exploit —	»
POVR — Copie — *POVR* — Copple —	»
POVR — Copple de — Piece —	»
POVR — Copple de — Pieces —	»
POVR — Copple — de Pieces —	»
POVR — Coppies — de Pieces —	»
POVR — Minuttes de — Sentences, — Iugemens & Or- — donnances —	
	Douze deniers — pour feuille.
POVR — Procedure — (douze et)	»
POVR — Procedure de — Procureurs —	»
POVR — procedure de — Procureurs —	»
POVR — Procedures — de Procureurs —	»
POVR — Procedures — de Procu- — reurs —	»
POVR — Greffiers —	»
POVR — servir aux Gref- — fiers des hypo- — teques —	»
POVR — Advocats —	»
POVR — servir aux — Advocats —	»
POVR — Notaires & — Tabellions —	»

PARCHEMINS

A cinq sols le rôle ou demi-feuille.

POVR — Adveu —	Cinq sols
POVR — Greffiers —	»

POVR — Notaires & — Tabellions —   Cinq sols.
POVR — Notaire & — Tabeillons —   »
POVR — Notaires & — Tabeillons —   »

Les mêmes contremarqués du premier timbre de la généralité de Caen.

NORMANDIE

Même marque.

Deuxième Variété

(CAEN ET ALENÇON),

Formule et valeur à côté de la marque.

PAPIERS

A six deniers. Format : 16 × 13,5.

POVR — les Greffiers — *Six deniers.*

A six deniers. Format : 20 × 15,5.

POVR — Exploit —   *six deniers*
POVR — Affirmations —   »

A huit deniers. Format : 16 × 27. Feuille simple.

POVR — Exploit — *Huit deniers.*
POVR — Exploits —   »

A huit deniers. Format : 20 × 31. Feuille simple.

POVR — Greffiers — *Huit deniers.*
POVR — Advocats —   »
POVR — Procureurs —   »

A douze deniers. Format : 16 × 27. Feuille double.

Les mots pour feuille sous la marque.

POVR — Exploit — *Douze deniers — pour feuille.*

A douze deniers. Format : 20 × 31. Feuille double.

Les mots pour feuille sous la marque.

POVR — Exploit — *Douze deniers — pour feuille.*
POVR — Advocats —   »   »

PARCHEMINS

A cinq sols le rôle ou demi-feuille.

POVR — Greffiers — *Cinq sols.*

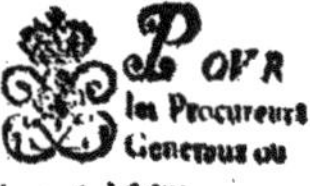

NORMANDIE

Même marque.

Troisième Variété.

(CAEN ET ALENÇON).

Formule à côté de la marque et revenant en dessous. Sans indication de valeur ou avec valeur manuscrite.

Format : 20 × 31. Feuille double.

POVR — les Procu- — reurs Gene- — raux ou leurs Substituts —
POVR — les Procureurs — Generaux ou — leurs Substitus —

NORMANDIE

Même marque.

Première Variété.

(ROUEN ET ALENÇON)

Formule et valeur en dessous de la marque.— POVR en capitale droite ou penchée.

En usage dans la partie de la province (généralité de Rouen et partie de la généralité d'Alençon avoisinant celle de Rouen : Lisieux, Bernay...)

PAPIERS

A six deniers. Format : 20 × 15,5

	Six deniers.
POVR — les Fermes & — Droits du — Roy. —	
POVR — les Fermes - & Droits du — Roy. —	»
POVR — Quittance. — *six deniers.*	
POVR et POUR — Quittance. —	»
POVR - Quittances du — Receveur des — Tailles aux — Collecteurs. —	»
POVR — Connoisse — mens. —	»
POVR — Lettre de — Voiture. —	»
POVR — Exploit. — *six deniers.*	
POVR, POVR et POUR — Exploit. -	»
POVR — Ecrit sous — seing privé. — *six deniers.*	
POVR et POUR — Ecrit sous — seing privé. —	»
POVR — Procureurs. —	»
POVR — Procedures — de Procu- — reurs. —	»
POVR — Greffiers. —	»
POVR — Notaires. —	»
POVR et POVR — Notaires & — Tabellions. —	»

A six deniers. Format : 25 × 15

POVR — Quittance. — *Six deniers.*

A six deniers. Format : 20 × 31

POVR — Feüillet de — Registre. — *Six deniers.*

A huit deniers. Format : 20 × 31, feuille simple

POVR — Fermes & — Droits du — Roy. —	*huict deniers*
POVR — les Fermes & — Droits du — Roy. —	*Huit deniers*
POVR, POVR et POVR — les Fermes & — Droits du Roy. —	*huict deniers*
POVR — les Fermes — & Droits du — Roy. —	»
POVR — Lettre de — Voiture. —	*Huict (et huict) deniers*
POVR et POVR — Déclarations —	*huit (et huict) deniers*
POVR — Acte de Mer. —	*huict deniers*
POVR — Charte — partie. —	*Huict deniers*
POVR — Exploit. —	*Huit (huit, Huict et huict) deniers.*
POVR et POVR — Exploit. —	*huict et huit* »
POVR — Exploit. —	*huit* »
POVR — Ecrit sous- — seing privé. —	*Huict (et Huit)* »
POVR — Ecrit sous- — seing privé. —	*huict* »
POVR et POVR — Ecrit sous- — seing privé. —	*huit* »
POVR et POUR — » — » , —	*huict* »
POVR — Escrit sous- — seing privé. —	*Huit* »
POVR — Extrait & - Certificat. —	*Huit (Huict et huict)* »
POVR et POVR — Extrait & — Certificat. —	*Huict et huict* »
POVR — Extraits & — Certificats. —	*Huit* »
POVR — Extraicts & — Certificats. —	*Huict* »
POVR — Procureurs. —	*Huit (huit, Huict et huict)* »
POVR et POUR — Greffiers. —	*Huit* »
POVR — Greffiers. —	*huit* »
POVR — les Greffiers — des Hypo — tecques. —	*huit* »
POVR — Avocat. —	*huit* »
POVR et POUR — Avocat. —	*Huit* »
POVR — Avocats. —	*Huit* »
POVR — Avocats. —	*Huict* »
POVR et POVR — Avocats. —	*huict et huit* »
POVR et POUR — Avocats. —	*Huit* »
POVR — Advocats. —	*Huict* »
POVR — Notaires. —	*Huit (et huit)* »
POVR — Notaires. —	*Huit* »
POVR — Notaires & — Tabellions. —	*Huict (et Huit)* »
POVR — La Cour — d'Eglise. —	*huit* »
POVR — La Cour — d'E- — glise. —	*Huit* »
POVR — Commu- — nauté. —	*huict* »
POVR — Commu- — nautés. —	*huict* »
POVR — Commu- — nautés. —	*huit* »

A huit deniers. Format : 25 × 38, feuille simple.

POVR — Les Fermes — & Droits du — Roy. — *huit deniers.*

A douze deniers. Format : 16 × 28, feuille double.

POVR — Coppie de Pieces. — *Douze deniers — pour feuille.*
POUR — Greffiers. — *douze deniers — pour feuille.*

A douze deniers. Format: 20 ✕ 31, feuille double.

POVR — Fermes & — Droits du — Roy. —   *Douze deniers — pour feuille.*
POVR — Fermes des — droits du — Roy. —   »
POVR — les Fermes — & Droits du — Roy. — *(Douze deniers.)* et   »
POVR — les Fermes & — Droits du — Roy. —   »
POUR — le Domaine — du Roy. —   »
POVR — Rolle des — Tailles. —   *(douze)* et   »
POVR — Roolle des — Tailles. —   »
POVR — Roolle de — Collecteurs. —   *douze deniers — pour feuille.*
POVR — Registre. —   *(douze)* et *Douze deniers — pour feuille.*
POVR — Inventaire. — *douze deniers — pour feuille.*
POVR — Compte. —   *(douze)* et *Douze deniers — pour feuille.*
POVR — servir aux — Comptes. —   »   »
POVR — Exploit. —   »
POVR — *et POVR* — Exploit   »
POVR — Sous-seing — privé. —   ».
POVR, POVR et POUR — Ecrit sous — seing privé. — *douze deniers — pour feuille*
POVR — ecrit sous- — seing privé. —   »
POVR — Copie de — pieces. —   »
POVR, POVR *et POVR* — Copie de — pieces. — *Douze deniers — pour feuille*
POVR — Coppie de — Pieces. —   »
POVR — Copie de — piece. —   »
POUR et *POVR* — Procez - Ver- — bal *(douze)* et   »
POVR — Procez ver- — baux. —   *douze deniers — pour feuille*
POUR — Enquestes — ou Informa- — tions. —   »
POVR — Enquestes & — Informa- — tions. —   »
POVR et *POVR* — Enquestes & — Informatiós. *(Douze)* et   »
POVR — Enquestes & — Informations. —   *Douze deniers — pour feuille*
POVR — Minute de — Sentence, Iu- — gemens & —
Ordonnance —   »
POVR — Minute de — Sentences, — Iugemens & —
Ordonnáces. —   »
POVR — Minutes de — Sentences, — Iugemens & —
Ordonnances. —   »
POUR — Minutte de — Sentence, Ju- — gement & —
Ordonnáce. —   *douze deniers — pour feuille*
POUR — Minuttes de — Sentences, Ju- — gemens & —
Ordonnáces. —   »
POVR — Minute de — Sentences, — Iugemons & —
Ordonnances. —   »
POVR — les Procu- - reurs du Roy — des Bailliages & —
autres. —   »
POVR et POVR — Procureur. —   »
POVR et POUR — Procureurs. —   »
POVR — Procureurs. —   *Douze deniers — pour feuille*
POVR et *POVR* — Procedures — de Procu- — reurs. —   »
POVR — procedures de — Procureurs. —   »
POVR, POVR et *Povr* — Greffiers. —   »
POVR et POUR — Greffiers. —   *douze deniers — pour feuille*

POVR — servir aux — Expeditions — de Greffiers. —	*douze deniers — pour feuille*
POVR et *POVR* — Avocats. —	*Douze deniers — pour feuille*
POVR — Advocat. —	»
POVR — Advocats, —	»
POVR — servir aux — Advocats. —	»
POVR — Notaires, — (douze) et	»
POUR — Notaires. —	»
POVR, *POVR* et *POVR* — Notaires & — Tabellions. —	»
POVR — Notaires & — Tabellions, —	*douze deniers — pour feuille*
POVR — Nottaires & — Tabellions. —	»
POVR — Nattaires & — Tabellions — (sic)	»
POVR — Contracts & — Actes de — Notaires & — Tabellions, —	*Douze deniers — pour feuille*
POVR — Commu- — nautez, —	»
POVR et POUR — Commu- — nauté, —	*douze deniers — pour feuille*
POVR — Communau- — té, —	»
POVR — La Cour — d'Église. —	»

PARCHEMINS

NORMANDIE

A cinq sols le rôle ou demi-feuille.

POVR — Aveux & — Denombre- — mens. —	*Cinq sols*
POVR — Greffiers. —	(cinq) et »
POVR — Greffiers. —	»
POVR — servir aux — Greffiers. —	»
POVR — Notaires. —	*cinq sols*
POVR — Notaires & — Tabellions. —	»
POVR et POUR — Notaires & — Tabellions. —	(Cinq) et »
POVR — Notaires & Tabellions — de Roüen. —	»
POVR — servir aux — Notaires & Tabellions. ··	» »

A six sols le placard

POVR — Greffiers. —	*Six sols*
POVR — »	*six sols*
POVR — LETTRE — de Chancel- — lerie. —	»
POVR — LETTRE — de Chancel- — lerie près le — Parlement de — Roüen. —	*Six sols*

A dix sols la feuille ou deux rôles

POVR — Greffiers. —	*Dix sols — pour feuille*
POVR et *Povr* — Greffiers. —	*Dix sols pour — feuille*
POVR — Notaires. —	»
POVR, POVR et *Povr* — Notaires. —	*Dix sols — pour feuille*
POVR et *POVR* — Les Notaires — de rouen. —	»
Povr — Notaires & — Tabellions. —	»
POVR — Notaires & — Tabellions. —	*Dix sols pour — feuille*
POVR — Notaires & — Tabellions. — de Roüen.	»
POVR — Greffe des — Cours. ·	»

Les mêmes contremarqués du premier timbre de la généralité de Rouen.

NORMANDIE

Même marque.

Deuxième Variété.

(ROUEN ET ALENÇON)

Formule et valeur en dessous de la marque.

POVR en capitale penchée avec les caractères OVR près la boucle du P, formule commençant à la hauteur du P.

PAPIERS

A six deniers. Format : 20 × 15,5.

POVR — Affir- — mations. —	*Six deniers.*
POVR — Expe- — ditions — de Greffiers. —	*Six (et six) deniers. —*
POVR — Expe- — ditions — des Greffiers. —	*Six deniers.*

A huit deniers. Format : 20 × 31, feuille simple.

POVR — Exploit. —	*Huit (et Huict) deniers.*
POVR — Procu- — reurs. —	*Huit deniers.*
POVR — Proce- — dures de Pro- — cureurs, —	»
POVR — Pro- — cedures de — Procureurs. —	»
POVR — Expe- — ditions — de Greffiers. —	*Huit (et Huict) deniers.*
POVR — Con- — tracts — & Actes de — Notaires & — Tabellions.	*Huit deniers*

A douze deniers. Format : 20 × 31, feuille double.

POVR — Regi- — stro. —	*Douze deniers — pour feuille.*
POVR — Exploit. —	»
POVR — Ecrit — sous-seing — privé. —	*douze deniers — pour feuille.*
POVR — Minu- — tes de — Sentences, — Jugemens — & Ordon- — nances. —	*Douze deniers — pour feuille.*
POVR — Greffier. —	*douze deniers — pour feuille.*
POVR — Minu- — tes de — Contracts & — Actes de No- — taires & Ta- — bellions, —	*Douze deniers — pour feuille.*

Il ne paraît pas avoir été fait de parchemins correspondant à cette variété.

Les mêmes papiers contremarqués du premier timbre de la généralité de Rouen.

NORMANDIF

FEVILLET
de Regiltro.

Six deniers.

Même marque que les précédentes.

Troisième Variété.

(ROUEN ET ALENÇON).

Formule et valeur en dessous de la marque.
Sans le mot « POVR ». — Variété employée
pour les registres.

PAPIERS

A six deniers. Format : 20 × 31, feuille simple

FEUILLET — de Registre. — six deniers.
FEUILLET — de Registre. — Six deniers.
FEUILLET — de Registre. — Six deniers.

A six deniers. Format : 22 × 30,5, feuille simple

FEUILLET — de Registre. — Six deniers.
FEUILLET — de Registre. —   »

A huit deniers. Format : 25 × 38, feuille simple

    »   : 30,5 × 44   »
FEUILLET — de Registre. — Huit deniers.

NORMANDIE

deux deniers,
par feuille

Même marque.

Quatrième Variété.

(ROUEN ET ALENÇON).

La formule est supprimée. — Valeur au des-
sous de la marque.

Première manifestation du timbre de dimension que nous avons encore
actuellement.

PAPIERS

Douze deniers — pour feuille.
*   »   — pour feuille.*
douze deniers — pour feuille.

GÉNÉRALITÉ DE ROVEN

Marque aux Armes de Rouen.

PREMIER TIMBRAGE [1]

GENERALITÉ DE ROVEN *en lettres* blanches *sur banderoles* noires.

La marque est à l'angle gauche de la feuille pour les parchemins et le petit papier ; et au milieu pour les moyens et grands papiers.

Cependant pour ces derniers un timbrage a été fait dans l'angle gauche, mais il ne paraît avoir été employé que pour contremarquer les papiers timbrés de NORMANDIE.

Première Variété.

Papiers : format en vieille italique, valeur en même italique plus petite. — Parchemins : formule en gros romain, valeur en petite italique rappelant celle des papiers.

PAPIERS

Six deniers. (16 × 13,5)
petit papier — Huit (et huit) deniers. (16 × 27).
petit Papier — Huit deniers.
Petit papier —   »
petit papier — Douze (et douze) deniers — pour Feuille.
   »   — Douze deniers — pour Feuille.
Six (et six) deniers (20 × 15,5)

Moyen ⁼ *Papier* — *neuf* ⁼ *deniers.* (20 × 31)
Moyen ⁼ *papier* —   »
   »   *en sol six deniers* ⁼ *pour feuille.* (20 × 31)
   »   — *en sols six deniers* ⁼   »
Grand ⁼ *papier* — *deux sols* ⁼ *pour feuille.* (24 × 35,5)

---

1. Il est rappelé ici que les vignettes sont réduites d'un tiers de leur grandeur.

PARCHEMINS [1]

POVR — Les Notaires — de Rouen. — Dix sols pour — feuille.

Deuxième Variété.

Papiers : format et valeur en italique moyenne. — Parchemins : formule en gros romain, valeur en italique rappelant celle des papiers.

PAPIERS

Six deniers (16 × 13,5)
Petit Papier — Huit deniers (16 × 27 et 18 × 25)
»   *— Douze (et douze) deniers*
Six deniers (20 × 15,5)
Moyen Papier — Neuf (et neuf) deniers. (20 × 31)
Moyen papier —   »
»   *— un sol six deniers — pour feuille.*

(Ces trois moyens papiers employés à contremarquer les papiers de NORMANDIE.)

Moyen   Papier. — neuf   deniers.
»   *— en sol six deniers   pour feuille*
moyen   Papier. — un   »   »
Grand   Papier. — deux sols   pour feuille

PARCHEMINS

POVR — Greffiers — Dix sols — pour feuille.
»   *— Dix sols pour — feuille.*

---

1. En Normandie et plus particulièrement dans la généralité de Rouen, les parchemins existent en deux formats pour chaque valeur. — Les grands formats paraissent avoir été employés par les Notaires de Rouen, les Greffes des Cours, etc.; les petits formats par les Notaires de Campagne, les Greffiers des Bailliages, etc. Mais chacun d'eux dérogeait à cette règle quand il s'agissait d'actes ou de procédures d'un ressort à l'autre.

DEUXIÈME TIMBRAGE

Même marque aux armes de Rouen, GÉNÉRALITÉ DE ROUEN *en lettres noires sur banderoles blanches.*

La marque est à l'angle gauche de la feuille sauf pour la dernière variété où elle est au milieu et en tête de la feuille.

Petit papier,
(Douze deniers
pour feuille

Première Variété

Papiers : format et valeur en italique. — Parchemins : formule en gros romain, valeur en italique rappelant celle des papiers.

PAPIERS

six deniers (16 × 13,5)
petit papier — huit deniers (16 × 27 et 18 × 25)
Petit Papier — huit (et Huit) deniers
Petit papier — »
» *— douze (et Douze) deniers (16 × 27 et 18 × 25)*
Petit Papier — »
six (et Six) deniers. (20 × 15,5)
Moyen papier — neuf (et Neuf) deniers. (20 × 31)
Moyen Papier — Neuf deniers.
» *— Neuf deniers — pour demie feuille*
Moyen papier — » »
» *— en sol Six deniers — pour feuille.*
» *— en sol six deniers — Pour feuille.*
» *— en sol six deniers — pour feuille.*
Moyen Papier — » »
» *— Un* » »
Grand Papier — Deux sols — pour feuille. (21 × 35,5)

———

PAPIERS EXTRAORDINAIRES

R — Grand Papier — Deux sols — pour feuille.

Marque seule sans indication de format ni valeur sur papiers et registres de divers formats.

———

PARCHEMINS

POUR — Quittance — *Cinq sols*
POVR et POUR — Greffiers ou — Notaires. — *Six sols*
LETTRE — de Chancel- — lerie. — *Six sols.*
POVR — Greffiers. — *Dix sols pour — feuille.*
POVR — » — *Dix sols — pour feuille.*
POVR — Les Greffes — des Cours. — *Dix sols pour — feuille.*
POVR — Notaire. — *dix sols pour — feuille.*

POVR et POUR. — Notaires. — *Dix sols pour — feuille.*
POVR — Notaires de — Rouen. —   »

1675-1680

Deuxième Variété.

Papiers : format et valeur en petit romain. — Parchemins :
formule en gros romain, valeur en petit romain rappelant
celui des papiers.

PAPIERS

Six (ou six) deniers (16 × 13,5)
Huit deniers pour — demie feuille. (16 × 27 et 18 × 23)
petit papier — douze deniers — pour feuille.   »
Six (ou six) deniers (20 × 15,5)
Moyen papier — neuf deniers pour — demie feuille. (20 × 31)
»   — un sol six deniers — pour feuille.
Grand papier — deux sols — pour feuille (24 × 35,5)

PARCHEMINS

POVR — Quittance — Cinq sols
POVR — Greffiers ou — Notaires. — Six sols.
LETTRE — de Chancelle- — rie. —   »
POVR — Greffiers. —   Dix sols pour — feuille
POVR et POUR — Greffiers de — Campagne. —   »
POVR — Greffiers de la — Campagne —   »
POVR et POUR — Greffiers des — Bailliages. —   »
POVR et POUR — Les Greffes — des Cours. —   »
POVR — Notaires. —   »
POVR — Notaire de la — Campagne. —   »
POVR — Notaires de la — Campagne. —   »
POUR — Notaires, de — la Campagne. —   »
POUR — Notaires de — Campagne. —   »
POVR — Notaires de — Rouen. —   »
POVR — Notaires de — Rouen —   Dix sols pour — feuilles

1676-1680

Troisième Variété.

Papiers : format et valeur en romain moyen. — Parchemins : formule
en gros romain, valeur en romain moyen rappelant celui des papiers.

PAPIERS

Six deniers (16 × 13,5)
Huit deniers — pour demie — feuille (16 × 26 et 18 × 25)
Petit papier huit — deniers pour de- — mie feuille
Petit papier — douze deniers — pour feuille (16 × 26 et 18 × 25)
petit papier —   »   »
Petit papier — Douze deniers —   »
Petit Papier —   »   »
Six deniers (20 × 15,5)
moyen papier — neuf deniers pour — demie feuille. (20 × 31)
moyen Papier — neuf denier pour —   »
Moyen papier — neuf deniers pour —   »
Moyen Papier —   »   —   »
moyen papier — vn sol six deniers — pour feuille.
Moyen papier —   »   »
       »   — un   »   »
Moyen Papier — vn   »   »
Grand papier — deux sols pour — feuille (24 × 35,5)
Grand Papier —   »   »
       »   — Deux sols — pour feuille.

PARCHEMINS

POUR — Quittance — Cinq sols
POVR et POUR — Greffiers ou — Notaires. — Six sols.
LETTRE — de Chancelle- — rie. — Six sols
POVR — Greffiers. — Dix sols pour — feuille
POVR — Greffiers des — Bailliages. — Dix sols pour — feuille
POUR —   »   »   »
POUR — Les Greffes — des Cours —   »
POVR — Notaires —   »
POVR — Notaires de — Campagne. —   »
POVR — Notaires de — Rouen. —   »

Ces mêmes papiers et parchemins contremarqués du timbre de 1680.

1678-1680

Petit papier
douze deniers
pour feuille.

Quatrième Variété.

Format et valeur en gros romain.

PAPIERS

Six deniers
six deniers

Petit Papier — douze deniers — pour feuille
Grand Papier — deux sols pour — feuille
Pour Registre —   »   »

Il n'a pas été créé de parchemins correspondant à cette variété.

Moyen papier un sol   six deniers pour feuille.

Cinquième Variété.

1678-1680

Même marque, en tête et au milieu de la feuille. — Format et valeur en romain moyen, ou en gros romain dans le haut et de chaque côté de la marque.

PAPIERS

Petit Papier douze = deniers pour feuille
Petit Papier douze = deniers pour feuille
Neuf deniers   pour demie feuille
Moyen Papier un sol   six deniers pour feuille
Moyen papier un sol   six deniers pour feuille
Grand Papier deux = sols pour feuille

Il n'a pas été fait de parchemins correspondant à cette variété, ceux des précédentes variétés ont été employés jusqu'en 1680.

Les mêmes papiers contremarqués du timbre suivant.

PAPIERS et PARCHEMINS FAUX

Il a été fait à l'époque de nombreuses contrefaçons de ces diverses variétés de la marque de 1674 aux Armes de Rouen.

Les plus caractéristiques sont les contrefaçons des marques suivantes sur parchemin du deuxième timbrage.

POVR — Greffiers des — Baillages — Dix sols pour — feuille (2ᵉ Var.)
          »   »   — Dix sols pour — feuille. (3ᵉ Var.)
POVR — Les Greffes — des Comp —   »   »

La marque de 1680 aux armes de France et de Rouen a été employée en deux types ne différant l'un de l'autre que par les dimensions, la gravure du second a été traitée plus largement, les vignettes en sont généralement plus nettes.

L'un et l'autre de ces types ont été timbrés soit au milieu et en haut de la feuille, soit à gauche de la feuille.

Les quarts à six deniers timbrés par quatre au centre de feuilles de petit papier, puis découpés, se trouvent toujours marqués dans un coin à gauche ou à droite.

Tous les timbrages de ce bail ont été employés concurremment entre eux et jusqu'à extinction, les dates données plus loin ne sont que des dates d'émission.

PREMIER TYPE
(OCTOBRE 1680-1682)

Marque la plus petite, SOL *est au pluriel avec un Z.*

PREMIER TIMBRAGE (Octobre 1680 à juillet 1681).

Marque au milieu et en haut de la feuille.

A. — *Avec indication* manuscrite *du format ou de la valeur.*

PAPIERS

SIX — DEN	*quart*
HVIT — DEN	*demie*
VN — SOL	*petit* ou *Petit*
VN — SOL	*neuf deniers* ou *Neuf* ⊐ *deniers*

La mention « neuf deniers » représente la valeur de la demi-feuille de moyen papier, la vignette n'existant pas.

DIX HVIT — DEN	*moyen, Moyen* ou *Moien*
DEVX — SOLZ	*grand* ou *Grand.*
EXTRAOR — DINAIRE	

———

PARCHEMINS

CINQ — SOLZ	*quittance*
SIX — SOLZ	*Placart*
DIX — SOLZ	*Notaires*
»	*baillages*
»	*Cours*
EXTRAOR — DINAIRE	

B. — *Les mêmes, sans mention manuscrite, sauf pour les marques Huit Den. et Vn sol rectifiées et qui portent 9 d en paraphe, à gauche de la vignette.*

PAPIERS

```
        SIX — DEN
        HVIT — DEN
9 d     HVIT — DEN   (feuillet moyen format)
        VN — SOL
9 d     VN — SOL                    »
        DIX HVIT — DEN
        DEVX — SOLZ
        EXTRAOR — DINAIRE
```

PARCHEMINS

```
CINQ — SOLZ
SIX — SOLZ
DIX — SOLZ
EXTRAOR — DINAIRE
```

DEUXIÈME TIMBRAGE (Juillet 1681 à octobre 1682).

Même marque, à gauche et en haut de la feuille.
Les parchemins seuls sont accompagnés, le plus souvent, d'une mention manuscrite.

PAPIERS

```
SIX — DEN
HVIT — DEN
VN — SOL
VN — SOL   (feuillet grand format)
DIX HVIT — DEN
DEVX — SOLZ
EXTRAOR — DINAIRE
```

PARCHEMINS

```
CINQ — SOLZ   quittance
SIX — SOLZ    Placart
    »         sans mention
DIX — SOLZ    Notaires
    »            pour greffes
    »            baillages
    »            Cours
    »            Deux rolles (ou roolles)
    »            Deux roolles — pour Cours
    »            sans mention
```

DEUXIÈME TYPE

(OCTOBRE 1682-1683)

Même marque, mais d'une gravure un peu plus large. SOL est au pluriel avec un S.

PREMIER TIMBRAGE (Octobre 1682 à mai 1683).

Marque à gauche de la feuille. Les parchemins continuent seuls, le plus souvent, à porter une mention manuscrite en-dessous de la vignette.

PAPIERS

SIX — DEN
HVIT — DEN
VN — SOL
DIX HVIT — DEN
DEVX — SOLS
EXTRAOR — DINAIRE

PARCHEMINS

CINQ — SOLS	*quittance*
SIX — SOLS	*Placart*
DIX — SOLS	*deux roolles*
»	*deux rolles — pour Cours*
»	*Cours*
»	*sans mention.*
EXTRAOR — DINAIRE	

DEUXIÈME TIMBRAGE (Mai à octobre 1683).

Marque au milieu et en haut de la feuille (sauf le quart à six deniers).

PAPIERS

SIX — DEN
HUIT — DEN
VN — SOL
DIX HVIT — DEN
DEVX — SOLS
EXTRAOR — DINAIRE

PARCHEMINS

Les parchemins sont encore, le plus souvent, accompagnés d'une mention manuscrite.

CINQ — SOLS	*quittance*
SIX — SOLS	*placard*
⸗	sans mention.
DIX — SOLS	*deux roles ou deux ⸗ Roolles*
⸗	*Cours, Pour Cours* ou *Pour ⸗ Cours*
⸗	sans mention.
EXTRAOR — DINAIRE	

Ces mêmes papiers et parchemins du bail de 1680 contremarqués du timbre suivant.

Il existe de nombreuses contrefaçons de la marque de 1680, particulièrement sur parchemin, ce qui explique d'ailleurs tous ces changements de timbrage.

1683
1ᵉʳ octobre

PAPIERS

SIX DEN
HVIT DEN
VN SOL
DIX HVIT DEN
DEVX SOLS
EXTRAORDINAIRE
HVIT DEN (sur petite et moyenne feuille).

PARCHEMINS

Les parchemins, comme dans le bail précédent, portent le plus souvent encore une mention manuscrite.

CINQ SOLS	*quittance*
SIX SOLS	*placard*
DIX SOLS	*deux rolles* ou *deux roles*
⸗	*deux ⸗ Roolles* ou *deux ⸗ roolles*
⸗	*Cours*
⸗	*Pour ⸗ Cours*
⸗	sans mention manuscrite.
EXTRAORDINAIRE	

Les mêmes contremarqués du timbre suivant.

PAPIERS

Six = Den
Hvit = Den
Vn = Sol
Dix Hvit = Deniers
Deux — Sols
Extra = Ordin
Six = Sols (sur petit papier format un sol).

PARCHEMINS

Cinq = Sols
Six = Sols
Dix Sols = Deꟷ Roole

Augmentation du tarif résultant de la déclaration du roi du 18 avril 1690.

PAPIERS

A. — *Augmentation* manuscrite *provisoire avec paraphe à la suite.*

Six = Den	*huit den.*
Hvit = Den	*dix den.*
Vn = Sol	*Seize den.*
Dix Hvit = Deniers	*deux* ou *Deux sols*
Devx = Sols	. . . .
Extra = Ordin	. . . .

B. — *Augmentation apposée à l'aide d'une griffe, à droite de la marque de 1687 pour tous les formats, sauf le quart et quelquefois la demi-feuille où l'augmentation est en dessus ou en dessous de la vignette.*

SIX = DEN   AVG^{on} — 2 D
HVIT = DEN   »   — 2 D
VN = SOL   »   — 4 D
DIX HVIT = DENIERS   »   — 6 D
DEVX = SOLS   »   — 8 D

EXTRA = ORDIN   AVGVEMA — NTATION

PARCHEMINS

CINQ = SOLS   AVG^{on} — 20 D
SIX = SOLS   »   — 2 S
DIX SOLS = DE^x ROOLE   »   — 3 S. 4 D.
EXTRA = ORDIN   AVGVEMA — NTATION

Ces mêmes papiers et parchemins contremarqués du timbre suivant.
Il existe des contrefaçons de la marque de 1687 augmentée et notamment
de la vignette à SIX = DEN. AVG^{on} — 2 D.

1697
1" octobre

PAPIERS

HVIT DEN.
DIX DEN.
VN SOL 4 D.
DEVX SOLS
DEVX S. 8 D.
EXTRAO.

PARCHEMINS

SIX S. 8 DEN.
HVIT SOLS
13 S. 4 D.
EXTRAO.

Les mêmes papiers et parchemins contremarqués du timbre suivant.

PAPIERS

HVIT. DEN
DIX. DEN
SEIZE. DEN
DEVX. SOLS
DEVX. S. ET D.
TIMB. EX·RE.

PARCHEMINS

6 SOLS. 8 DEN
HVIT. SOLS
13. S. 4. D.
TIMB. EX·RE.

Les mêmes papiers et parchemins contremarqués de la contremarque suivante de 1706.

Les mêmes pourvus ou non de cette contremarque et contremarqués du timbre suivant. (Rares, employés vers le milieu de l'année 1707).

Contremarque ayant servi au nouveau fermier à timbrer les papiers et parchemins du précédent bail qui ont été utilisés jusqu'à épuisement, la marque nouvelle n'ayant paru qu'en décembre 1706.

PAPIERS

.8. DENI. et 8. DENIE.
.DIX. DENI.
.16. DENI.

,2. SOLS.
,2. SOL,. 8. DEN.
,EXTRAORDI.

PARCHEMINS

,6. SOLS, 8. D.
,8. SOLS.
,13. SOLS, 4. D.
,EXTRAORDI.

Les mêmes contremarqués du timbre suivant.

1712
1" octobre

PAPIERS

HUIT DENI
DIX DENI
VN S. 4 DEN
»   (sur moyenne feuille).
DEVX SOLS
DEVX S. 8 DE
EXTRAORD

PARCHEMINS

HVIT SOLS
13 S. 4 DEN
EXTRAORD

Les mêmes contremarqués du timbre suivant.

1715
1" octobre

PA.PIERS

HVIT DEN.
DIX. DEN.
VN SOL. 4 D.

2. SOLS

....

EXTRAO.

PARCHEMINS

....

HVIT SOLS
13 S. 4 DE.
EXTRAO.

Les mêmes papiers et parchemins contremarqués du timbre suivant.

PAPIERS

HVIT. DENIER
DIX. DENIER
SEIZE DENIER
DEVX SOLS
G. P. DEVX S. 8. DEN
EXTRAORDIN

PARCHEMINS

....

HVIT SOLS
13. S. 4 DENIER
EXTRAORDIN

Les mêmes contremarqués du timbre suivant.

PAPIERS

HUIT DEN. P. QUART
DIX DENIERS LE FEUILL.
UN S. 4 DEN. LA FEUILLE

DEUX SOLS LA FEUILLE
DEUX SOLS HUIT D. LA F.
EXTRAORDINAIRE

PARCHEMINS

SIX SOLS 8.........
HUIT SOLS
18 SOLS 4 DEN. LA F.
EXTRAORDINAIRE

Les mêmes papiers et parchemins contremarqués du timbre suivant.

1787
1er janvier

PAPIERS

HUIT DENI
DIX DENI
SEIZE DENI
DEUX SOLS
DEUX S. 8. DEN.
EXTRAORDIN.

PARCHEMINS

SIX. S. 8 DEN
HUIT SOLS
18. S. 4. DEN.
EXTRAORDIN.

Les mêmes contremarqués du timbre suivant.

1788
1er octobre

PAPIERS

HUIT DEN.
DIX DEN.
UN SOL 4 DEN.

DEUX SOLS
2 SOLS 8 DEN.
EXTRAORDIN.

PARCHEMINS

SIX S. 8 DEN.
HUIT SOLS
13 SOL. 4 DEN.
EXTRAORDIN.

Les mêmes contremarqués du timbre suivant.

PAPIERS

HUIT DEN.
DIX DEN.
UN SOL. 4 DEN
DEUX SOLS
2 SOLS 8 DEN.
EXTRAORDIN.

PARCHEMINS

SIX S. 8 DEN.
HUIT SOLS
13 SOL. 4 DEN
EXTRAORDIN

Les mêmes contremarqués du timbre suivant.

PAPIERS

DIX DEN.
12 DEN $\frac{1}{2}$
1 SOL 8 D.
2 SOLS 6. D.
3 SOLS 4 D.
EXTRAORD.

PARCHEMINS

8 SOLS 1 D.
DIX SOLS.
16 SOLS 8. D.
EXTRAORD.

Les mêmes contremarqués du timbre de 1756 ci-après.

FERMES

REG. DES FER DU ROY SEUL.
EXTRAORD.

1756
1er octobre

PAPIERS

UN SOL.
1. SOL. 3. DEN.
DEUX SOLS
TROIS SOLS
QUATRE SOLS
EXTRAORDI.

Les mêmes sur papier bluté.

PARCHEMINS

DIX SOLS
DOUZE SOLS
VINGT SOLS
EXTRAORDI.

Ces mêmes papiers et parchemins contremarqués du timbre de 1780.

FERMES

EXPED. DES FERM. DU ROY.
REGIST. DES FERM. DU ROY.
Q DES TAILLES UN SOL.

PARCHEMIN
35 SOLS

Le même contremarqué du timbre suivant.

PAPIERS

Q D. F. 1 SOL, 2 D.
D. F. 1 SOL, 3 D. $\frac{1}{3}$
P. P. 2 SOLS 4 D.
M. P. 3 SOLS 6 D.
G. P. 4 SOLS 8 D.
EXTRAORDI.
Q. D. TAI. 1 S. 2 D. (Quittance des Tailles).

Les mêmes sur papier bleuté.

PARCHEMINS

Q. 11 SOLS 8 D
ROLLES 14 SOLS
F. D. P. 23 SOLS 4 D
35 SOLS
EXTRAORDI

POUR LES GREFFES — DES COURS

Marque Pour les Greffes — des Cours *apposée à gauche ou à droite de la vignette du timbre précédent.*

ROLLES 14 SOLS   POUR LES GREFFES — DES COURS
F. D. P. 23 SOLS 4 D   »

FERMES

EXPEDI. DES FERM. DU ROY T. D. D.
REGIST. DES FERM. DU ROY T. D. D.

RÉGIE GÉNÉRALE

EXPEDITIONS.   OCTROIS TARIFS & TIMB. EXTRAORD.

GÉNÉRALITÉ DE CAEN

La première marque de la généralité de Caen est employée au début concurremment avec les papiers timbrés de NORMANDIE qui n'ont été épuisés que dans le courant de l'année 1675.

Cette marque a toujours été timbrée à l'angle gauche de la feuille.

Les quarts de feuille de papier et les parchemins portent sur deux lignes l'indication du format et de leur valeur en petits caractères romains, les autres formats du papier sont indiqués en grosse italique, et la valeur en petit romain.

Entre les deux lignes, signature et paraphe manuscrits de l'employé de la formule.

De cette marque, deux timbrages ne différant l'un de l'autre que par la composition dans l'indication du format et de la valeur.

PREMIER TIMBRAGE

PAPIERS

quart de feuille — six deniers ($16 \times 13,5$)
Petit Papier — viii d po. dem. foul. (16×27)
Petit » — »
» » — xii d. pour feuille
Petit » — »
quart de feuille — six deniers ($20 \times 17,5$)
Moien Papier — xviii d. pour feuille (20×35)
» — » feuilles
Grand papier — Deux sols pour feuille,

PARCHEMINS

Po grefes & Notres — Cinq sols po. Rol,
» » — Six sols
» » — Dix sols po. feuille

DEUXIÈME TIMBRAGE

Quart de feuille — Six deniers
Petit Papier — viii d. po. dem. feul,
» — Douze d. po. feul,
Quart de feuille — Six deniers ($20 \times 17,5$)
Moien Papier — xviii d. po. feul,
Grand Papier — Deux Sols pour feuille,

Variété.

Les deux lignes plus rapprochées et sans signature ni paraphe de l'employé de la formule.

Quart de feuille — Six deniers (18 × 13,5)

PARCHEMINS

Cinq sols — pour Rolle
Po. Greffe & Noters — Cinq sols po. Rol.
»   Noters —   »
»   »   — Six sols
»   »   — Dix sols, po. feuille

Les mêmes contremarqués du timbre suivant.

1680
1er octobre

Marque au milieu et en haut de la feuille.

PAPIERS

			Deux formats	
			Ancien	Nouveau
Petit = Papier	— Six d. = le quart		18 × 13,5	— 18 × 12,5
`.	» — huit d. = la d^le feuille		18 × 27	— 18 × 25
»	» — Vn sol = la feuille		»	— »
Moyen =	» — dix huit d. = la feuille		20 × 35	— 22 × 29
Grand =	» — deux sols = la feuille		....	.. ....

PARCHEMINS

Pour = Greffiers — et nottaires = Six sols
Greffiers et = nottaires — dix sols = la feuille
Lettres de = Chancellerie — Six = sols
Lettres = d'ordres — dix = sols
Lettre = d'Université — Quinze = Sols

Pour servir au papier = Terrier et non a — autres actes = Cinq sols la feuille.

1687
1er octobre

PAPIERS

SIX DEN
HVIT DEN
VN SOL.
DIX HVIT DEN
DEVX SOLS

PARCHEMINS

CINQ SOLS
SIX SOLS
DIX SOLS

LETTRE D'ORDRE DIX SOLS
COLLATIONS DE BENEFICES QVINZE SOLS

Les mêmes contremarqués du timbre suivant.

Il n'a pas été créé de contremarque indiquant sur le timbre précédent l'augmentation résultant de la déclaration du Roy du 18 avril 1690, mais une marque portant la totalité des droits.

PAPIERS

HVIT DEN : LE QVART
DIX DENLA : DE MYE FEVILLE
SAIZE DEN : LA FEVILLE
DEVX SOLS : LA FEVILLE

EXTRA OR : DINAIRE

PARCHEMINS

SIX SOLS : HVIT DEN
HVIT : SOLS
TREIZE. S. QV : ATRE DEN PO — DEVX : ROLES
EXTRA OR : DINAIRE

LET. DE CH : ANCELLERIE — HVIT : SOLS
LET. DORDRES : TREIZE SOL — QVATR : E. DEN
LET. DUNIVERSITE : VINGT SOLS

Les mêmes contremarqués du timbre suivant.

1691
1" octobre

PAPIERS

SIX	= *DEN*	— *POVR*	= *QVART*	2 D
HVIT	= *DEN*	— *LE FE*	= *VILLET*	2 D
VN	= *SOL*	— *LA FE*	= *VILLE*	4 D
DIX	= *HVIT*	— *DENI*	= *ERS*	6 D
DEVX	= *SOLS*	— *LA FE*	= *VILLE*	8 D

. . . .

PARCHEMINS

CINQ	= *SOLS* —	1 S 8 D
SIX	= *SOLS* —	2 S
DIX	= *SOLS* —	3 S 4 D

. . . .

Les mêmes contremarqués du timbre suivant.

1697
1" octobre

PAPIERS		PARCHEMINS	
HVIT	DEN	6 SOL	8 DEN
DIX	DEN	HVIT	SOLS
UN S	4 D	13 S	4 D
DEVX	SOLS	EXT	RAO
2 SOL	8 DEN		
EXT	RAO		

Les mêmes avec la mention manuscrite Pour nouveau timbre *et en dessous la signature d'un employé de la formule.*
Les mêmes contremarqués du timbre suivant.

1700
1" janvier

PAPIERS	PARCHEMINS
HVIT DEN	6. S. 8. D.
DIX. DEN	HVIT SOLS
SEIZE DEN	13. S. 4. D.
DEUX SOLS	TIMB. EX. RE

TIMB. EX. RE

Les mêmes contremarqués du timbre suivant.

PAPIERS	PARCHEMINS
HVIT DEN	
DIX DEN	HVIT SOLS
SEIZE DEN	TREIZE. SOLS 4 D.
DEUX SOLS	TIMB. EX. RE.

TIMB EX. RE

Les mêmes contremarqués du timbre suivant.

PAPIERS	PARCHEMINS
HVIT DENI.	SIX S. 8 DEN.
DIX DENI.	HVIT SOLS
VN SOL 4 DEN.	13 S. 4. DEN.
DEUX SOLS.	VINGT 7 SOLS
2 SOLS 8 DEN.	

Les mêmes contremarqués du timbre suivant.

PAPIERS	PARCHEMINS
HVIT DEN.	....
DIX DEN.	8 SOLS
VN S. 4 D.	13 S. 4 D.
2 SOLS	20 SOLS
....	EXTRAO.
EXTRAO.	

Les mêmes contremarqués du timbre suivant.

1715

1er octobre

PAPIERS	PARCHEMINS
HVIT DEN.	....
DIX DEN	HVIT SOLS
VN SOL. 4 DEN.	13 SOLS 4 D.
DEUX SOLS	....
DEUX S. 8 D.	EXTRAOR.
EXTRAOR.	

Les mêmes contremarqués du timbre suivant.

1718

1er octobre

PAPIERS	PARCHEMINS
HVIT DEN	SIX S. 8 DEN.
DIX DEN.	HVIT SOLS
VN SOL 4. DEN	13 S. 4 DEN.
DEUX SOL:	....
DEUX S. 8 DEN.	
....	

Les mêmes contremarqués du timbre suivant.

1723

1er octobre

<table>
<tr><td>

PAPIERS

HUIT DEN. P. QUART
DIX DENIERS LE FEUILL.
UN S. 4 DEN. LA FEUILLE
DEUX SOLS LA FEUILLE
DEUX SOLS HUIT D. LA F.
EXTRAORDINAIRE

</td><td>

PARCHEMINS

....
HUIT SOLS
13 SOLS 4 DEN. LA F.
EXTRAORDINAIRE

</td></tr>
</table>

Les mêmes contramarqués du timbre suivant.

<table>
<tr><td>

PAPIERS

HVIT DENI
DIX DENI
SEIZE DENI
DEUX SOLS
....
EXTR ORDIN.
EXTR ORDIN. PAPIER POVR
      LINTENDANCE

</td><td>

PARCHEMINS

....
HUIT SOLS
13. S. 4 DEN.
EXTR. ORDIN.

</td></tr>
</table>

Les mêmes contremarqués du timbre suivant.

<table>
<tr><td>

PAPIERS

HUIT DEN.
DIX DEN
UN S. 4 D.
DEUX SOLS
2 SOL 8 D.
EXTRAORDIN

</td><td>

PARCHEMINS

6 SOL 8 D.
HUIT SOLS
13 S. 4 D.
EXTRAORDIN

</td></tr>
</table>

Les mêmes contremarqués du timbre suivant.

1744
1" octobre

PAPIERS
HUIT DENIERS
DIX DENIERS
1 SOL. 4 DENIERS
DEUX SOLS
2 SOLS 8 DEN
EXTRAORDIN.

PARCHEMINS
SIX S. 8 DEN.
HUIT SOLS
13 SOLS 4 DEN.
EXTRAORDIN

Les mêmes contremarqués du timbre suivant.

1744
1" octobre

PAPIERS
DIX DEN.
12. DEN. 1/2
1. SOL. 8 D.
2. SOLS 6. D.
3. SOLS 4. D.
EXTRAORD.

PARCHEMINS
8. SOLS 4. D.
DIX SOLS
10. SOLS 8. D.
EXTRAORD.

Les mêmes contremarqués du timbre de 1756 ci-après.

FERMES

REGIST. DES FERM. D. ROY.
EXPED DES FERM. D. ROY

1756
1" octobre

PAPIERS	**PARCHEMINS**
UN SOL.	DIX SOLS
1. SOL., 3 DEN.	DOUZE SOLS
DEUX SOLS	VINGT SOLS
TROIS SOLS	EXTRAORD.
QUATRE SOLS	
EXTRAORD.	

Création d'un nouveau timbre pour les parchemins, contretimbrage des feuilles en usage.

PARCHEMINS

DIX SOLS
DOUZE SOLS
VINGT SOLS (2 formats)

. . . .

PARCHEMINS

35 SOLS

Les papiers et parchemins ci-dessus furent aussi contremarqués du timbre suivant.

PAPIERS	**PARCHEMINS**
Q. DE F. 1 SOL. 2 D.	Q II SOLS 8 D.
D. F. 1 SOL 5 D. 1/2	ROLLES 14 SOLS
P. P. 2 SOLS 4 D.	F D P 23 SOLS 4 D
M. P. 3 SOLS 6 D.	35 SOLS.
G. P. 4 SOLS 8 D	EXTRAORDI
EXTRAORDI.	
Q. D. TAI. 1 S. 2 D.	

EXPÉDI. DES FERM DU ROY T.D.D
REGIST DES FERM. DU ROY.T.D.D.

RÉGIE GÉNÉRALE

EXPÉDITIONS   OCTROIS TARIFS & TIMB EXTRAORD.

GÉNÉRALITÉ D'ALENÇON

Marque aux armes d'Alençon.
Cette marque a été au début timbrée dans l'angle gauche de la feuille, puis au commencement de l'année 1676 et jusqu'à la fin du bail, au milieu de la feuille.

PREMIER TIMBRAGE

Marque à l'angle gauche. — *Valeur au-dessous en italique ou romain.*

Première Variété

Valeur en italique. — Employée fort peu de temps, les caractères trop petits manquant de netteté.

PAPIERS	PARCHEMINS
Six deniers	*Cinq sols*
Huit deniers	*Six sols*
Vn sol	*Dix sols*
Six deniers	
Neuf deniers	
Vn sol six deniers	
Dix huit deniers	
Deux sols	

Deuxième Variété

Valeur en romain. — En usage dès le mois de novembre, employée concurremment avec la variété précédente.

PAPIERS

A — *Avec majuscule.*

Vn sols
Un sol
Neuf deniers
Dix huit den.
Vn sol six den.
Vn sols six den
Deux sols

B. — *Sans majuscule, en différentes grosseurs de romain, avec ou sans abréviation.*

Les caractères du début paraissent être ceux en plus petit romain.

six den. (16 × 13,5)
six deniers
huit deniers
un sol
six den. (20 × 13,5)
six deniers
neuf den.
neuf den et neuf deniers (ensemble)
neuf deniers
un sol six d.
un sol six de.
un sol six den.
un sols six den.
deux sols

PARCHEMINS

ving sols
six sols
dix sols

1676

vers juin

DEUXIÈME TIMBRAGE

Marque au milieu de la feuille. — Format et valeur, ou valeur seuls de chaque côté de la vignette en anglaise majuscule.

Première Variété

Avec indication du format du papier, en caractères semblables sur une ligne parallèle et au-dessus de la valeur.

Employée vers juin de l'année 1676.

PAPIER   MOYEN — NEVF DENIERS   LA DEMY FEVILLE

Deuxième Variété

Valeur seule.

SIX DENIERS · POVR QVART (16 × 13,5)
HVIT DENIERS · LA DEMY FEUILLE
DOVZE DENIERS · LA FEVILLE
SIX DENIERS · POVR QVART (20 × 15,5)
NEVF DENIERS · LA DEMY FEVILLE
DEVX SOLS — LA FEVILLE

Il ne paraît pas avoir été créé de marque à « dix-huit deniers la feuille » les deux feuillets de chaque feuille étaient timbrés chacun à neuf deniers, ce qui revenait au même.

PARCHEMINS

CINQ SOLS = POUR QUITTANCE
SIX SOLS = POUR PLACART
DIX SOLS = LA FEUILLE

Les mêmes papiers et parchemins contremarqués du timbre suivant.

La marque de 1680 a été employée d'abord timbrée au milieu de la feuille, puis vers mai 1682 et jusqu'à la fin du bail à gauche de la feuille.

Toutefois les quarts et demi-feuilles timbrés à deux ou à quatre à la fois sont toujours timbrés dans un angle.

PREMIER TIMBRAGE

Marque au milieu *pour les feuilles entières et parchemins.*

Il est à remarquer que les quarts de feuilles sont timbrés avec une matrice à quatre timbres symétriques, le 1 avec le 3, le 2 avec le 4, et que les feuillets sont timbrés avec une matrice à deux timbres placés à côté l'un de l'autre, de sorte qu'un feuillet est timbré dans l'angle droit et l'autre dans l'angle gauche.

PAPIERS

SIX DEN *le, quart*
HUIT DEN *le, feuillet*
UN SOL. *petit* = *papier -- la, feuille*
DIX HUIT DEN *Moyen* = *papier — la, feuille*
DEUX SOLS *grand* = *papier —*   "
EXTRAORDINAIRE

PARCHEMINS

CINQ SOLZ *pour* = *quittance*
SIX SOLZ *pour* = *placart*
DIX SOLS *Deux* = *Rolles*
EXTRAORDINAIRE

DEUXIÈME TIMBRAGE

Dans l'angle gauche *pour les feuillets et feuilles entières.*

Les quarts de feuille sont timbrés avec une matrice à quatre timbres symétriques.

Les feuillets sont timbrés avec une matrice à un seul timbre et toujours dans l'angle gauche.

PAPIERS

SIX DEN *le. quart*
HVIT DEN *le. feuillet*
VN SOL. *petit papier — la. feuille*
DIX HVIT DEN *Moyen papier — la. feuille*
DEVX SOLZ *grand papier —* »
EXTRAORDINAIRE

Les parchemins n'ont pas été timbrés dans l'angle gauche.
Ces mêmes papiers et parchemins contremarqués du timbre suivant.

1687
1ᵉʳ octobre

La marque du bail de 1687 a d'abord été timbrée à gauche, puis au milieu, vers le mois de juillet 1688, pour les feuilles entières seulement.

Les parchemins paraissent avoir toujours été timbrés au milieu.

PREMIER TIMBRAGE

Dans l'angle gauche.

PAPIERS	PARCHEMINS
SIX DEN	. . . .
HVIT DEN	
VN SOL.	
DIX HVIT DEN	
DEVX SOLS	
. . . .	

DEUXIÈME TIMBRAGE

Au milieu *pour les feuilles entières, les quarts et feuillets restent timbrés à gauche.*

PAPIERS	PARCHEMINS
SIX DEN	**CINQ SOLS**
HVIT DEN	**SIX SOLS**
VN SOL	**DIX SOLS**
DIX HVIT DEN	. . . .
DEVX SOLS	
. . . .	

Les mêmes contremarqués du timbre suivant.
Les papiers et parchemins de 1680 contremarqués du timbre suivant.

1688
1ᵉʳ octobre

PAPIERS

SIX = DEN. — LE = QV.
SIX = DEN. —   »
PETIT = PAPIER — HVIT DEN = LE FEVILLET
    »   — VN SOL = LA FEVILLE
MOIEN = PAPIER — DIX HVIT DEN = LA FEVILLE
GRAND = PAPIER — DEVX SOLS =   »

PARCHEMINS

QVIT = TANCE — CINQ = SOLS
PLA = CAR — SIX = SOLS
DEVX = ROLLES = DIX = SOLS

Les papiers et parchemins de 1687 co tremarqués du timbre précédent et de l'augmentation qui suit.

Augmentation de tarif résultant de la déclaration du Roi du 18 avril 1690.

A. — Augmentation à côté et à droite de la vignette.

PAPIERS

SIX = DEN. — LE QV.   AVGON — 2 D
SIX = DEN. —   »   »   — 2 D
PETIT = PAPIER — HVIT DEN LE FEVILLET   »   — 2 D
    »   — VN SOL LA FEVILLE   »   — 4 D
MOIEN = PAPIER — DIX HVIT DEN = LA FEVILLE   »   — 6 D
GRAND = PAPIER — DEVX SOLS =   »   »   — 8 D

PARCHEMINS

QVIT = TANCE — CINQ = SOLS   AVGON — 20 D
PLA = CAR — SIX = SOLS   »   — 2 S
DEVX = ROLLES — DIX = SOLS   »   — 3 S 4 D

B, — Augmentation au-dessus. — *Les mêmes papiers et parchemins avec l'augmentation placée au-dessus de la marque.*
Les mêmes contremarqués du timbre suivant.

1697
1" octobre

PAPIERS	PARCHEMINS
HUIT DEN	6 SOLS 8 DEN
DIX DEN	HUIT SOLS
UN SOL. 4 DEN	13 S. 4. D.
DEUX SOLS	EXTRAO,
2 SOLS 8 DEN	
EXTRAO.	

Les mêmes papiers et parchemins contremarqués du timbre suivant.

1703
1" octobre

PAPIERS	PARCHEMINS
HUIT DEN.	6. S. 8. D.
DIX DEN	HUIT SOLS
SEIZE DEN.	13. S 4. D.
DEUX SOLS	TIMB. EX-RE
. . . .	
TIMB EX-RE	

Les mêmes contremarqués du timbre suivant.

1706
1" octobre

PAPIERS	PARCHEMINS
HUIT DEN.	6. S. 8 DEN
DIX DEN	HUIT SOLS
UN SOL. 4. DE.	13. S. 4 DEN.
DEUX SOLS	EXTRAOR.
. . . .	
EXTRAOR.	

Les mêmes contremarqués du timbre suivant.

PAPIERS	PARCHEMINS
HVIT DENI	SIX S. 8 DEN
DIX DENI	HVIT SOLS
UN S 4 DEN.	TREIZE S. 4 DE.
DEUX SOLS	....
DEUX S. 8 DEN	
....	

Les mêmes contremarqués du timbre suivant.

Quelques papiers de 1706 contremarqués du timbre de 1712 furent également marqués du nouveau timbre.

PAPIERS	PARCHEMINS
HVIT DEN.	SIX. S. 8 DEN.
DIX DEN.	HUIT SOLS
UN SOL 4 DE.	13 S. 4 DE
DEUX SOLS.	EXRAORD
2 SOLS 8. DE	
EXTRAORD	

Les mêmes contremarqués du timbre suivant.

Des papiers de 1712 contremarqués de 1715 furent aussi marqués du nouveau timbre.

De même des parchemins de 1706 portent ainsi 3 contremarques.

PAPIERS

HVIT DEN.
DIX DEN.
I SOL. IV. D.
II SOLS
II S. VIII D.
EXTRAO

PARCHEMINS

VI S. VIII. D.
VIII SOLS
XIII. S IV. D.
EXTRAO.

Les mêmes contremarqués du timbre suivant.

1723

1ᵉʳ octobre

PAPIERS

HUIT DEN P. QUART.
DIX DEN LE FEUIL.
UN S. 4 D. LA FEUIL.
2 SOLS LA FEUIL.
2 SOLS 8 D. LA F.
EXTRAORDINAIRE

PARCHEMINS

SIX SOLS 8 DEN
HUIT SOLS.
13 S. 4 D LA FEUIL.
EXTRAORDINAIRE

Les mêmes contremarqués du timbre suivant.
Papiers et parchemins de 1718 contremarqués de 1723 et du timbre suivant.

1727

1ᵉʳ janvier

PAPIERS

HUIT DENIE
DIX DENI
SEIZE DENI
DEUX SOLS
2 SOLS 8 DEN
EXTRAORDIN

PARCHEMINS

6 SOLS 8 DEN
HUIT SOLS
13 SOLS 4. DEN.
EXTRAORDIN

Les mêmes contremarqués du timbre suivant.

PAPIERS	**PARCHEMINS**
HUIT DEN.	6 SOLS 8 DEN.
DIX DEN.	HUIT SOLS
UN SOL 4 DEN.	13 SOL. 4 DEN.
DEUX SOLS	EXTRAORDIN.
2 SOLS 8 DEN.	
EXTRAORDIN.	

Les mêmes contremarqués du timbre suivant.

PAPIERS	**PARCHEMINS**
HUIT DEN.	6 SOLS 8 DEN.
DIX DEN.	HUIT SOLS
UN SOLS 4. DEN.	13 SOLS 4. DEN
DEUX SOLS.	EXTRAORDIN.
2. SOLS 8 DEN.	
EXTRAORDIN.	

Les mêmes contremarqués du timbre suivant.

PAPIERS	**PARCHEMINS**
DIX DEN	8. SOLS 4. D
12. DEN. $\frac{1}{2}$	DIX SOLS
1. SOL 8. D.	16. SOLS 8. D.
2. SOLS 6. D.	EXTRAORD.
3. SOLS 4. D	
EXTRAORD.	

FERMES

REGISTRES ET EXPEDITIONS DE LA FERME DES AYDES

Les mêmes contremarqués du timbre suivant.

PAPIERS	PARCHEMINS
UN SOL	DIX SOLS
1. SOL 3. DEN	DOUZE SOLS
DEUX SOLS	VINGT SOLS
TROIS SOLS	EXTRAORDI
QUATRE SOLS	
EXTRAORDI	
VINGT SOLS (moyenne feuille)	

FERMES

QUITT DES TAILL UN SOL
REGIST DES FERM DU ROY

Ces mêmes papiers et parchemins contretimbrés des timbres de 1780.

PARCHEMIN
35 SOLS

PAPIERS	PARCHEMINS
Q. D. F 1 SOL. 2 D	Q 11 SOLS 8 D.
D. F. 1 SOL. 5 D 1/2	ROLLES 14 SOLS
P. P. 2 SOLS 4 D.	F D P. 23 SOLS 4 D
M P. 3 SOLS 8 D.	35 SOLS
G P. 4 SOLS 8 D.	EXTRAORDI.
EXTRAORDI	
Q. D. TAIL. 1 S. 2 D	

FERMES

EXPEDI. DES FERM. DU ROY T. D. D.
REGIST DES FERM. DU ROY T. D. D.

RÉGIE GÉNÉRALE

EXPEDITIONS   OCTROIS TARIFS & TIMB. EXTRAORD.

GÉNÉRALITÉ DE CHAMPAGNE

GÉNÉRALITÉ DE CHAALON — G. DE CHALONS.

1673
Quartier
de juillet

Tout le pl4m

Deux Derniers
Quartiers de
juillet 673.

GNALITÉ DE CHAMPAGNE

A l'angle gauche, croix de Saint-André, potencée et contre-potencée aux armes de Champagne, surmontée d'une fleur de lis et d'une banderole portant Champagne; accostée de deux têtes de rois maures couronnées, affrontées, dans le bas deux C entrelacés et une banderole portant Pour. Au-dessous, la formule et la valeur en italique, avec indication du quartier en romain ou italique. Au milieu de la feuille en capitale ornée, GNALITÉ DE CHAMPAGNE.

PAPIERS

Pour procedures — de Procureurs, — six Deniers.

Pour servir — à huict deniers.
Pour servir — aux Exploits — huict deniers.
Pour Expeditions — des Greffiers »

Pour servir — aux Advocats — douze deniers.

Il existe une variété, où la formule, la valeur et le quartier sont placés à gauche de la marque.

1673-1674 *Même type sans indication de quartier.*

PAPIERS

Pour procedure — de procureurs — six deniers.
Pour servir aux — Huissiers — six Deniers.
pour servir à — huict Deniers.
Pour Expeditions — de Notaires — huict Deniers
Pour procureurs — »
Pour procedure — de procureurs — douze deniers.
Pour exploits à — »
Pour expeditions — de Greffiers — »
Pour acte de Notaire — »

PARCHEMINS

Même type, portant seulement au milieu CHAMPAGNE.

Pour expédition de Greffiers, Six Sols.

CHAMPAGNE

Même type, sur lequel ont été supprimées les têtes de rois maures couronnées ; l'indication de la formule et de la valeur en romain ou italique, au milieu de la feuille, CHAMPAGNE.

PAPIERS

Pour procédure — de procureurs — six deniers.
Feuille de Registre   six Deniers.

Pour Procureurs   huit Deniers.

Pour divers Actes —   douze deniers.
Pour saisies, Reelles — et Grosses des — Sergens Douze deniers — pour feuille.

PARCHEMINS

Pour expéditions de — dix sols — pour deux rolles.

GENERALITE DE CHAMPAGNE

Marque plus petite, la banderole du haut remplacée par la couronne royale, dans celle du bas CHAMPAGNE en lettres blanches sur fond noir ; au milieu de la feuille, GENERALITE DE CHAMPAGNE.

PAPIERS

Feuillet de — Registre — Six deniers.

Même type, portant au milieu GNTE DE CHAMPAGNE.

Pour servir — à — huict deniers.
Pour expedition — de Greffier —   douze deniers.

Même type, portant seulement CHAMPAGNE.

pour Exploit — six deniers.
Pour servir — à — six deniers.

Pour les fermes — et droits du Roi, — six deniers.
Pour huissiers —   huit deniers.

Pour divers Actes   douze deniers.

PARCHEMINS

Pour Quittance — sur l'Hostel de — Ville de Paris, Deux sols.

Même type, portant GNALITÉ DE CHAMPAGNE.

Pour expédition — de Notaire & — Tabellion — dix sols pour — deux Rôles.

1675
Janvier

Fleur de lis entourée d'un ruban, portant GÉNÉRALITÉ DE CHAMPAGNE ; à droite et à gauche, en deux lignes, indication du format en grosse italique, et de la valeur en petit romain.

PAPIERS

Premier Type.

Petit Papier —	Six deniers	le quart.
»	Huiet den. la	demye feuille.
»	Huit deniers la	demie feuille
»	Huit den la	demie feuille.
»	un sol	la feuille.
»	Vn sol	la feuille.
Moyen Papier —	six deniers	le quart.
»	Six deniers	»
»	neuf den. la	demye Feuille.
»	Neuf deu. la	demye feuille.
»	Dix huiet den	la feuille.
Grand Papier —	Deux sols	la feuille.

Deuxième Type.

Le format en caractères italiques plus petits. Valeur en romain un peu plus fort.

PAPIERS

petit papier —	huit deniers la	demie feuille.
»	Huit deniers	la demie feuille.
»	Douze deniers	la feuille.
Moyen papier —	neuf deniers	la demie feuille.

PARCHEMINS

Pour Expédit. des Greffiers = & Tabellions — Dix sols = Pour deux Roolles.

Troisième Type.

Les deux lignes en romain, la première en caractère plus fort que la seconde.

PAPIERS

petit — papier — Six deniers — le quart.
petit — papier — huit deniers la — demie feuille.
petit — papier — un sol — la feuille.
moyen — papier — neuf den la — demie feuille.

PARCHEMINS

La formule et la valeur indiquées sur les parchemins sont en caractères italique.

Pour Quittances = de Parties — prenantes = cinq sols.
Pour Expéditions = des Greffiers & = Tabellions = six sols.
Pour Expéditions = des Greffiers & = Tabellions dix = sols deux roolles.

Les mêmes papiers et parchemins furent contremarqués du timbre suivant, de même que des feuilles de 1674.

676  *Nouveau timbre ; au centre une fleur de lis, autour en cercle, Généralité de Champagne, à droite et à gauche, en deux lignes, indication du format et de la valeur. El. de (pour Élection de).*

PAPIERS

Six — Den — le 1/4 de feuille — El de
Huit — den — la 1/2 feuille »
Petit — papier — Vn s la — feuille »
Moyen — papier — 18 d la — Feuille »
Grand — papier — 2 s la — Feuille »

PARCHEMINS

 *Tous les parchemins sont marqués d'un timbre uniforme, l'indication de leur emploi est manuscrite.*

Quittance de l'hostel = de Ville de Paris — deux = sols.
Six sols = le quart.
Pour les greffiers = & Tabellions — Dix sols = pour deux roolles.

Les mêmes contremarqués du timbre suivant.

1680
1ᵉʳ octobre

PAPIERS

Quart de ... papier — à six ... deniers.
Petit ... papier — huit d... le feuillet [1].
Petit ... Papier — Vn sol ... la feuille.
Moyen ... pap. — dix huit d ... la feuille.
Grand ... papier deux sols ... la feuille.

PARCHEMINS

Comme dans le timbre précédent les parchemins ne portent que la marque, les inscriptions sont manuscrites.

1687
1ᵉʳ octobre

PAPIERS

SIX DEN.
HVIT DEN.
VN SOL. [2]
SEIZE DEN.
DIX HUIT DEN.
DEUX SOLS
EXTRAORDINAIRE

PARCHEMINS

CINQ SOLS
SIX SOLS
DIX SOLS
EXTRAORDINAIRE

1690

Les mêmes avec augmentation.

PAPIERS		
SIX DEN.	AUGᵒⁿ	2 D.
HVIT DEN	»	2 D
VN SOL	»	4 D
DIX HUIT DEN.	»	6 D
DEUX SOLS	»	8 D.
EXTRAORDINAIRE		

PARCHEMINS		
CINQ SOLS	AUGᵒⁿ	20 D.
SIX SOLS	»	2 S.
DIX SOLS	»	3 S.4 D.
EXTRAORDINAIRE		

Les mêmes contremarqués du timbre suivant. Les papiers de 1687, ne portant pas l'augmentation, en furent également contretimbrés.

---

[1]. Il se rencontre placé verticalement.

[2]. Ces trois timbres portent un numéro de contrôle dans le fleuron qui se trouve au milieu de la banderole indiquant la valeur.

1691
septembre

PAPIERS		PARCHEMINS	
SIX DENIERS.	2. D.	CINQ SOLS	20 D.
HVIT DENIERS	2. D.	SIX SOLS	2 S
VN SOL.	4. D.	DIX SOLS	3 S 4 D.
DIX HVIT DENIERS	6. D.	EXTRAORDINE —	
DEVX SOLS	8 D		
EXTRAORDINE	—		

Les mêmes contremarqués du timbre suivant.

1697
octobre

PAPIERS	PARCHEMINS
HVIT DEN	SIX S. 8 D.
DIX DEN	HVIT SOLS
UN S. 4 D.	13 S. 4 D.
DEUX SOLS	EXTRAORDIN
DEUX S. 8 D	
EXTRAORDIN.	

Les mêmes contremarqués du timbre suivant.

1699
octobre

PAPIERS		PARCHEMINS	
SIX DEN	2. D.	CINQ SOLS	20 D.
HVIT DEN	2. D.	SIX SOLS	2 S.
VN SOL	4 D.	DIX SOLS	3 S 4 D.
DIX 8 DENI.	6 D.	EXTRAORDINAIRE	
DEUX SOLS.	8 D.		
EXTRAORDINAIRE			

Les mêmes contremarqués du timbre suivant.

1703
1" octobre

PAPIERS   PARCHEMINS

PAPIERS	PARCHEMINS
HVIT. DENIER	SIX SOLS 8 D
DIX. DENIER	HVIT SOLS
VN. SOL. 4. DE	13. SOLS. 4. D.
SEIZE DENIER.	EXTRAORDI
DEVX SOLS	
DEUX S. 8 DE	
EXTRAORDI	

Les mêmes contremarqués du timbre suivant.

1708
1" octobre

PAPIERS	PARCHEMINS
HVIT. DENI.	SIX SOLS 8 D
DIX DENI.	HUIT SOLS
16. DENI	13 SOL 4. DEN.
DEVX SOLS	EXTRAOR.
DEVX S. 8 DEN.	
EXTRAOR	

Les mêmes contremarqués du timbre suivant.

1712
1" octobre

PAPIERS	PARCHEMINS
HVIT DENI.	SIX SOLS 8 D.
DIX DENI	HVIT SOLS
VN S. 4 DEN	13 SOLS 4 DEN
DEVX SOLS	EXTRAORDI
DEVX S. 8 DEN	
EXTRAORDI	

Les mêmes contremarqués du timbre suivant.

PAPIERS	PARCHEMINS
HVIT. DEN.	SIX SOLS 8 D
DIX. DEN.	HVIT SOLS.
VN SCL. 4 DE.	13 SOLS 4 D.
DEVX SOLS.	EXTRAORD.
DEVX S. 8 DE.	
EXTRAORD.	

Les mêmes contremarqués du timbre suivant.

PAPIERS	PARCHEMINS
HVIT DENIER	SIX. S 8. DEN.
DIX. DENIER	HVIT SOLS
SEIZE DENIER.	13. S. 4. DÉNIER
DEUX SOLS	EXTRAORDIN
DEVX S 8. DEN	
EXTRAORDIN	

PAPIERS	PARCHEMINS
HUIT DEN. P. QUART.	SIX SOLS 8 DEN
DIX DEN LE FEUIL.	HUIT SOLS
UN S. 4 D. LA FEUIL.	13 S. 4 D LA FEUIL
2 SOLS LA FEUIL.	EXTRAORDINAIRE
2 SOLS 8 D. LA F.	
EXTRAORDINAIRE	

Les mêmes contremarqués du timbre suivant.

1737

1" janvier

PAPIERS	PARCHEMINS
QUART A VIII DENIERS	SIX SOLS VIII DENIERS
FEUILT A DIX DENIERS	HUIT SOLS
UN SOL. IV DENIERS	TREIZE S. IV DENIERS
DEUX SOLS	EXTRAORDINAIRE
DEUX SOLS VIII DENIERS	
EXTRAORDINAIRE	

Les mêmes contremarqués du timbre suivant.

1738

1" octobre

PAPIERS	PARCHEMINS
HUIT DEN.	SIX S. 8 DEN.
DIX DEN.	HUIT SOLS
UN S. 4 DEN.	13 S. 4. DEN
DEUX SOLS.	EXTRAORDIN.
DEUX S 8 DEN	
EXTRAORDIN.	

Les mêmes contremarqués du timbre suivant.

1744

1" octobre

PAPIERS	PARCHEMINS
HUIT DEN.	SIX S. 8 DEN.
DIX DEN.	HUIT SOLS.
1 SOL. 4 DEN.	13. S. 4 DEN.
DEUX SOLS.	EXTRA.
2 SOL. 8 DEN.	
EXTRA.	

TIMBRE DE CHEVILLE
Pour la ferme des aides seulement

Les mêmes contremarqués du timbre suivant.

PAPIERS	PARCHEMINS
DIX DEN.	8. SOLS 4. D.
12. DEN 1/2	DIX SOLS
1. SOL 8. D.	16. SOLS. 8. D.
2. SOLS 6. D.	EXTRAORD.
3. SOLS 4. D.	
EXTRAORD.	

CHEVILLE. REG ET EXP. DE LA FER DES AYDES.
DIX DEN. QUITT. DES TAILLES
EXTRAORD. REG DES FER. DU ROY SEUL.

Les mêmes contremarqués du timbre suivant.

PAPIERS	PARCHEMINS
UN SOL	DIX SOLS
1. SOL 3. DEN.	DOUZE S.
DEUX SOLS	VINGT S.
TROIS SOLS	EXTRAORD.
QUATRE SOLS	
EXTRAORD.	

Q. DES TAILLES UN SOL.
REGIST. DES FERM DU ROY.
EXPD. DES FERM DU ROY.

1774

Mars

35 SOLS

Papiers et parchemins de 1756, contremarqués du timbre suivant.

1780

1ᵉ octobre

PAPIERS

Q. DE F. 1 SOL 2 D.
D. F. 1 SOL 5 D 1.2
P. P. 2 SOLS 4 D.
M. P. 3 SOLS 6 D.
G. P. 4 SOLS 8 D.
EXTRAORDI
Q. D. TAIL. 1 S. 2 D.

PARCHEMINS

Q. II SOL. 8 8 D.
ROLLES 14 SOLS
F. D P. 23 SOLS 4 D.
35 SOLS
EXTRAORDI.

REGIST. DES FERM. DU ROY T. D. D.
EXPEDI DES FERM DU ROY T. D. D

1780

REGIE GENERALE

EXPEDITIONS   OCTROIS TARIFS & TIMB. EXTRAORDI

CLERMONTOIS

Le Clermontois se composait des comtés, terres et seigneuries de Stenay, Dun, Jamète, Clermont en Argonne, et des domaines et prévôtés de Varennes et des Matignons. Les don et cession en furent faits en 1648, à Louis de Bourbon, prince de Condé, comme récompense de ses services. Lors de l'établissement de la Formule en France, le prince en introduisit l'usage dans le comté.

Le peu d'étendue du territoire est la principale cause de la rareté des papiers et parchemins du Clermontois; ils y eurent cours jusqu'en 1784, où, par un contrat d'échange passé entre le Roi et le prince de Condé, le prince céda à Sa Majesté les droits qui se percevaient à son profit, contre six cent mille livres de rentes perpétuelles, au principal de douze millions.

Il n'a pas encore été retrouvé de documents marqués du quartier de juillet 1673, ils étaient très probablement de même que le papier mis en circulation en 1674, frappés de la marque de Champagne, comme faisant partie d'une même sous-ferme, mais avec légende spéciale: COMTEZ DE CLERMONT, Stenay & dépendances, *en caractères variés dans la première ligne du titre, la formule et la valeur en italique au-dessous de la marque.*

COMTEZ DE CLERMONT
Stenay & dépendances.

Pour
divers Actes.
Douze deniers

PAPIERS

pour — divers Actes — Six deniers
Pour — divers Actes — Huit deniers
»   —   »   — Douze deniers

Marque à l'angle gauche, armes de Condé avec légende en cercle: CLERMONT STENAY ET DEPP (dépendances), *et surmonté de l'écu de France. Valeur en italique ornée.*

1674

Juin

neuf d

PAPIERS

Neuf d.
neuf d.
un sol
douze d — pour f.
pour — douze d.

1675

Février

Huit deniers
la dem feuille

Marque ovale avec filet à l'angle gauche. Fleur de lis chargée d'une bande, placée au centre, avec la légende : CLERMONT STENAY. DVN. IAMETZ. Valeur en romain au-dessous.

PAPIERS

Huit deniers — la dem. feuille
un sol la f.

1675

Juin

Même type, de dimension un peu plus grande, frappé au milieu de la feuille, la valeur en caractères romains placée à droite et à gauche de la marque.

PAPIER

Six deniers : le quart.

1675

huit deniers.
l: de feuille

Marque à l'angle gauche. Fleur de lis chargée d'une bande, entourée d'un cercle, autour la légende : CLERM. STEN. DUN. IAM., au-dessous la valeur en italique.

PAPIERS

huict deniers, — la de. feuille
Petit Papier — un sol la feuille
Pour les — propres — affaires de — S A S (Son Altesse Serenissime)

1677

Même type. Marque au milieu de la feuille. Valeur à droite et à gauche de la marque, en caractères italiques.

Six deniers ⚊ le quart
Petit ⚊ Papier, — huit den la ⚊ de. feuille
Un sol ⚊ la feuille

Même type, avec caractères plus petits.

Huit ⚊ deniers — la dem —feuille
Petit ⚊ papier, — Vn sol ⚊ la feuille.

Les mêmes contremarqués du timbre suivant.

VN SOL. LA
FEVILLE

Marque carrée frappée à l'angle gauche. Fleur de lis fleuronnée et couronnée placée au milieu; en bordure la légende BAIL. DE CLERMS. SA. VAR. E DEPP. *(et dépendances). Valeur au-dessous en capitale,*

PAPIERS

SIX DENIERS — LE QUART
VN SOL. LA — FEVILLE.

Même type. Marque au milieu de la feuille, avec indication de la valeur à gauche de la marque en deux lignes.

UN SOL LA — FEVILLE

Même type. Marque à l'angle gauche de la feuille sur les papiers et parchemins, sans indication de valeur.

Marque ovale à l'angle gauche. Fleur de lis ornée, non couronnée, entourée de la légende : CHASTELLENIE DE CLERMONT, *sans indication de valeur.*

Marque composée d'une fleur de lis palmée et couronnée, entourée de la légende en ovale : S. A. VAREN. BAIL. DE CLERM., *frappée au milieu de la feuille sur les papiers et parchemins.*

De même que les trois suivantes formées des armes de la maison de Condé, et cela jusqu'en 1709, ces timbres ne portent pas d'indication de valeur.

Marque carrée, entourée d'un filet aux angles coupés, ayant au centre les armes de Condé, surmontées de la couronne, et accostées de deux palmes; à l'intérieur, comme légende : CONTEZ. DE. STENAY. ET. DEPENDANCE DE VARENNE. *Les quarts de papier sont frappés en angle, et les autres formats au milieu de la feuille.*

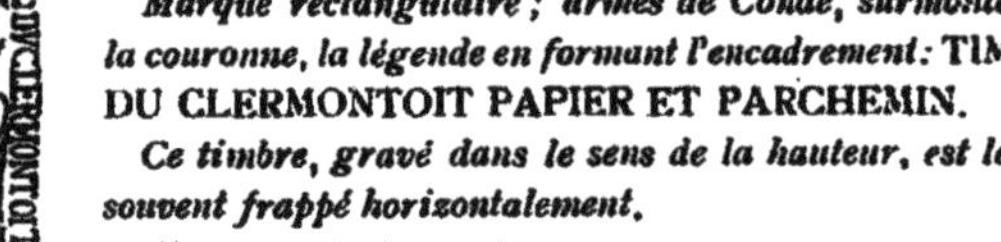

Marque rectangulaire ; armes de Condé, surmontées de la couronne, la légende en formant l'encadrement : TIMBRE DU CLERMONTOIT PAPIER ET PARCHEMIN.

Ce timbre, gravé dans le sens de la hauteur, est le plus souvent frappé horizontalement.

1705
Mai

Marque aux armes de Condé surmontées de la couronne et entourées de rinceaux: TIMBRE DV CLERMON E DEPPAN (*Timbre du Clermontois et dépendances*), *frappé dans le haut, au milieu de la feuille, sans indication de valeur.*

1709
Mars

Armes de Condé surmontées de la couronne, entourées des cordons des ordres de Saint-Michel et du Saint-Esprit, autour un cartouche orné portant CLERMONTOIS, *avec indication de la valeur.*

PAPIERS	PARCHEMINS
HVIT. DENI	13 S. 4 D.
DEUX S. 8 D	DEUX S. 8 DEN.
EXTRAORD.	

1717
Juillet

Armes de Condé, surmontées d'un soleil, dans le cartouche les entourant: CLERM — ONTOIS *et, dans le bas, indication de la valeur.*

PAPIERS	PARCHEMINS
HVIT DENI	....
DIX DENI	13 S. 4 DE
VN S. 4 DE	
DEUX SOLS	

1727
Mai

Ce timbre et les suivants ne portent plus que l'écusson couronné avec cette seule indication : CLERMONTOIS.
Vignette dans le haut, au milieu de la feuille, sans indication de valeur.

Vignette frappée au milieu de la feuille dans le haut, sans indication de valeur.

Vignette frappée dans le même genre et sans indication de valeur, accompagnée sur quelques pièces d'une des contremarques LB FIX (Louis Bourbon), ou CLB (pour le fisc Condé-Louis Bourbon).

Vignette sans indication de valeur.

Vignette frappée au milieu de la feuille dans le haut, accompagnée quelquefois au-dessous d'un petit timbre indiquant la valeur.

Vignette sans indication de valeur, placée au haut de la feuille, elle est souvent accompagnée en dessous, d'un petit timbre portant FISC.

LORRAINE ET BARROIS

Antérieurement à 1698, dans la région du Barrois située à l'ouest de la Meuse, confinant à la Champagne (Barrois mouvant ou royal), les timbres fiscaux du fermier de Champagne étaient en vigueur.

La juridiction du Parlement de Metz, prolongée jusqu'à la Meuse, comprenant la Lorraine et le Barrois non mouvant ou ducal, employait le papier timbré de la généralité de Metz. En 1697, le traité de Ryswick rétablissant Léopold dans ses États, il fut créé un timbre spécial à la Lorraine. En 1720, son fils François III lui succéda jusqu'au 13 décembre 1736 où il signa l'acte de cession pour le Barrois et le 13 février 1737 pour la Lorraine, en faveur de Stanislas, qui devait abdiquer la couronne de Pologne, tout en conservant le titre de roi, et recevoir les duchés de Lorraine et de Bar en compensation, reversibles à la France après sa mort, survenue au mois de février 1766. Le 1er octobre 1768, le nouveau timbre fut composé avec les emblèmes du roi de France.

1698
Février

Marque en angle et au milieu de la feuille : croix de Lorraine avec deux L enlacées, surmontée de la couronne ducale ; dans les cartouches de droite et de gauche Lorraine et Barrois, la valeur au milieu.

PAPIERS	PARCHEMINS
DOVZE D.	NEVF GROS
VN GROS 4 D.	VN FRAN
DEVX GROS.	VN F. SIX G.
TROIS GROS.	VN F. 7 GR.
QVATRE GROS.	VN F. 9 GR
	DEVX F. 4 GR.
	TROIS FRAN.

Les mêmes avec la contremarque SVZ.

Marque dans le même genre mais la croix de Lorraine et les initiales remplacées par les armes de Lorraine.

PAPIERS	PARCHEMINS
DOUZE DEN.	NEUF GROS
VN G. 4 D	VN FRAN
DEVX GROS	VN F. SIX G
TROIS GROS	VN F 7 GR.
QVATRE GROS	VN F 9 GR.
	DEU F 4 GR.
	TROIS FRAN.

Marque spéciale pour les greffiers.
Même vignette surmontée d'une couronne fermée, attribut de la royauté.

EXPÉDITIONS DES GREFFES. VN FRA.

Marque similaire pour la Cour souveraine et Chambre des comptes de Lorraine et Barrois.

PARCHEMINS
CONSEIL ET COVRS SOVVERAINES DE LORRAINE ET BARROIS
VN FR. 6 GR.
VN FR. 7 GR.

Les mêmes papiers et parchemins contremarqués du timbre suivant.

1704

1" janvier

Marque de même composition, la valeur indiquée dans le bas.

Les parchemins avec paraphe manuscrit à droite.

PAPIERS

DOUZE DENIER
VN GR. QVAT. D
DEVX GROS.
TROIS GROS.
QUATRE GROS.

PARCHEMINS

NEVF GROS.
VN FRANC
VN FRA. SIX GR.
VN FRA. SEPT G.
VN FRA NEVF G.
DEVX F QVAT G.
TROIS FRAN.

PARCHEMINS

CONSEIL ET COVR SOVVERAINE DE LORRAINE ET BARROIS
VN FRA. SIX G.
VN FRA. SEPT G.

Les mêmes contremarqués du timbre suivant.

1710

1" janvier

Marque composée d'une femme assise sur un char, tenant un bouclier sur lequel est posée la bande de Lorraine aux trois alérions, accompagnée de rinceaux, ruban flottant portant la légende et la valeur sur le char.

PAPIERS

DOUZE DENIER
VN GROS QVAT. DENIERS
DEVX GROS
TROIS GROS
QVATE GROS.

PARCHEMINS

NEVF GROS.
VN FRAN.
VN FRAN SIX GROS
VN FRAN SEPT GROS
VN FRAN NEVF GROS
DEVX F. QVAT GROS
TROIS FRAN.

Les parchemins sont marqués à droite d'un paraphe manuscrit ou frappé à l'encre grasse.

Les mêmes contremarqués du timbre suivant.

La marque représente une femme assise et accoudée, tenant de la main droite un cartouche portant les armes de Lorraine et de Bar surmontées de la couronne royale; banderole portant l'inscription et la valeur.

PAPIERS	PARCHEMINS
DOUZE DENIER	NEVF GROS
VN GROS QVATRE DENIERS	VN FRAN,
DEVX GROS	VN FRAN SIX GROS
TROIS GROS	VN FRAN SEPT GROS
QVATRE GROS	VN FRAN NEVF GROS
	DEVX FRAN QVATRE GROS
	TROIS FRAN.

Les parchemins sont frappés à droite d'un paraphe à l'encre grasse.

Les papiers de douze deniers et d'un gros quatre deniers sont aussi parfois frappés d'un paraphe différent.

La gravure des quarts de feuille est un peu plus petite et proportionnée au format.

Les mêmes papiers et parchemins frappés de la contremarque de 1720.

Il ne fut pas créé de nouveau timbre, les anciens papiers et parchemins furent frappés d'une contremarque, et les nouveaux à l'extrémité du haut de chaque feuille.

Les mêmes contremarqués du timbre suivant.

Par suite de l'emploi qui fut fait d'anciens parchemins, on en retrouve frappés des timbres de 1704, 1716 et contremarqués de celui de 1721.

1721
1ᵉʳ janvier

Marque aux armes mi-parti de Lorraine et de Bar sommées d'une couronne royale surmontée de la croix de Jérusalem ; support d'aigles portant au cou un collier auquel est suspendue la croix de Lorraine ; comme embase un ruban portant la légende et la valeur.

PAPIERS	PARCHEMINS
DOVZE DENIERS	NEVF GROS
VN GROS QVATRE DENIERS	VN FRANC
DEVX GROS.	VN FRANC SIX GROS
TROIS GROS	VN FRANC SEPT GROS
QVATRE GROS	VN FRANC NEVF GROS
	DEVX FRAN QVATRE GROS
	TROIS FRAN.

Les mêmes contremarqués du timbre suivant.

1725
1ᵉʳ janvier

Nouvelle marque, mêmes armes, mais avec une seule aigle comme support, l'embase formée d'un ruban renfermant la légende et la valeur selon le nouveau tarif. Pour les quarts de feuille à neuf deniers, la marque réduite de grandeur.

PAPIERS	PARCHEMINS
NEUF DENIERS	SEPT SOLS 3. D.
EXT DE REGISTRES DOUZE DENIERS.	DIX SOLS 3. D.
VN SOL 3. D.	QVINZE SOLS 6. D.
VN SOL 10. D	16 SOLS 6. D.
DEVX SOLS 9. D.	VINGT QUATRE. S.
TROIS SOLS 9. D.	TRENTE SOLS 6. D.

Les mêmes contremarqués du timbre suivant.

Marque portant dans un cartouche les armes accolées de Lorraine et de Bar, surmontées de la couronne royale; dans le haut un ruban avec légende, et dans le bas la valeur. Il fut créé un timbre extraordinaire qui n'avait pas encore eu cours en Lorraine.

<table>
<tr><td>

PAPIERS

NEVF DENIERS
VN SOL TROIS DEN
VN SOL DIX DEN
DEVX SOLS 9 DEN
TROIS SOLS 9 DEN
EXTRAORDINAIRE

</td><td>

PARCHEMINS

SEPT SOLS 3 DEN
DIX SOLS 3 DEN
QVINZE SOLS 6 DEN
SEIZE SOLS 6 DEN.
VINGT QUATRE SOLS
TRENTE SOLS 6 DEN.
EXTRAORDINAIRE

</td></tr>
</table>

Ces timbres sont parfois accompagnés de l'une des contremarques ci dessus aux armes de Lorraine et Bar, ou de Bar seulement.
Quelques papiers de 1725 en sont également frappés.

Les mêmes papiers et parchemins ne sont pas contretimbrés du timbre suivant, mais ils furent frappés d'une contremarque en 1738.

Marque aux armes de Stanislas, roi de Pologne, surmontées de la couronne royale, avec supports d'aigles, l'une portant les armes de Lorraine l'autre celles de Bar; au-dessous des armes les colliers des ordres de Saint-Michel et du Saint-Esprit et dans un ruban l'indication de la valeur; la vignette des quarts de feuille de plus petite dimension.

PAPIERS	PARCHEMINS
NEUF DENIER	7 SOLS 3 DENIERS
1 SOLS 3 DENIERS	10 SOLS 3 DENIERS
1 SOLS 10 DENIERS	15 SOLS 6 DENIERS
2 SOLS 9 DENIERS	16 SOLS 0 DENIERS
3 SOLS 9 DENIERS	24 SOLS
EXTRAORDINAIRE	30 SOLS 6 DENIERS
	EXTRAORDINAIRE

Les mêmes contremarqués du timbre suivant.

1744

1" octobre

Marque aux mêmes armes.

PAPIERS	PARCHEMINS
NEUF DEN.	7 SOLS 3 DEN.
VN SOL 3. DEN.	10 SOLS 3 DEN.
UN SOL DIX D.	15 SOLS 6 DEN.
2 SOLS 9 DEN.	16 SOLS 6 DEN.
3 SOLS 9 DEN.	24 SOLS.
EXTRAORDINAIRE	30 SOLS 6 DEN.
	EXTRAORDINAIRE

Les mêmes contremarqués du timbre suivant.

1750

Octobre

Marque de même genre avec le fond de l'écu blasonné.

PAPIERS	PARCHEMINS
NEUF DEN.	7. S. 3. D.
1. S. 3. D.	10. S. 3. D.
1. S. 10. D.	15. S. 6. DEN.
2. S. 9. D.	16. S. 6. D.
3. S. 9. D.	24. S.
EXTRAORDI.	30. S. 6. D
FERM. DU ROI.	EXTRAORDI.
CHEVILLE.	

PROCEDURES D'OFFICES SEULEMENT.

Les mêmes contremarqués du timbre suivant.

Marque dans le même genre.

PAPIERS	PARCHEMINS
NEUF DENIERS.	7 SOLS TROIS DEN.
UN SOL TROIS D.	10 SOLS TROIS DEN.
UN SOL DIX DEN.	15 SOLS SIX DEN.
DEUX SOLS NEUF D.	16 SOLS SIX DEN.
TROIS SOLS NEUF D.	24 SOLS
EXTRAORDINAIRE.	30 SOLS SIX DEN.
	ETRAORDINAIRE

Les mêmes contremarqués du timbre suivant.

Nouvelle marque portant les emblèmes du roi de France, deux LL enlacées et la fleur de lis.
Légende et valeur placées dans les rubans.

PAPIERS	PARCHEMINS
NEUF DENIERS	SEPT SOLS TROIS D.
UN SOL TROIS DEN	DIX SOLS TROIS D.
UN SOL 10 DENIERS	15 SOLS SIX DEN.
DEUX SOLS NEUF D.	16 SOLS SIX DEN.
TROIS SOLS NEUF D.	VINGT QUATRE S.
EXTRAORDINAIRE	30 SOLS SIX DEN
	EXTRAORDINAIRE

FERMES DU ROY

EXP. DES FERMES DU ROY,
REG DES FERMES DU ROY,
PROCÉD. D'OFFICES SEULEMENT

Les mêmes contremarqués du timbre suivant.

1780
1" octobre

Marque de même composition.

PAPIERS	PARCHEMINS
NEUF DENIERS	7 SOLS 3 D.
1 SOL 3 DEN	DIX SOLS 3 D.
UN SOL 10 DEN.	15 SOLS 6 D.
2 SOLS 9 DEN.	18 SOLS 6 D.
3 SOLS 9 DEN.	VINGT QUATRE S.
EXTRAORDIN	30 SOLS 6 DEN.
	EXTRAORDIN

PROCED. D'OFFICES

Même type, portant Lorraine et Bar dans le cartouche du haut.

REGIST DES FERM. DU ROY T. D. D.
EXPEDI DES FERM. DU ROY T D. D.

RÉGIE GÉNÉRALE

Mêmes vignettes que pour les autres généralités du Royaume.

EXPEDITIONS   OCTROIS TARIFS & TIMBRE EXTRAORDI

PRINCIPAUTÉ DE COMMERCY

De 1710 à 1723, les Principautés de Commercy, de d'Einville, les terres de Sampigny et dépendances, Vignot, Malaumont, Pont-sur-Meuse, les lieux indivis et communs de la Terre de Salins, ne furent pas compris dans les baux des fermes de Lorraine ; elles eurent une marque spéciale.

En 1723, un édit du 23 janvier réunissant au domaine de Lorraine l'usufruit de la principauté de Commercy, une déclaration du 4 février ordonnait l'usage des papiers et parchemins timbrés du fermier de Lorraine.

Mais, en 1737, François III, en cédant la Lorraine à la France, avait réservé l'usufruit de la souveraineté de Commercy en faveur de sa mère, Élisabeth-Charlotte d'Orléans ; à leur création, les nouvelles marques furent composées des armes accolées de Lorraine et d'Orléans, avec la légende : Souveraineté de Commercy ; elles eurent cours jusqu'en 1744. L'assimilation de la Lorraine s'accentuant, en même temps que la coïncidence de la durée des baux des deux fermes, le 1er octobre de la même année, la dernière marque fut contretimbrée de celle de Lorraine et Bar. La seigneurie de Commercy fut réunie définitivement à la France en 1766.

Dans un cartouche, la croix de Lorraine avec deux C enlacés, autour : Principauté de Commercy, surmontés de la couronne ducale, avec supports d'aigles, la valeur au-dessous du cartouche.

PAPIERS

DOUZE DEN
VN GR QUAT D
DEUX GROS
TROIS GROS
QUATRE GROS

PARCHEMINS

NEUF GROS
UN FRANC
UN. F. SIX. G.
VN. F. SEPT. G.
VN. F. NEUF. G.
DEUX F. QUAT. G.
TROIS FRAN

1738
1er janvier

Dans un cartouche, les armes accolées de Lorraine et d'Orléans, surmontées de la couronne royale ; dans le haut un ruban avec légende : Souveraineté de Commerci, au-dessous, dans un ruban : SOLS — DENIERS. Ce timbre, de même que le suivant, ne portent pas de valeur, un emplacement s'y trouve réservé pour son indication manuscrite ; ils étaient employés uniformément pour les différents formats de papiers et parchemins.

1741

Les mêmes contremarqués du timbre suivant.

Marque dans le même genre, mêmes armoiries et légendes.

Les mêmes contremarqués du timbre de Lorraine du 1er octobre 1744.

GÉNÉRALITÉ DE METZ
PARLEMENT DE METZ — METZ ET SEDAN

Cette généralité comprend les trois évêchés de Metz, Toul et Verdun, le Luxembourg français, les principautés de Sedan et de Raucourt, et quelques petits districts de l'Alsace et de la Lorraine.

Il n'a pas été retrouvé de pièces du quartier de juillet 1673.

Généralité de Metz.

Marque rectangulaire à l'angle gauche de la feuille, aigles supportant un écu chargé d'une fleur de lis et surmonté d'un soleil ; dans un ruban : GENERALITÉ DE METZ ; *au dessous, la formule et la valeur en italique, et au milieu de la feuille, dans le haut : Généralité de Metz en grosse italique.*

PAPIERS

POVR — Les inventaires § — autres grosses procedures — des procureurs douze — deniers pour feuille.
POVR — Les procédures des pro — cureurs, douze — deniers pour feuille.

Généralité de Metz.

Marque ovale, à l'angle gauche, aigles supportant une fleur de lis surmontée d'un soleil et d'une couronne royale ; dans le bas. sur la terrasse : METZ ; *au-dessous, la formule et la valeur en italique, avec une fleur de lis dans le bas ; à droite de la marque : Généralité de Metz en italique.*

PARCHEMIN

Expédition de — Greffier six sols.

1674

1ᵉʳ octobre

Marque au milieu de la feuille dans le haut. Fleur de lis accostée de deux L.L et surmontée d'une couronne royale ; dans le bas, un ruban avec légende : PARLEMENT DE METZ. La valeur et le format à droite et à gauche de la marque.

PAPIERS

Un sol = la feuille
Dix huit deniers = la feuille

1675

Même type, marque à l'angle gauche avec la valeur au-dessus.

PAPIER

Un Sol la feuille.

1676

Demie feuille = *de Parchemin.*
Six = sols.

Marque dans le haut de la feuille ; au milieu, deux canons posés en sautoir et surmontés d'une fleur de lis, légende : GNALITÉ DE METZ ; le format en italique et la valeur en romain ; indiqués en deux lignes de chaque côté de la marque.

PAPIERS

Petit = *papier :* — Douze deniers = la feuille.
Moyen = *Papier* — dix huit deniers = la feuille.

PARCHEMINS

Demie feuille = *de parchemin* — Six = Sols
» » Six = sols
Pour Expeditions des = *Greffiers & Tabellions* — Six = sols
Feuille de = *parchemin* — Dix sols pour = deux Rolles.
Pour Expeditions des = *Greffiers & Tabellions* – Dix sols pour = deux Rolles
Pour Expeditions des = *Greffiers &* — Dix sols pour =

1681

1ᵉʳ janvier

PAPIERS	PARCHEMINS
SIX DEN,	CINQ SOLS
HVIT DEN,	SIX SOLS
VN SOL	DIX SOLS
DIX HVIT DEN,	QVINZE SOLS
DEVX SOLS	

Les mêmes contremarqués du timbre suivant.

PAPIERS	PAPIER TERRIER
	Sans indication de valeur.
SIX DEN	**PARCHEMINS**
HVIT DEN	
VN SOL	CINQ SOLS
DIX HVIT DEN	SIX SOLS
DEVX SOLS	DIX SOLS

Les mêmes contremarqués du timbre suivant extraordinaire.

SIX = DENIERS — POVR = QVART
DEMY = FEVILLE — HVICT = DENIERS
PETIT = PAPIER — VN SOL
MOYEN = PAPIER — DIXHVICT D = LA FEVILLE
GRAND = PAPIER — DEUX SOLS = LA FEUILLE
EXTRAORDINAIRE (au-dessus de la marque].

PARCHEMINS

CINQ = SOLS
SIX = SOLS
DIX SOLS = POVR — DEUX ROLLES
EXTRAORDINAIRE (au-dessus de la marque).

Les mêmes contremarqués du timbre suivant.

1687

1ᵉʳ octobre

PAPIERS	PARCHEMINS
SIX DEN	CINQ SOLS
HVIT DEN	SIX SOLS
VN SOL.	DIX SOLS
DIX HVIT DEN	QVINZE SOLS
DEVX SOLS	EXTRAORDINAIRE
EXTRAORDINAIRE	

1690

Juin

Les mêmes avec augmentation.

PAPIERS		PARCHEMINS	
SIX DEN	Augᵐ 2 D	CINQ SOLS	Augᵐ 20 D
HVIT DEN	» 2 D	SIX SOLS	» 2 S
VN SOL.	» 1 D	DIX SOLS	» 3 S 4 D
DIX HVIT DEN	» 6 D	QVINZE SOLS	» 5 S
DEVX SOLS	» 8 D	EXTRAORDINAIRE	
EXTRAORDINAIRE			

Ces mêmes papiers et parchemins, avec et sans augmentation, se trouvent frappés de la contremarque suivante ; ils sont employés jusqu'en 1708.

Ils se trouvent également contremarqués du timbre suivant.

1698

1ᵉʳ janvier

PAPIERS	PARCHEMINS
HVIT DEN	SIX S. 8 DEN
DIX DEN	HVIT SOLS
VN S. 4 DEN.	13 S 4 DEN
DEUX SOLS	EXTRAORDIN.
2 SOLS 8 DEN	
EXTRA ORDIN.	

Les mêmes frappés de la contremarque précédente.

Ils se rencontrent également contremarqués de la contremarque du timbre suivant, portant : CONT. EXTR.

Des timbres avec augmentation, de 1690, furent aussi frappés de cette même contremarque.

PAPIERS

HVIT DEN
DIX DEN
VN SOL. 4 DEN
DEVX SOLS
2. SOL 8 DEN
CONT. EXT

PARCHEMINS

6 SOLS 8 DEN.
HVIT SOLS
13. SOLS 4 DEN
CONT. EXTR

Les mêmes contremarqués du timbre suivant.

PAPIERS

HVIT DEN
DIX DEN
VN SOL. 4 D.
DEVX SOLS
2 S. 8 DE
EXTRAORDI

PARCHEMINS

6 SOL 8 DE
HVIT SOLS
13 S. 4 DE
EXTRAORDI

Les mêmes contremarqués du timbre suivant : EXTRAO.

<table>
<tr><td>

PAPIERS

HVIT DEN
DIX DEN
I SOL. IV. D.
DEVX SOLS
2. S. 8 DE
EXTRAO

</td><td>

PARCHEMINS

VI S. VIII D.
HVIT SOLS
XIII. S. IV. D.
EXTRAO

</td></tr>
</table>

Les mêmes contremarqués du timbre suivant.

1719

1er avril

Ces timbres et les suivants portent : Généralité de Metz et Sedan.

<table>
<tr><td>

PAPIERS

HVIT DENIE
DIX DENIE
SEIZE DENIE
DEVX SOLS
2 SOLS 8 DENIE
EXTRAORDI

</td><td>

PARCHEMINS

6 SOLS 8 DENIE
HVIT SOLS
13 S. 4 DENIE
EXTRAORDI

</td></tr>
</table>

Les mêmes contremarqués du timbre suivant.

1723

1er octobre

<table>
<tr><td>

PAPIERS

HUIT DEN. P QUART
DIX DEN LE FEUIL
UN S 4 D. LA FEUIL
2 SOLS LA FEUIL
2 SOLS 8 D LA F.
EXTRAORDINAIRE

</td><td>

PARCHEMINS

SIX SOLS 8 DEN.
HUIT SOLS
13 S. 4 D LA FEUIL
EXTRAORDINAIRE

</td></tr>
</table>

Les mêmes contremarqués du timbre suivant.

PAPIERS

HUIT DEN.
DIX DEN.
UN SOL. 4 DEN.
DEUX SOLS
2 SOL. 8 DEN.
EXTRAORDIN.

PARCHEMINS

6 SOL. 8 DEN
HUIT SOLS
13 SOL. 4 DEN
EXTRAORDIN

Les mêmes contremarqués du timbre suivant.

PAPIERS

HUIT DENI
DIX DENI
SEIZE DENI
DEUX SOLS
2 SOLS 8 DENI
EXTRAORDIN.

PARCHEMINS

SIX SOLS 8 DENI
HUIT SOLS
13 SOL 4 DENI
EXTRAORDIN.

Les mêmes contremarqués du timbre suivant.

PAPIERS

HUIT DEN
DIX DEN.
UN SOL 4 DEN
DEUX SOLS
2 SOLS 8 DEN
EXTRAORDI

PARCHEMINS

6 SOLS 8 DEN
HUIT SOLS
13 SOL 4 DEN.
EXTRAORDI

Les mêmes contremarqués du timbre suivant.

1745

1ᵉʳ janvier

PAPIERS	PARCHEMINS
SIX. DEN.	6. S. 8. D.
HUIT. DEN	HUIT SOLS.
UN S. 4 D.	13. S. 4. D.
DEUX SOLS	EXTRAORD
2. S. 8. D.	
EXTRAORD.	

Les mêmes contremarqués du timbre suivant.

1751

1ᵉʳ janvier

PAPIERS	PARCHEMINS
UN SOL	DIX SOLS
1 SOL 3 DEN	DOUZE SOLS
DEUX SOLS	VINGT SOLS
TROIS SOLS	ETRAORDIN
QUATRE SOLS	
EXTRAORDIN	

Les parchemins avec paraphe à droite.

Les mêmes contremarqués du timbre suivant.

1757

1ᵉʳ janvier

PAPIERS	PARCHEMINS
UN SOL	DIX SOLS
1 SOL 3 DEN.	DOUZE SOLS.
DEUX SOLS	VINGT SOLS
TROIS SOLS	EXTRAORDI
QUATRE SOLS	
EXTRAORDI	

Les parchemins avec paraphe à droite.

PARCHEMIN
35 SOLS

Papiers et parchemins de 1757, contremarqués du timbre suivant.

PAPIERS

Q. D. F. 1 SOL 2 D.
D. F. 1 SOL 5 D. ½
P. P 2 SOLS 4 D.
M. P 3 SOLS 6 D.
G. P. 4 SOLS 8 D.
EXTRAORDI
Q. D. TAIL. 1 S. 2 D.

PARCHEMINS

Q. 11 SOLS 8 D
ROLLES 14. SOLS.
F. D. P. 23 SOLS 4 D
35 SOLS.
EXTRAORDI.

REGIST. DES FERM. DU ROY T. D. D.
EXPEDI DES FERM DU ROY T. D. D.

RÉGIE GÉNÉRALE

Mêmes vignettes que pour les autres généralités du royaume.

EXPEDITIONS   **OCTROIS TARIFS & TIMBRE EXTRAORDI**

COMTÉ DE MONTBÉLIARD

Le comté de Montbéliard, situé au pied des Vosges, entre la Haute-Alsace et la Franche-Comté, appartenait à la famille des ducs de Wurtemberg.

Le papier timbré ne fut pas d'un usage constant dans le comté et les émissions ne comprenaient qu'une seule vignette et sans indication de valeur.

1704

Vignette à l'angle gauche, armoiries de Léopold Eberhard, duc de Wurtemberg-Montbéliard et comte de Montbéliard.

La valeur n'était que d'un sol pour le petit comme pour le grand papier; il ne semble avoir eu cours que pendant l'année 1704.

1736-1737

Vignette aux armoiries de Charles-Alexandre duc de Wurtemberg-Stuttgard et comte de Montbéliard, entourées du cordon de la Toison d'Or, sans indication de pays ni de valeur.

Petit papier 2 sols
Grand papier 4 sols

1737-1738

Vignette aux armoiries de Charles-Eugène, duc de Wurtemberg-Stuttgard et comte de Montbéliard, dans un médaillon ovale avec inscription MONTBELIARD, *sans indication de valeur.*

Petit papier 2 sols
Grand papier 4 sols

PROVINCE DE BRETAGNE

La province de Bretagne ne forme qu'une seule généralité. Les papiers et parchemins avec la marque du quartier de juillet 1673 ne semblent pas avoir été employés.

Prouince de Bretagne
pᵒ seruir aux expeditions & grosses des Greffiers

Marque à l'angle gauche, composée de deux LL enlacés, avec fleur de lis au centre, surmontés de la couronne royale, valeur au-dessous, formule dans le haut de la feuille en caractères gothiques et sans indication de quartier.

PAPIERS

po les procedures des Procureurs.	douze den.
po' servir aux expeditions & grosses des Greffiers.	»
po' les expeditions des Greffiers.	»
po' servir aux Procédures des Procureurs	Huict den — Le feuillet
po' servir aux contracts & Actes des Notaires	douze den

po' servir aux Déclarations du papier Terrier.   Seize den — la feuille.

Même type. PROVINCE DE BRETAGNE au-dessus de la marque ; à l'angle gauche, l'indication de la formule et de la valeur au-dessous de la marque.

PAPIERS

Pour servir — aux exploits —	Six den.
po' les Actes — des Notaires —	douze den
po' les procedures des Procureurs.	»

Pour les — Obligations — Quitances & — autres Re — connoissances —   six den.
Pour les fermes — des estats & — communau — tés, huict den —

PARCHEMINS

Pour les — expeditions — de Greffiers — dix sols les — deux rolles.

Même type, mais avec PROVINCE DE — BRETAGNE en deux lignes au-dessus de la marque.

PAPIERS

Pour feuille — de Registre — huit deniers (le p de Province en minuscule).
Po' feuilles de — Registres — douze den

Pour les — fermes — & droits — du Roy. — douze den
Pour les ex — ploits & pro — ces verbaux — huit deni
Pour les — actes des Notaires — douze den
Pour les — Notaires — douze deniers
Pour Inventaires — et grosses des — Procureurs — douze den
Pour servir — à Monsieur — le Procureur Général.   »
Pour les — affaires — du Roi.   »
Pour le pa — pier Terrier   _____   Seize deniers

PARCHEMINS

Pour les — Actes des — Notaires — Dix sols — les deux — rolles.

1674

Juillet

Prouince de Bretagne

Même type, mais d'une gravure plus légère, PROVINCE DE BRETAGNE en une seule ligne au-dessus de la marque.

PAPIERS

po' les Actes — des notaires. Douze den.

PARCHEMINS

Pour les ex — peditions des — Greffiers. — Dix sols les — deux rolles.

Les mêmes contremarqués du timbre suivant.

1674

Juillet

Vignette au milieu de la feuille. Inscription en caractères gothiques.

PAPIERS

Pour tous ⚌ Actes
douze deniers ⚌ pour feuille

Il existe une variété de ce timbre, où la légende PROVINCE DE BRETAGNE inscrite dans un ruban, de même que les hermines qui y figurent, se détachent en blanc sur un fond noir; la formule en italique et la valeur en gothique sont placées à droite et à gauche de la marque.

PAPIER

Petit ⚌ papier — Douze den ⚌ pour feuille.

Même type, première ligne en italique et la seconde en gothique.

1674

Octobre

PAPIERS

Petit ⚌ papier — Douze den ⚌ pour feuille

PARCHEMINS

Pour les Actes = des Nottaires — Six = sols.
Pour les Actes = des Nottaires — dix sols les = deux rolles

Marque à l'angle gauche ; au-dessous, le format et la valeur en caractères gothiques.

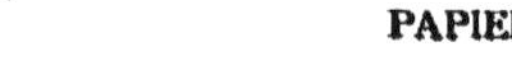

PAPIERS

Petit papier — huict den. — la dem feui.
Petit pap. — douze den. — la feuille
»   Douze den —   »
»   Pour tous actes   »
papier moy. — dix huict den — la feuille
Pa. moyen — dix huict den — la feuille.

Même type. Marque à l'angle gauche ; au-dessus, la formule en italique ; au-dessous, la valeur en gothique.

PAPIERS

Petit papier   Douze den — pour feuille
Papier Moyen   Dix-huit den — pour feuille

PARCHEMINS

Pour la Chancellerie — près le Parlement — six sols
Pour les Actes — des Nottaires — Dix sols les — deux rolles

Ces différents types, de papiers et parchemins, contremarqués du timbre suivant.

Pour ce timbre, le mot BRETAGNE est gravé en caractères différents pour chaque valeur.

<table>
<tr><td>

PAPIERS

Six den $=$ le $\frac{1}{4}$ de fe.
huit de $=$ la $\frac{1}{2}$ fe.
Petit papier $=$ 1 sol la $=$ feuille
moyen $=$ papier — 18 d la $=$ feuille
grand $=$ papier — 2 s $=$ la feu

</td><td>

PARCHEMINS

P. exped des greff* — dix s. p. 2 rolles.*
P. servir aux no^m — dix s. p. 2 rolles

</td></tr>
</table>

Les mêmes contremarqués du timbre suivant.

1676
Octobre

PAPIERS	PARCHEMINS
SIX DEN	SIX SOLZ
HVIT DEN	DIX SOLZ LES DEVX ROLLES
VN SOL	P. LETTRES DE CHANCELLERIE
DIX HVIT D.	
DEVX SOLS	

*Il existe une variété dans le huit den, les épreuves sont placées verti-
calement, au lieu d'être horizontales.*

*Dans le parchemin à dix sols, le timbre est plus grand et la rédaction
en trois lignes.*

———

Les mêmes contremarqués du timbre suivant.

———

1678
Janvier

Petit Papier	SIX DEN		PARCHEMINS
»	HVIT DEN		
»	VN SOL		Pour quarts SIX SOLZ
Moien Papier	18 DEN		Pour Notaires DIX SOLZ
Grand Papier	DEVX SOLZ		Pour Greffiers DIX SOLZ

*Papiers et parchemins furent frappés de la contremarque suivante,
ou du timbre de 1680.*

1680
Janvier

*Frappée à l'angle gauche, la valeur est placée au-dessous de la
marque, sauf pour 'e huit deniers et une variété du Un sol où elle est indiquée sur les côtés.*

*Pour les parchemins, la formule et la valeur sont également placées
sur les côtés.*

PAPIERS	PARCHEMINS
six deniers	six = sols — le = quart
six deniers	six = sols — le = quart
huit = deniers	le = quart — six = sols
un sol	Gref = Fiers — dix = sols
Un = sol	No = res — dix sols.
dix huit deniers	
deux sols	

Les mêmes contremarqués du timbre suivant.

PAPIERS	PARCHEMINS
SIX DEN	SIX SOLS
HVIT DEN	DIX SOLS
VN SOL	EXTRAORDINAIRE
DIX HVIT DENIERS	
DEVX SOLS	
EXTRAORDINAIRE	

Ces timbres sont placés à l'angle gauche de la feuille, frappés verticalement ou horizontalement.

Les mêmes contremarqués du timbre suivant.

PAPIERS	PARCHEMINS
SIX DEN.	SIX SOLS
HVIT DEN.	DIX SOLS
VN SOL.	EXTRAORDINAIRE
DIX HVIT DEN.	
DEVX SOLS	
EXTRAORDINAIRE	

Ces timbres sont frappés à l'angle gauche; ceux des papiers portent, après l'indication de leur valeur placée dans la banderole, un numéro de contrôle.

1690

1" juin

Les mêmes avec augmentation.

PAPIERS			PARCHEMINS		
SIX DEN	AUG⁰ⁿ	2 D	. . . .	AUG⁰ⁿ	20 D
HVIT DEN	»	2 D	SIX SOLS	»	2 S
VN SOL	»	1 D	DIX SOLS	»	3 s. 4 D
DIX HVIT DEN	»	6 D	EXTRAORDIN (selon format)		
DEVX SOLS	»	8 D			
EXTRAORDIN (selon format)					

*Les mêmes, frappés de la contremarque spéciale du timbre suivant,
plus rarement du timbre de même valeur.*

1691

1" octobre

PAPIERS		PARCHEMINS	
SIX DEN	2 D	. . . .	20 D.
HVIT DEN	2 D	SIX SOLS	2 S.
VN SOL	1 D	DIX SOLS	3 S. 4 D
DIX 8 DEN	6 D	EXTRAORDI	
DEVX SOLS	8 D		
EXTRAORDI			

Les mêmes contremarqués du timbre suivant.

1697

1" octobre

PAPIERS	PARCHEMINS
HVIT DEN.	HVIT SOLS
DIX DEN.	13 S. 4 D.
VN S. 4 D.	EXTRAOR
DEVX SOLS.	
2 S. 8 D	
EXTRAOR	

Les mêmes contremarqués du timbre suivant.

PAPIERS	**PARCHEMINS**
HVIT DEN.	. . . .
DIX DEN.	HVIT SOLS
VN S. 4 DE	13 S 4 DEN.
DEVX SOLS	EXTRAORD.
DEVX S. 8 D.	
EXTRAORD	

Les mêmes contremarqués du timbre suivant.

PAPIERS	**PARCHEMINS**
HVIT. DE	. . . .
DIX. DE	HVIT SO.
VN S. 4 DE.	13 S 4 DE
DEVX. SO.	GREFFIER 13 S 4 DE.
DEVX S 8 D	EXTRAOR
EXTRAOR	

Il fut créé un parchemin spécial pour les greffiers et le mot BRETAGNE *fut remplacé par* GREFFIER.

Les mêmes papiers et parchemins se rencontrent frappés d'une contremarque, sous-ferme de Jean Gareau ou du timbre suivant.

PAPIERS

QUART   8. DEN
DEMI-F   10. DEN
PP 1. SOL   4. DEN.
MOY. P.   2 S. LS
G. P. DEUX S. 8 DEN
EXTRAORDIN

PARCHEMINS

PETIS ARRESTS
PLAC 8 SOLS
F. 13 S 4 DEN.
EXTRAORDIN

Les mêmes contremarqués du timbre suivant.

1713

Janvier

PAPIERS

QUART 8. DEN
DEMI 10 DEN
P. P. 1 SOL. 4. DEN
MOY. P. 2 SOLS
G. P. DEVX S 8 DEN
EXTRAORDIN

PARCHEMINS

PETIS ARRESTS
PLAC 8. SOLS
F. 13. S 4. DEN.
EXTRAORDIN

Les mêmes contremarqués du timbre suivant.

1715

1" octobre

PAPIERS

HVIT DEN
DIX DEN.
VN S. 4 DEN
DEVX SOLS
DEVX SOLS 8 DE
EXTRAORD

PARCHEMINS

4 SOLS 8 DEN
HVIT SOLS
13 S 4 DE
EXTRAORD

Ces papiers et pacrhemins se trouvent frappés de la contremarque d'Antoine Toisy, sous-fermier.
Ils sont également contremarqués du timbre suivant.

PAPIERS	PARCHEMINS
HVIT DENI	IV SOLS 8 DEN
DIX DEN.	HVIT SOLS
VN SOL. 4 DEN	13. S 4. DEN
DEVX SOLS	EXTRAORD
2 SOLS 8 DEN	
EXTRAORD	

Il se trouve des papiers et parchemins frappés d'une contremarque portant dans une couronne une fleur de lis et deux hermines.

Ils sont également contretimbrés du timbre suivant.

PAPIERS	PARCHEMINS
HUIT DEN.	QVA. S. 8 D.
DIX DEN	HUIT S.
1 SOL. 4 D.	13 SOL. 4 D.
DEUX S.	EXTRAOR.
2 SOL 8 D	
EXTRAOR.	

Les mêmes contremarqués du timbre suivant.

PAPIERS	PARCHEMINS
HUIT DEN	QUA S. 8 DEN.
DIX DEN.	HUIT SOLS
UN SOL 4 DEN.	13 SOL. 4 DEN.
DEUX SOLS	EXTRAORDIN.
2 SOL 8 DEN	
EXTRAORDIN	

Les mêmes contremarqués du timbre suivant.

1739

1" janvier

PAPIERS	**PARCHEMINS**
HUIT DEN.	QUATR. S. 8 DEN.
DIX DEN.	HUIT SOLS
UN SOL. 4 DEN.	13 SOL. 4 DEN
DEUX SOLS	EXTRAORDIN.
DEUX S. 8 DEN	
EXTRAORDIN	

Les mêmes contremarqués du timbre suivant.

1751

1" janvier

PAPIERS	**PARCHEMINS**
UN SOL	7. S. 8. D
1. SOL 3. DEN.	DOUZE S.
DEUX S.	VINGT S
TROIS S.	EXTRAORDI.
QUATRE S.	
EXTRAORDI.	

Les mêmes contremarqués du timbre suivant.

1757

1" janvier

PAPIERS	**PARCHEMINS**
UN SOL	SEPT S. 8. DEN
1. SOL 3. DEN.	DOUZE SOLS
DEUX SOLS	VINGT SOLS
TROIS SOLS	EXTRAORD
QUATRE SOLS	
EXTRAORD	

Les mêmes contremarqués du chiffre L. F. B.

FERMES DU ROY

REGISTRE DES FERMES DU ROY.

PAPIERS	PARCHEMINS
UN SOL.	SEPT. S. 3 DEN
1. SOL. 3 DEN	DOUZE SOLS
DEUX SOLS	VINGT SOLS
TROIS SOLS	EXTRAORDI
QUATRE SOLS	
EXTRAORDI	

Les mêmes contremarqués du timbre suivant.

PAPIERS	PARCHEMINS
UN SOL.	7 SOLS 3 DEN
1 SOL 3 DEN.	DOUZE SOLS
DEUX SOLS	VINGT SOLS
TROIS SOLS	EXTRAORDI
QUATRE SOLS	
EXTRAORDI	

Les mêmes contremarqués du timbre suivant.

PAPIERS	PARCHEMINS
Q. D. F. 1 SOL. 2 D.	Q. 11 SOLS 8 D.
D. F. 1 SOL. 5 D.	ROLLES 14 SOLS.
P. P. 2 SOLS 4 D.	F. D P. 23 SOLS 4 D
M. P. 3 SOLS 6 D.	35 SOLS
G. P. 4 SOLS 8 D.	EXTRAORDI
EXTRAORDI	
Q. D. TAIL. 1 S. 2 D.	

EXP. DES FERM. DU ROY T. D. D.
REGIST DES FERM. DU ROY T. D. D.

RÉGIE GÉNÉRALE

1780

1" octobre

EXPEDITIONS   OCTROIS & TARIFS   TIMB EXTRAORD.

GÉNÉRALITÉ DE TOURS

La généralité de Tours comprenait La Touraine, l'Anjou, le Maine et une partie du Bas-Poitou.

Les premiers timbres de cette généralité offrent un très grand nombre de variétés, par leur disposition et la diversité des caractères qui furent employés dans la rédaction des formules.

La première marque de forme ronde, frappée au milieu de la feuille, GÉNÉRALITÉ = DE TOURS, *porte entre deux filets : généralité de Tours ; au centre, passés en sautoir, une épée et un caducée, emblèmes de la justice et au commerce, cantonnée en chef d'une fleur de lis et les trois autres cantons d'une tour, qui sont les armes de Tours ; à gauche la formule et la valeur en petit romain ; au-dessous : Quartier de juillet 1673, en italique.*

PAPIER

Povr Exploit. Huit deniers pour fouillet.

Même type. Marque à l'angle gauche ; au-dessus : Quartier de juillet 1673, et au-dessous, formule en capitale et romain, et la valeur en romain un peu plus fort.

PAPIERS

Pour les Advocats & Procureurs — Six deniers.
POUR PROCEDURES DES AVOCATS — & Procureurs — Huict deniers.

Même type. Indication du quartier de juillet en petit romain au-dessus de la marque.

PAPIER

FEUILLE POUR COPIE DE PIÈCES. Douze deniers pour feuille

1673
octobre

Même type. Sans indication de quartier. La formule et la valeur indiquées en petits caractères capitales et romains.

PAPIER

Povr contracts & Actes des Notaires — Douze deniers pour feuille.

PARCHEMINS

POVR CONTRATS — & Actes des Notaires & — Tabellions — six Sols.
POVR EXPEDITIONS — des Greffiers — Dix sols pour deux Rolles.
POVR Contracts & Actes des — Nottaires & Tabellions — Dix sols pour deux rolles

Même type. Avec indication de la formule en caractères plus forts, et la valeur en très petits.

PARCHEMIN

POUR EXPEDITIONS des Greffiers, six sols.

1673
novembre

Même type. Inscription très petite. Valeur indiquée en romain un peu plus fort.

PAPIERS

FEVILLET DE REGISTRE — pour les Traites. Huit deniers.
Povr Contracts & Actes — des Notaires. Douze deniers — pour feüille
Pour servir aux Greffiers. Douze deniers — pour feüille.

PARCHEMIN

Pour servir aux Greffiers. — Dix sols pour — deux Rolles.

1674

Même type. Inscriptions en caractères de civilité.

PAPIERS

Pour Exploit — Six deniers.
Pour servir aux Minutes des — sentences, Jugements & Ordonnances — Huict deniers
Pour Contrats & — Acte de Not — taires — douze deniers pour feuillet.

PARCHEMINS

Pour Contrats & — Actes des Not — taires & Tabel — lions. Cinq sols.
Pour Contrats & — Actes des Not — taires. — Six sols.
Pour Expéditions — des Greffiers — Dix sols pour deux — Rolles
Pour Contrats & — Actes des Not — taires — Dix sols pour deux — Rolles
Pour Contrats & Ac — tes des Nottaires & — Tabellions — Dix sols pour deux — Rolles

Même type. Inscriptions en caractères de civilité. Valeur en romain.

PARCHEMIN

pour Contrats & Actes — des Notaires, — Dix sols pour deux — Rolles.

Vignette dans le même genre que la précédente, mais sans filet extérieur, placée au milieu de la feuille. Inscription en caractères romains, la valeur en très petits caractères.

PAPIERS

Pour les Avocats = & Procureurs. — six deniers pour = quart de feuille.
Pour Promesses, = Lettres — & Billets de = Change — six deniers = pour quart de feuille
Pour Contracts & Actes = des Notaires — douze = deniers.

Même type, frappé dans l'angle gauche de la feuille. Inscription en petit romain, valeur en italique.

PAPIERS

Pour Soûs-seing privé — *six deniers* — pour quart de feuille.
Pour servir aux — huissiers — *six deniers* — pour quart de feil
Pour Fermes & droits — du Roy — *huit deniers.*

PARCHEMINS

Pour Expéditions des — Grefflers. — *douze deniers pour feil*
Expéditions des Grefflers. *dix sols pour deux Rolles*
Pour servir aux expéditions — des Grefflers. *dix sols, pour deux Rolles*

Même type. Frappé à l'angle gauche. Inscriptions en romain très fin.

PAPIER

Pour promesses & autres — Actes sous seing privé, Six deniers.

Même type. A l'angle gauche. Inscription en romain très fin. La valeur en caractères un peu plus forts.

PAPIERS

Povr Avocats & Procureurs. — Six deniers pour quart de feûille.
Pour les Fermes & Droits — du Roy. Huit deniers pour — demie feûille

---

Même type. A l'angle gauche. Impression en romain. La valeur en caractères plus petits.

PAPIERS

Pour Exploict — Six deniers pour quart de feuille
Pour servir aux — huissiers — Six deniers pour quart de feuille

Pour servir sous — sing privé — Six deniers.
Pour les procedures — des Avocats & Pro — cureurs — Six deniers pour quart de feuille.
Pour les Fermes & — Droits du Roy — six deniers pour quart de feuille.
FEUILLET — de Registre — Six deniers.
Pour Feuillet — de Registre — 6 deniers.
Pour servir aux — Grefliers — Huit deniers.
Pour les proce — dures des Avo — cats & Procu — reurs. — huit deniers.
Pour sous-seing — privez. — Huit deniers pour demiy feuille.
Pour Contracts & Actes — des Notaires. — douze deniers.
    »   »   »   — 12 deniers pour feuille.
Pour procedures — des Advocats & Procureurs — Douze deniers pour feuille.
Pour les procedures — des Avocats & Pro — cureurs — Douze deniers pour feuille.

PARCHEMIN

Pour expedition des — Grefliers dix sols.

1673-1674

Même type. A l'angle gauche. Impression en caractères de civilité.

PAPIERS

Acte d'Af — firmation. — Six deniers.
Pour les fermes — et droits du Roy — six deniers
Pour Contrats & — Actes des Not — taires — huit deniers.
Feuillet de — Registre — huit deniers

PARCHEMINS

Pour servir aux — Grefliers six sols
Pour servir aux — Grefliers — six sols.
Pour expe — ditions des — Grefliers. — Dix sols.
Pour Eixpedi — tions des Grefliers — dix sols.
Pour Expeditions — des Grefliers — dix sols.
Pour Exped. — des Grefliers, — Dix sols pour — deux Rolles

Même type frappé à l'angle gauche. Inscription en caractères de civilité et valeur en gros romain.

PAPIERS

pour les fermes & — droits du Roy — six deniers
pour les procedures — des procureurs — huit deniers.

1674

Même type frappé au milieu de la feuille. Inscription en deux lignes en caractères de civilité.

PAPIER

Pour contracts = et actes des — Notaires = douze deniers.

Les différentes variétés de ce timbre se trouvent contremarquées du timbre suivant.

Gnalité de Tours

Marque au milieu de la feuille. Une tour accostée de trois fleurs de lis ; à droite et à gauche : GNALITÉ = DE TOURS en grosse anglaise pointillée ; au-dessous la formule et la valeur en caractères de civilité.

PAPIERS

Six deniers = pour quart.

six deniers pour = quart de feuille | Quart de feuille = Six deniers

Six deniers = pour quart de feuille.

six deniers = pour quart de feuille

huit deniers = pour demie feuille.

huit deniers = la demie feuille.

douze deniers = pour feuille.

Douze deniers = pour feuille.

DOUZE deniers = pour feuille

NEUF deniers = pour feuillet

neuf deniers = pour demie feuille.

Douze deniers = pour feuillet

Dix huit deniers = pour feuille. | Dix huit deniers = la feuille.

deux sols = la feuille.

deux sols = pour feuille.

PARCHEMINS

Pour les Notaires = Six sols.

Pour Notaires = dix sols pour deux Rolles

Pour Notaires = Dix sols pour deux Rolles.

Pour Notaires = dix pour deux Rolles

Pour les Nottaires = Dix sols pour deux Rolles.

Pour les Greffiers = Dix sols pour deux Rolles.

Pour Greffiers = Dix sols pour deux Rolles.

Pour Greffiers = dix sols pour deux Rolles.

Même type. Inscriptions en caractères romain.

PAPIERS

six deniers, = pour quart de feille.

Six deniers = pour quart de feuille.

Six deniers pour = quart de feuille.

douze deniers, = pour feille.

douze deniers = pour feuille.

Douze deniers = pour feuille.

neuf deniers = pour demy feille
neuf deniers = pour demie feuille
Neuf deniers = pour demy feuille
Neuf deniers = pour demie feuille
dix huit deniers = pour feuille
Dix-huit deniers = pour feille
Dix-huit deniers = pour feuille

PARCHEMINS

Six = sols.
Pour Expéditions des = Greffiers six sols
Pour Greffiers = six sols pour Rolles.
Dix sols = pour deux Rolles.
Pour expéditions des Greffiers, dix sols pour deux Rolles.
Pour Expéditions des Greffiers, & = Notaires dix sols pour deux Rolles.

Les mêmes contremarqués du timbre suivant. Il se trouve également des timbres du quartier de juillet 1673, 1673-1674 contremarqués de même.

1676

La marque se compose d'un monogramme T A M (Tours, Anjou, Maine) avec une fleur de lis au centre; au-dessus, en demi-cercle, GNALITÉ DE TOVRS, l'inscription placée à droite et à gauche, en caractères de civilité.

PAPIERS

quart de feuille = six deniers.
Quart de feuille = six deniers
huit deniers = le feuillet
huit deniers = la demie feuille.
Petit papier = douze deniers la feuille
Petit papier douze = deniers la feuille
Petit papier = Douze deniers la feuille
Douze deniers = pour feuille.
douze deniers = pour feuille
neuf deniers = pour feuillet
Neuf deniers = le feuillet
Moien papier neuf = deniers la demie feuille
Moyen papier = Neuf den la demie feuille.
Moyen papier = Dix huit deniers.

PARCHEMINS

Pour Greffiers = six sols
Pour Greffiers = Six sols
Pour Notaires = six sols
Pour Greffiers dix sols = pour deux Rolles
Pour Greffiers dix = sols pour deux Rolles
Pour Greffiers = dix sols pour deux Rolles.
Pour notaires = dix sols pour deux rolles.
Pour Notaires = dix sols pour deux Rolles.
Pour Notaires dix = sols pour deux Rolles
Pour Notaires dix sols = pour deux Rolles.
quinze = sols.

Même type, mais avec inscription en romain fort, quelquefois mêlé de quelques lettres de civilité.

PAPIERS

Quart de feuille = six deniers
Quart de feuille = Six deniers
huict deniers = le feuillet
huit deniers = le feuillet
Huict deniers = le feuillet.
Huit deniers = le feuillet.
huit deniers = pour fouillet.
Haict deniers = pour feuillet.
Douze deniers = la feuille
Douze den. = la feuille.
Douze deniers = pour feuille
Douze denies = pour feuille
Neuf deniers = le feuillet.
Dix huit deniers = la feuille
dix-huit deniers = la feuille.
Dix-huict deniers = la feuille
Dix-Huict deniers = pour feuille
Dix-huict deniers = pour feuille

PARCHEMINS

Pour Notaires = six sols
Pour Notaires = Six sols
Pour Notaire = six sols
Pour notaires = six sols
Pour Notaires six = sols le feuillet
Pour Greffiers = six sols.
Pour Notaires dix sols = pour deux rolles
pour Notaires dix sols = pour deux rolles.
Pour Greffiers dix solx = pour deux rolles
Pour Greffiers dix sols = pour deux rolles
pour Greffiers dix sols = pour deux rolles

PARCHEMIN TIMBRE POUR = SERVIR AU DOMAINE DU ROY
modéré à = DOUZE Sols la Feüille

Les mêmes contremarqués du timbre suivant.

Cette marque est composée de trois écussons placés en triangle, le 1er chargé d'une tour (Touraine); le 2me de France ou d'Anjou (qui est de France à la bordure de gueules), le 3me de France, à la bordure de gueules, au franc quartier

de sinople portant un lion d'argent (Maine). Dans le bas un cœur, avec un sceptre et une main de justice, placés en sautoir ; au-dessus en cercle: GENER DE TOURS.

Elle fut employée sans indication de valeur comme contremarque; elle fut aussi frappée sur les divers formats de papiers et parchemins.

Avec indication de valeur, placée à gauche ou en dessous caractères de civilité.

PAPIERS	**PARCHEMIN**
six den	dix sols
huit den	
un sol	

Même type. Valeur indiquée à gauche ou en dessous en caractère romain.

PAPIER

Six deniers

Même type, avec indication de valeur dans le cœur, au bas de la vignette.

PAPIERS	**PARCHEMINS**
SIX DEN	SIX SOLZ
HVIT DEN	DIX SOLZ
VN SOL	
DIX HVIT DEN.	

Les mêmes contremarqués du timbre de 1682.

1681

octobre

Dans un cartouche, Hercule assis, tenant de sa main droite sa massue, la gauche reposant sur des attributs militaires, dans le fond à gauche une tour, au-dessous comme embase GNALITE DE TOURS; *le format et la valeur en capitale, placés à droite et à gauche de la marque.*

PAPIERS

DEMIE = FEILLE — HVICT = DENIERS
PETIT = PAPIER — VN = SOL.

MOYEN ⸗ PAPIER — DIX HVICT ⸗ DENIERS
GRAND ⸗ PAPIER — DEUX ⸗ SOLS.

Marque dans le même genre, plus petite et moins fine d'exécution. GEN. DE TOURS dans l'intérieur, la valeur placée dans l'embase.

PAPIERS	PARCHEMINS
SIX DENI	CINQ SOLZ
HVIT DENI	SIX SOLZ
VN SOL	DIX SOLZ
DIX-HVIT DEN.	

Les papiers et parchemins du type de 1682 sont contremarqués du timbre suivant.

PAPIERS

SIX DEN
HVIT DEN
VN SOL

Ces trois timbres portent, dans la banderole du bas, après l'indication de la valeur, un numéro de contrôle.

PAPIERS	PARCHEMINS
DIX HVIT DEN.	CINQ SOLS
DEVX SOLS	SIX SOLS
EXTRAORDI	DIX SOLS.
	EXTRAORDI

POUR SERVIR AU PAPIER ⸗ TERRIER DU ROY.
modéré par l'ordre de Monseigneur l'intendant à 12 sols

Les mêmes avec augmentation.

PAPIERS			PARCHEMINS		
SIX DEN	AUGON	2 D	CINQ SOLS	AUGON	20 D.
HVIT DEN	»	2 D	SIX SOLS	»	2 S
UN SOL	»	4 D	DIX SOLS	»	3 S 4 D
DIX HVIT DEN	»	6 D	EXTRAORDI	»	—
DEVX SOLS	»	8 D			
EXTRAORDI	»	—			

Les mêmes contremarqués du timbre suivant.

1697

1" octobre

PAPIERS		PARCHEMINS	
SIX DEN	2 D	CINQ SOLS	20 D
HVIT DEN	2 D	SIX SOLS	2 S
VN SOL.	4. D	DIX SOLS	2 S. 4 D
DIX-HVIT D	6 D	EXTRAO	
DEVX SOLS	8 D		
EXTRAO.			

Les mêmes contremarqués du timbre suivant.

1703

1" octobre

Ce timbre porte les trois écussons accolés : d'Anjou, de Touraine et du Maine, surmontés de la couronne royale ; au-dessous, dans un ruban, GEN DE TOURS ; la valeur indiquée sur les côtés.

PAPIERS	PARCHEMINS
HVIT DEN	SIX S 8 DEN
DIX DEN	HVIT SOLS
VN. S 4. DEN	13 S. 4 DEN
DEVX SOLS	EXTRAORD
DEVX S. 8. D	
EXTRAORD	

Les mêmes contremarqués du timbre suivant.

1706

1" octobre

PAPIERS	PARCHEMINS
HVIT DEN	SIX S. 8. DEN.
DIX DEN	HVIT SOLS
VN SOL 4 DEN	13. S. 4. D.
DEVX SOLS	EXTRAORD.
DEVX S. 8. D	
EXTRAORD.	

Les mêmes contremarqués du timbre suivant.

PAPIERS	PARCHEMINS
HVIT DEN	6 S. 8 D
DIX DEN	HVIT S.
VN S. 4 D	13. S, 4 D.
DEVX S	EXTRAO
2 S, 8 D	
EXTRAO	

Les mêmes contremarqués du timbre suivant.

PAPIERS	PARCHEMINS
HVIT DEN	SIX S. 8 DEN
DIX DEN	HVIT SOLS
VN SOL 4 DE.	13 SOLS 4 DE
DEVX SOLS	EXTRAORD
DEVX S. 8 DEN	
EXTRAORD	

Les mêmes contremarqués du timbre suivant.

PAPIERS	PARCHEMINS
HVIT DEN	VI. S VIII D.
DIX DEN.	VIII SOLS
I SOL IV. D.	XIII. S IV. D.
DEVX SOLS	EXTRAO.
II. S. VIII. D.	
EXTRAO.	

Les mêmes contremarqués du timbre suivant.

1723
1ᵉʳ octobre

<table>
<tr><td>

PAPIERS

HUIT DEN. P QUART
DIX DENIERS LE FEUILL.
UN S. 4 DEN LA FEUILLE
DEUX SOLS LA FEUILLE
DEUX SOLS HUIT D. LA F.
EXTRAORDINAIRE

</td><td>

PARCHEMINS

. . . .
HUIT SOLS
13 SOLS 4 DEN LA F.
EXTRAORDINAIRE

</td></tr>
</table>

Les mêmes contremarqués du timbre suivant.

1727
1ᵉʳ janvier

<table>
<tr><td>

PAPIERS

HUIT DEN
DIX DEN
UN SOL 4 DEN
DEUX SOLS
2 SOL 8 DEN
EXTRAORDIN

</td><td>

PARCHEMINS

6 SOL 8 DEN
HVIT SOLS.
13 SOLS 4 DEN.
EXTRAORDIN.

</td></tr>
</table>

Les mêmes contremarqués du timbre suivant.

1738
1ᵉʳ octobre

<table>
<tr><td>

PAPIERS

HUIT DEN.
DIX DEN.
UN SOL 4 DEN.
DEUX SOLS.
2 SOLS 8 DEN.
EXTRAORDIN

</td><td>

PARCHEMINS

SIX S. 8 DEN
HUIT SOLS
13 SOL. 4 DEN.
EXTRAORDIN.

</td></tr>
</table>

Il se trouve des parchemins frappés d'un paraphe depuis 1740.
Ces mêmes papiers et parchemins contremarqués du timbre suivant.

1744
octobre

PAPIERS	PARCHEMINS
HUIT DEN	SIX S 8 DEN
DIX DEN	HVIT SOLS
1. SOL. 4 DEN.	13 SOLS 4 DEN
DEUX SOLS	EXTRAORDIN
2 SOLS 8 DEN	
EXTRAORDIN	

Les parchemins furent aussi frappés du même paraphe que ceux du timbre précédent.
Ces papiers et parchemins frappés du timbre suivant.

1730
octobre

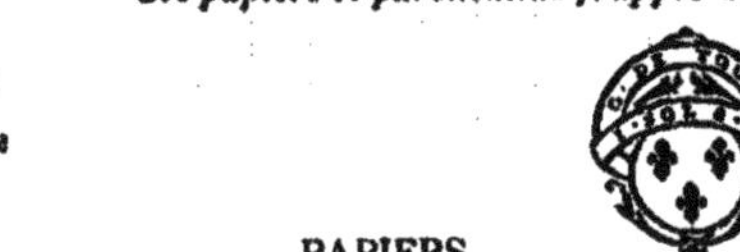

PAPIERS	PARCHEMINS
SIX DEN.	8. SOLS 4. D
12. DEN. $\frac{1}{7}$	DIX SOLS
1 SOL. 8. D.	16 SOLS 8. D.
2 SOLS 6. D.	EXTRAORD.
3 SOLS 4. D.	
EXTRAORD.	

REGIST. DES FERM. DU ROY.
EXPED. DES FERM. DU ROY.

Les mêmes contremarqués du timbre suivant.

1756
9bre

PAPIERS

UN SOL
1 SOL. 3 DEN
DEUX SOLS
TROIS SOLS
QUATRE SOLS
EXTRAORDI

PARCHEMINS

DIX SOLS
DOUZE SOLS
VINGT SOLS
EXTRAORDI

1774

Mars

25 SOLS

Papiers et parchemins de 1756 contremarqués du timbre suivant.

1780

1" octobre'

PAPIERS

Q. DE F. 1 SOL 2 D.
D. F. 1 SOL 5 D $\frac{1}{2}$
P. P. 2 SOLS 4 D.
M. P. 3 SOLS 6 D.
G. P. 4 SOLS 8 D.
EXTRAORDI
Q. D. TAIL 1 S. 2 D.

PARCHEMINS

Q. 11 SOLS 8 D.
ROLLES 14 SOLS
F. D. P. 23 SOLS 4 D.
25 SOLS
EXTRAORDI

REGIST DES FERM DU ROY. T. D. D.
EXPEDI DES FERM DU ROY. T. D. D.

RÉGIE GÉNÉRALE

1780

1" octobre

EXPÉDITIONS

TIMB EXTRAOR

GÉNÉRALITÉ D'ORLÉANS

Cette généralité comprenait l'Orléanais, la Sologne, le Blaisois, le Vendômois, le bas Perche, le comté de Dunois, la Beauce et le pays Chartrain, une grande partie du Gâtinais et un petit district du Nivernais.

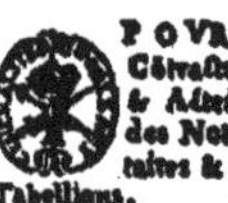

Marque ovale frappée à l'angle gauche : au centre les attributs de la royauté, une fleur de lis surmontée de la couronne royale; derrière, placés en sautoir, un sceptre et une épée; autour, à l'intérieur du filet, GÉNÉRALITÉ D'ORLÉANS.

La formule en romain placée à droite de la marque et la valeur au-dessous en italique.

PAPIER

POVR — Côtracts — & Actes — des Not — taires & — Tabellions — *douze d* — pour feuille. — Quartier de Iuillet. — 1673.

Marque à l'angle gauche de la feuille, avec indication de la valeur au-dessous, la formule à droite de la marque.

PAPIERS

POVR — Exploit — Six d — pour quart.
POVR — procedu — res des — procu — reurs *Six d* pour quart.
Billet de — logemêt — de Gens — de guer — re *Six d*
Billet de — logemêt — de Gens — de Guer — re *Six d*
Billet — de loge — ment de — Gens de — Guerre *Six d*

POVR — Exploit. *huit d*.
POVR — proce — dures — des pro — cureurs. *huit d*.
POVR — Contracts — & Actes — des No — taires. *huit d*.
POUR — Contras — & Actes — des No — taires & — Tabellons. *huit d*.
POUR — Fermes & — Droits du — Roy. *huit d*.

POVR — Exploit — *douze d*.
POUR — Exploit —   »
POVR — Exploit —   »   pour feuille
POUR — Contrats — & Actes — des — Notaires — *douze d* pour feuille

POUR — Contras — & Actes — des No — taires & — Tabellions — *douze d*.
POVR — Contracts — & Actes — des No — taires & — Tabellions — *douze d*.
POVR — Expedi — tions des — Gref — fiers — *douze d* pour feuille.
POVR — Procedu — res des — Procu — reurs — *douze d* pour feuille.
POVR — de Tutelle — Curatelle — Société & — Maulement — *douze d* — pour feuille.

PARCHEMINS

POVR — Expedi — tion des — Greffiers, *Six sols.*

POVR — Côtracts — & Actes — des No — taires & — Tabellions — *dix sols* — pour deux rolles.
POVR — Contracts — & Actes — des No — taires & — Tabellions. — *dix sols* — pour deux Rolles.
POVR — Contracts — & Actes — des No — taires — *dix sols.*
POVR — Contracts — & actes — des No — taires — »
POVR — Contrats & — Actes des — No — taires — »   pour deux rooles.
POUR — Expedi — tions des — Greffiers — *dix sols.*
POVR — Expedi — tions des — Greffiers — »
POVR — Expedi — tion des — Greffles — »
POVR — Expedi — tions des — Greffiers — »   pour deux rooles.
POVR — Expedi — tions des — Greffiers — »   pour deux Rolles.

Variété avec l'inscription entièrement en romain.

POVR — Expedi — tions des — Greffiers. Dix sols pour deux — Rolles.
POVR — presenta — tions & — nomina — tions de — Benefices. quinze solz.

Ces papiers et parchemins sont contremarqués du timbre de 1676.

<table>
<tr>
<td>

1674

1ᵉʳ octobre

</td>
<td>

Douze den.

</td>
<td>

Marque à l'angle gauche. Deux fanions liés et placés en sautoir, l'un aux armes de France, l'autre aux armes d'Orléans : de gueules à trois cailloux en cœur de lis d'argent, deux et un ; au chef d'azur chargé de trois fleurs de lis d'or, surmontés d'une fleur de lis ; autour, en cercle, GÉNÉRALITÉ D'ORLÉANS ; au-dessous, la valeur en italique.

</td>
</tr>
</table>

PAPIERS	PARCHEMINS
six deniers	*Six sols*
Six deniers	*Dix sols.*
Huit deniers	
Douze den.	
Neuf deniers	
Dix-huit den.	

Il se trouve des feuilles de parchemin frappées de la marque seulement avec l'indication de la valeur manuscrite : Six sols, Dix sols, etc. ; elles sont timbrées à l'angle gauche ou dans le haut de la feuille.

petit  papier

douze deniers   *pour feuille.*

Même marque, frappée au milieu de la feuille. Inscription en deux lignes, la formule en romain et la valeur en italique.

PAPIERS

petit papier — *huit deniers pour demie feuille*
Petit Papier — *Huit deniers pour demie feuille*
petit ⁓ papier — *douze deniers ⁓ pour feuille.*
    »   — *Douze deniers ⁓ pour feuille.*
Petit ⁓ Papier —   »   »
papier moyen — *Neuf deniers pour demie feuille.*
    »   — *dix huit deniers ⁓ pour feuille.*

Dans les demi-feuilles à huit et neuf deniers, la marque est placée à l'angle gauche, et les inscriptions en suivant à droite.

PARCHEMINS

pour expeditions des   Greffiers & Notaires — *six sols ⁓ pour quart.*
Pour Expeditions des   Greffiers & Notaires — *six sols ⁓ pour quart.*
pour Expeditions des ⁓ Greffiers & Notaires. — *Six sols ⁓ pour quart.*
Pour Expeditions   des Greffiers. — *Six sols ⁓ pour quart.*
pour contrats & actes   des Notaires — *dix sols ⁓ pour deux Rolles*
pour Contrats & actes ⁓ des Notaires — *dix sols ⁓ pour deux rolles*
pour Contrats & actes ⁓ des Notaires. — *dix sols ⁓ pour deux Rolles.*
pour contrats & actes ⁓ des Notaires. — *dix sols ⁓ pour deux rolles*
Pour Contrats & Actes ⁓ des Notaires — *Dix sols ⁓ pour deux Rolles*
pour Contrats & Actes ⁓ des Notaires — *dix sols ⁓ pour deux Rolles.*
Pour Contracts & ⁓ Actes des Notaires — *Dix sols ⁓ pour deux Rolles*
pour Contrats & Acte ⁓ des Notaires — *Dix sols ⁓ pour deux Rolles*
pour expeditions ⁓ des Greffiers — *dix sols ⁓ pour deux rolles.*
pour expeditions ⁓ des Greffiers. — *dix sols ⁓ pour deux Rolles.*
Pour Expeditions ⁓ des Greffiers. — *Dix sols ⁓ pour deux Rolles.*

Les mêmes contremarqués du timbre suivant, les papiers et parchemins de 1673-1674 se trouvent également contremarqués du même timbre.

1676

Timbre de même genre que le précédent, mais de dimension plus petite.

PAPIERS	PARCHEMINS
six den le $\frac{1}{4}$ de feuille	*Po notres et greffrs six s le $\frac{1}{4}$*
huit den la $\frac{1}{2}$ feuille	*» 10 s les 2 Rolle*
Petit papier 1 s la feuille.	
Moyen papier 18ᵈ la feuille	
Grand papier 2 s. la feuille.	

Les mêmes contremarqués du timbre suivant.

1680

1ᵉʳ octobre

Timbre avec inscription en petits caractères.

PAPIERS	PARCHEMINS
SIX DEN	CINQ SOLS
HVIT DEN	SIX SOLS
VN SOL	DIX SOLS
DIX HVIT DEN	EXTRAORDIN.
DEUX SOLS	
EXTRAORDIN	

1682

Même type. Gravure et inscriptions plus fortes.

PAPIERS	PARCHEMINS
SIX DEN	CINQ SOLS
HVIT DEN	SIX SOLS
VN SOL	DIX SOLS
DIX HVIT DEN	EXTRAORDIN
DEUX SOLS	
EXTRAORDIN	

Les mêmes contremarqués du timbre suivant.

PAPIERS	PARCHEMINS
SIX DEN	CINQ SOLS
HVIT DEN	SIX SOLS
VN SOL	DIX SOLS DE` ROOLE
DIX HVIT DEN	EXTRAORDIN
DEUX SOLS	
EXTRAORDIN.	

PAPIERS			PARCHEMINS		
SIX DEN	AUGON	2 D.	CINQ SOLS AUGON	20 D.
HVIT DEN	»	2 D.	SIX SOLS	»	2 S.
VN SOL	»	4 D.	DIX SOLS DE` ROOLE 3 S. 4 D
DIX HVIT DENIERS »		6 D.		
DEUX SOLS	»	8 D.		

Les mêmes contremarqués du timbre suivant.

PAPIERS	PARCHEMINS
HVIT DEN	SIX S. 8 D
DIX DEN	HVIT SOLS
VN S 4 D.	12 S. 4 DEN
DEUX S. 8 D.	EXTRAO.
EXTRO.	

Les mêmes contremarqués du timbre suivant.

PAPIERS

HVIT DEN
DIX DEN
VN-S. 4 DEN
DEVX SOLS
DEVX S. 8 D
EXTRAORD

PARCHEMINS

SIX S. 8 DEN
HVIT SOLS
13. S. 4 DEN
EXTRAORD.

Les mêmes contremarqués du timbre suivant.

1708

1ᵉʳ octobre

PAPIERS

HVIT DENI
DIX DENI
VN. 8 4. DE
DEVX SOLS
DEVX S. 8 D
EXTRARDI

PARCHEMINS

SIX. S. 8 DE
HVIT SOLS
13. S. 4 DE
EXTRAORDI

Les mêmes contremarqués du timbre suivant.

1712

1ᵉʳ octobre

PAPIERS

HVIT DEN.
DIX DEN
VN SOL. 4 D.
DEVX SOLS
2 SOLS 8 D.
EXTRAORD.

PARCHEMINS

SIX. S. 8 DE
HVIT SOLS
13 S. 4 DE
EXTRAORD.

1715

1ᵉʳ octobre

PAPIERS

HVIT DEN.
DIX DEN
VN S. 4 DE
DEVX SOLS
DEVX. S. 8 D
EXTRAORD.

PARCHEMINS

SIX. S. 8 DE
HVIT SOLS
13 S. 4 DE
EXTRAORD

Les timbres de 1712 et 1715 sont contremarqués du suivant, ou d'un timbre portant CONTREMARQ.

PAPIERS	PARCHEMINS
HVIT DEN.	SIX S. 8 DEN.
DIX DEN.	HVIT SOLS
VN SOL 4 DEN.	13 S. 4 DEN.
DEVX SOLS	EXTRAORD.
2 SOLS 8 DEN	
EXTRAORD.	

Les mêmes contremarqués du timbre suivant.

PAPIERS	PARCHEMINS
HVIT DENIER	SIX. 8 8 DEN
DIX DENIER	HVIT SOLS
SEIZE DENIER	13. S. 4 DENIER
DEVX SOLS	EXTRAORDIN.
DEVX S 8. DEN.	
EXTRAORDIN	

Les mêmes contremarqués du timbre suivant.

PAPIERS	PARCHEMINS
HUIT DEN. P. QUART	SIX SOLS 8 DEN
DIX DEN LA FEUIL	HUIT SOLS
UN S. 4 D. LA FEUIL	13 S. 4 D LA FEUIL
2 SOLS LA FEUIL	EXTRAORDINAIRE
2 SOLS 8 D. LA F.	
EXTRAORDINAIRE	

Les mêmes contremarqués du timbre suivant.

1737

1ᵉʳ janvier

PAPIERS	PARCHEMINS
HUIT DENI	SIX, 8, 8 DEN,
DIX DENI	HUIT SOLS
SEIZE DENI	13, SOL, 4, DEN,
DEUX SOLS	EXTRAORDIN,
8 SOLS 8 DEN	
EXTRAORDIN	

Les mêmes contremarqués du timbre suivant.

1738

1ᵉʳ octobre

PAPIERS	PARCHEMINS
HUIT DEN	SIX 8, 8 DEN
DIX DEN	HUIT SOLS
UN SOL 4 DEN	13 SOL, 4 DEN,
DEUX SOLS	EXTRAORDI,
2 SOL 8 DEN	
EXTRORDI	

Les mêmes contremarqués du timbre suivant.

1744

1ᵉʳ octobre

PAPIERS	PARCHEMINS
HUIT DEN	SIX S, 8, DEN,
DIX DEN	HUIT SOLS
1 SOL, 4 DEN,	13 SOL, 4, DEN
DEUX SOLS	EXTRAORDIN,
2, SOL, 8, DEN,	
EXTRAORDIN,	

Les mêmes contremarqués du timbre suivant.

PAPIERS	PARCHEMINS
DIX DEN	8. SOLS 4. D
18 DEN ½	DIX SOLS
1 SOL. 8. D.	18. SOLS 8. D
2 SOLS 6. D.	EXTRAORD
3 SOLS 4. D	
EXTRAORD.	

EXTRAORD. REG DES FER DU ROY SEUL.

Les mêmes contremarqués du timbre suivant.

PAPIERS	PARCHEMINS
UN SOL.	DIX SOLS
1 SOL 3. DEN	DOUZE SOLS
DEUX SOLS	VINGT SOLS
TROIS SOLS	L. D. RATIFIC
QUATRE SOLS	EXTRAORDI
EXTRAORDI.	

EXPED DES FERM. DU ROY.
REGIST DES FERM DU ROY
Q. DES TAILLES UN SOL.

1774
Mars

35 SOLS

Papiers et parchemins de 1756 contremarqués du timbre suivant.

1780
1er octobre

PAPIERS	PARCHEMINS
Q. DE F. 1 SOL. 2 D.	Q. 11 SOLS 8 D.
D. F. 1 SOL. 5 D. ¼	ROLLES 14 SOLS
P. P. 2 SOLS 4 D.	F. DE P. 23 SOLS 4 D.
M. P. 3 SOLS 6 D.	35 SOLS
G. P. 4 SOLS 8 D.	EXTRAORDI
EXTRAORDI	
Q. D. TAILLE 1 S 2 D.	

EXPEDI. DES FERM. DU ROY - T. D. D.
REGIST. DES FERM. DU ROY - T. D. D.

RÉGIE GÉNÉRALE

1780

EXPEDITIONS.   OCTROIS TARIFS & TIMB. EXTRAORD.

GÉNÉRALITÉ DE BOURGOGNE

Province de Bourgogne et Bresse, Bourgong et Bresse, Bourg Bresse Bugey, Généralité de Dijon

Cette généralité comprenait la Bourgogne, le Mâconnais, le pays de Gex, le Bugey, la Bresse et la Dombe.

Frappée en tête, au milieu de la feuille, la première marque se compose de deux anges soutenant d'une main une couronne royale et, de l'autre, une fleur de lis placée au-dessous tenue par ruban avec légende BOVR — GOGNE. De chaque côté de la marque, GÉNÉRALITÉ DE BOVRGONGNE *en capitale penchée, avec la formule, la valeur et le quartier en romain.*

PAPIERS

Pour servir aux Notaires	Quartier de
Douze deniers pour feuille	Juillet 1673
Pour servir aux Expéditions	Douze deniers pour feuille
des Greffiers	Quartier de Juillet 1673

Même type, sans indication de quartier, GENERALITÉ DE BOUR-GOGNE *en caractères un peu plus forts, formule en romain, valeur en italique.*

Pour servir aux   Notaires
Douze deniers — la Feuille

Il se rencontre aussi, placé verticalement, à l'angle gauche de la feuille.

Type du quartier de juillet 1673, sans indication du quartier.

Pour servir de — Quittances = Six deniers pour quart — de feuille.
Pour servir aux — Notaires, = Huit deniers pour demie — feuille
Pour servir aux Notaires = Seize deniers pour feuille.

Pour les = Procedures — des = Procureurs — *Huit deniers = le feuillet*
»   »   — *Douze deniers = la feuille*
Pour servir = aux Expeditions — des = Greffiers —   »   »
Pour servir = aux Ecritures = d'Avocats —   »   »
Pour servir = aux Minutes — des = Greffiers —   »   »
Pour les   Procedures — des = Procureurs —   »   »

1674-1675 *Même marque placée à l'angle gauche de la feuille; au-dessous,* GENERALITE DE = BOVRGONGNE, *en capitale penchée, formule et valeur en romain.*

PAPIERS

pour promesses quittan — ces & autres petits actes —
Six deniers pour quart — de feuille
pour promesses quittances — & autres petits actes —
Six deniers pour quart — de feuille
pour servir aux Notaires — Douze deniers pour feuille
Pour les procédures des — procureurs — Douze deniers pour feuille
Pour servir aux Expeditions — des Greffiers —   »
Pour l'apple. de pièce, — Douze deniers pour — feuille

PARCHEMIN

Pour servir aux Arrets — du Parlement — Dix sols les deux Roolles.

1675 *Même marque à l'angle gauche; au-dessus, Généralité de Bour- gogne & Bresse en italique, formule et valeur également en italique, mais de grosseur différente.*

PAPIER

Pour feuille de Regi — stre. Huit deniers pour feuille.

1674

Marque dans le même genre, mais de plus petite dimension frappée à l'angle gauche de la feuille; au-dessus, GENERALITE DE — BOVRGOGNE *en capitales; au-dessous, la formule en romain et la valeur en italique.*

PAPIERS

Pour servir aux — menües instru — ctions des Pro — cureurs — *Six deniers le — quart*
Pour servir aux — huissiers et — Sergens — *Huit deniers la — feuille.*
Feui le de Re — gistre — *Huit deniers la feuille.*
Certificat — Bourgeois pour denrées de leur — Creû. *Huit deniers le — feuillet.*
Feûille de Re — gistre.   *Douze deniers la — feuille*
Pour servir aux — Minutes des — Greffiers   »

Pour servir aux — Expeditions des — Greffiers   Douze deniers la — feuille
Pour servir aux — Expeditions des — Notaires   »
Pour servir aux — Minutes des — Notaires   »
Pour les Procé — dures des Procu — reurs   »
Pour servir aux — Procureurs   »
Pour servir aux — Procureurs d'Of — fice des Justices Subalternes   »
Pour servir aux — Escritures d'Ad — vocats   »
Pour servir aux — Comptes   »
Rolles des Tailles   »
Feuille de Gabelles   »
Procés Verbaux — pour les Officiers — et Juges   »
Pour Commis — saire Enquesteur.   »
Pour Mande — ment et Moni — tion   »
Feuille de Re — gistre.   Seize deniers la — feuille

Sans indication de valeur.

Pour Me Mi — chel de Prasly & aux à dautres à — peine de nullité
Pour Procédures — des Procès pour — suivis par le Pro — cureur du Roy —
    et Bailliages & Presidiaux — Pour le Roy.

Marque frappée en tête au milieu de la feuille : Écu aux armes de France avec un sceptre et une main de justice placés en sautoir et surmontés d'un soleil, légende circulaire PROVIN. DE BOVRGONG. ET BRESSE, format et valeur en italique de chaque côté.

PAPIERS

Papier = Six deniers — quart de = feuille
Petit = Papier Huit den pour = demie feuille.
»   Vn sol = pour feuille
Petit = papier Vn sol la feuille
Petit = Papier Douze den = Pour feuille.
Moyen = Papier. Neuf den pour =. demie feuille
Moyen = Papier Vn sol six den = pour feuille
Grand = Papier. Deux sols = pour feuille

PARCHEMINS

Marque à l'angle gauche avec inscription au-dessous.

Pour servir — aux Notaires — Taxé Six sols
Pour servir — aux Arrests du — Parlement. Dix sols les deux Rolles
Pour servir — aux Sentences   »

1674
Décembre

PAPIERS

Six = deniers Pour = quart
Petit = Papier Huit den = pour demie feuille
»   Vn sol = la feuille
Moyen = Papier — Neuf den La = Demie feuille
»   dix huit den, = La feuille
Grand = Papier deux sols = La feuille

PARCHEMINS

Pour les arrest = Du Parlement
Dix Sols = les 2 Rolles

Ces papiers et parchemins furent contremarqués, à l'angle gauche, de la marque et du paraphe du timbre suivant de 1675-1676.

1675
Février

Marque ronde; au centre, un soleil avec trois fleurs de lis placées en triangle; légende circulaire BOURG. BRESSE. BUGEY. La valeur et format en deux lignes, placés de chaque côté.

PAPIER

Six = deniers — Pour = quart
Demie = feuille — huit = deniers
Petit = Papier — Vn sol = La feuille
Moyen = Papier — dix huit deniers = La feuille
Grand = Papier — deux sols = La feuille

PARCHEMINS

2 Rolles = Dix sols

1675-1676

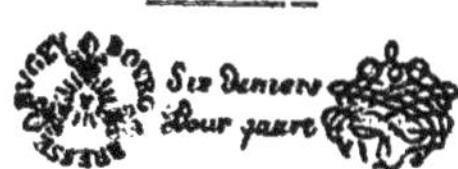

Même marque d gauche, avec paraphe à droite; au milieu, en deux ou trois lignes, la valeur et le format.

PAPIERS

Six deniers — Pour quart.
Demie feuille — huit deniers
Petit Papier — Vn sol — La feuille
Moyen Papier — dix huit deniers — La feuille
Grand Papier — deux sols — La feuille

PARCHEMINS

Pour Nottaires — & greffiers — Six Sols
Pour les arrest — Six sols

Pour La — Chancellerie — Six Sols
Pour Nottaires — & greffiers Dix — sols les 2 Rolles
Pour les arrest — Du Parlement — Dix sols 2 Rolles

Les mêmes contremarqués du timbre suivant.

Ce timbre est composé des armes de France et de Bourgogne accolées et surmontées de la couronne royale avec deux épées posées en sautoir; autour *GÉNÉRALITÉ DE BOVRGOGNE*, la valeur placée dans un cartouche au-dessous des écus.

PAPIERS	PARCHEMINS
SIX. DEN	SIX. SOLZ
HVIT. DEN	DIX. SOLZ
VN. SOL.	
DIX HVIT. D.	
DEUX. SOLS	

Les mêmes contremarqués du timbre suivant.

Timbre avec deux anges supportant la couronne royale; au milieu, un écusson contenant la légende *GEN DE DIJON* et surmonté d'une fleur de lis; comme embase, un ruban indiquant la valeur.

PAPIERS	PARCHEMINS
SIX DEN.	SIX SOLS
HVIT DEN	DIX SOLS
VN SOL	
DIX HVIT DEN.	
DEVX SOLS	

Même type avec inscriptions de chaque côté de la marque.

P. ARRESTS ⸗ SENTENCES — PREPARAT ⸗ OV PETITES EXPED. DES
GREFFIERS,   SIX SOLS
P. LETTRES DE ⸗ CHANCEL. — OU   SIMPLES — OBLIGA ⸗ TIONS
SIX SOLS
POUR ARREST ⸗ SENTENCES — PROVISION·   DIFFINITI — OV CONTRAC.
⸗ DES NOTAIR.   DIX SOLS

1688
1ᵉʳ janvier

*Timbre avec l'écu écartelé de France et de Dauphiné, ou armoiries
du Dauphin.*

PAPIERS	PARCHEMINS
SIX DEN.	CINQ SOLS
HVIT DEN	SIX SOLS
VN SOL	DIX SOLS DEˢ ROOLE
DIX HVIT DENIERS	
DEUX SOLS	

1690
1ᵉʳ juin

Même type avec augmentation, frappée à côté du timbre.

PAPIERS		PARCHEMINS	
SIX DEN.	AUGᵒⁿ 2 D.	CINQ SOLS	AUGᵒⁿ 20 D.
HUIT DEN	» 2 D.	SIX SOLS	» 2 S.
VN SOL	» 4 D.	DIX SOLS DEˢ ROOLE	» 3 S 4 D.
DIX HUIT DENIERS	» 6 D.		
DEVX SOLS	» 8 D.		

---

*Les mêmes contremarqués du timbre suivant. Des papiers du timbre
de 1681 portent également cette contremarque.*

1692
1ᵉʳ janvier

*Ce timbre porte deux écus accolés, à dextre les armes de France, à
senestre le lion qui figure dans les armoiries de la Bresse ; l'entourage se
termine à droite et à gauche par une fleur de lis ; dans le haut est placée
la légende BOVRGOGNE ET BRESSE et dans le bas l'indication de la
valeur. Il est surmonté des lettres P. N.*

PAPIERS	PARCHEMINS
SIX ET DEVX DENI.	SIX SOLS HVICT DEN
DIX DENIERS	HVICT SOLS
VN SOL QVATRE DENI	TREIZE SOLS 4 DENI
VINGT QVATRE DENI	EXTRAORDINAIRE
EXTRAORDINAIRE	

Les mêmes contremarqués du timbre suivant.

PAPIERS	PARCHEMINS
HVIT DEN.	SIX S. 8 D.
DIX DEN.	HVIT SOLS
VN S. 4 D.	13 S. 4 D.
DEVX SOLS	EXTRAO.
DEVX S. 8. D.	
EXTRAO	

Les mêmes contremarqués du timbre suivant.

PAPIERS

HVIT DEN P. QUART
PETIT PAPIER DIX DEN LE FEVILLET
» VN SOL 4 D LA FEVILLE
MOYEN PAPIER DEVX SOLS LA FEVILLE
GRAND PAPIER HVIT DEN
TIMBRE EXTRA^{RE}

PARCHEMINS

BREVETZ A HVIT SOLS LE FEVILLET
CAHIER DE PAR^{IN} TRAISE SOL 4 D LA F^{LE}
TIMBRE EXTRA^{RE}

Les mêmes contremarqués du timbre suivant.

1707
1" janvier

PAPIERS	PARCHEMINS
QVART. A. 8. D.	QVITANCE. A. 6 S. 8. D.
DEMIE. F. A. 10. D.	BREVET. A. 8. S.
FEVILLE. A. 1. S. 4. D.	FEVILLE A. 13. S. 4. D.
FEVILLE. A. 2. S.	
FEVILLE. A. 2. S. 8. D.	
POUR LES. IMPRES — ET. REG. A. CONT [1]	

Les mêmes contremarqués du timbre suivant.

1712
1" janvier

PAPIERS	PARCHEMINS
HVIT DEN	SIX. S. 8. DE.
DIX DEN	HVIT SOLS
VN SOL 4 DE	13 S 4 DEN.
DEVX SOLS	EXTRAORD
DEVX S 8 DE	
EXTRAORD	

Les mêmes contremarqués du timbre suivant.

1716
1" janvier

PAPIERS	PARCHEMINS
HVIT DENI	SIX. S. 8. DEN.
DIX. DENI	HVIT. SOLS.
V. S. 4. DEN.	13. SOL 4. DEN.
DEVX SOLS	EXTRAORD
DEVX S. 8 DE	
EXTRAORD	

---

1. Ce timbre, créé pour les impressions et les registres, porte dans le bas une seconde banderole vu la longueur de l'inscription. La valeur n'y est pas indiquée, de même que sur le timbre extraordinaire : le droit en était réglé suivant la formule employée.

Les mêmes contremarqués du timbre suivant.

PAPIERS	PARCHEMINS
HVIT. DEN.	**VI. S. VIII D.,**
DIX DEN.	**VIII. SOLS.**
I SOI. IV. D.	**XIII. S. IV. D.**
II SOLS	**EXTRAORDIN**
II S. VIII. D.	
EXTRAORDIN	

Les mêmes contremarqués du timbre suivant.

PAPIERS	PARCHEMINS
HVIT DENIE	**SIX. S. 8 DENIE**
DIX DENIE	**HVIT SOLS**
SEIZE DENIE	**13 S. 4 DENIE**
DEUX SOLS	**EXTRAORDIN**
DEUX S. 8 DEN	
EXTRAORDIN	

Les mêmes contremarqués du timbre suivant.

PAPIERS	PARCHEMINS
HUIT DEN. P. QUART	**. . . . .**
DIX DENIERS LE FEUILL.	**HUIT SOLS**
UN S. 4 DEN. LA FEUILLE	**13 SOLS 4 DEN LA F.**
DEUX SOLS LA FEUILLE	**EXTRAORDINAIRE**
DEUX SOLS HUIT D. LA F.	
EXTRAORDINAIRE	

Les mêmes contremarqués du timbre suivant.

1727
1er janvier

PAPIERS	PARCHEMINS
HUIT DEN	SIX S. 8 DEN
DIX DEN	HUIT SOLS
UN SOL 4 DEN.	13 SOL. 4 DEN
DEUX SOLS	EXTRAORDIN.
DEUX S 8 DEN	
EXTRAORDIN	

Les mêmes contremarqués du timbre suivant.

1733
1er janvier

PAPIERS	PARCHEMINS
HUIT DEN.	SIX S. 8 DEN
DIX DEN.	HUIT SOLS
UN SOL 4 DEN.	13 SOL. 4 DEN
DEUX SOLS	EXTRAORDIN
DEUX S 8 DEN	
EXTRAORDIN	

Les mêmes contremarqués du timbre suivant.

1739
1er janvier

PAPIERS	PARCHEMINS
HUIT DEN	SIX S. 8 DEN
DIX DEN	HUIT SOLS
UN S. 4 D.	13 SOL. 4 DEN
DEUX SOLS	EXTRAORDIN
DEUX S. 8 DEN	
EXTRAORDIN	

Tous ces parchemins sont accompagnés d'un paraphe.

Les mêmes contremarqués du timbre suivant.

Quelques pièces de 1733 sont également contremarquées du même timbre.

PAPIERS	PARCHEMINS
HUIT DEN	4 SOLS 8 DEN
DIX DEN	HUIT SOLS
1. SOL 4. DEN.	13. 8. 4. DEN
DEUX SOLS	EXTRAORDIN
DEUX 8 8 DEN.	
EXTRAORDIN	

Les parchemins accompagnés d'un paraphe.

Les mêmes contremarqués du timbre suivant.

PAPIERS	PARCHEMINS
UN SOL.	SIX SOLS
1. SOL 3. DEN.	DOUZE SOLS
DEUX SOLS	VINGT SOLS
TROIS SOLS	EXTRAORDI
QUATRE SOLS	
EXTRAORDI	

Les parchemins frappés avec paraphe.

PAPIERS	PARCHEMINS
UN SOL	DIX SOLS
1 SOL 3 DEN	DOUZE SOLS
DEUX SOLS	20 SOLS
TROIS SOLS	EXTRAORDI
QUATRE SOLS	
EXTRAORDI	

Les parchemins frappés avec paraphe.

REGIST. DES FERM DU ROY
EXPED. FERM DU ROY

1774
Mars

25 SOLS

Papiers et parchemins de 1756 contremarqués du timbre suivant.

1781
1er janvier

PAPIERS

Q. DE F. 1 SOL. 2 D.
D. F. 1 SOL. 3 D $\frac{1}{2}$
P. P. 2 SOLS 4 D.
M. P. 3 SOLS 6 D.
G P. 4 SOLS 8 D.
EXTRAORDI
Q. D. TAILLE 1 S 2 D.

PARCHEMINS

Q. 11 SOLS 8 D.
ROLLES 14 SOLS
F. D. P. 23 SOLS 4 D.
35 SOLS
EXTRAORDI

EXPEDI. DES FERM. DU ROY. T. D. D.
REGIST. DES FERM. DU ROY. T D D.

RÉGIE GÉNÉRALE

1780
1er octobre

EXPEDITIONS   OCTROIS TARIFS &C TIMB. EXTRAORD

GÉNÉRALITÉ DE POITIERS

La généralité de Poitiers s'étendait sur le haut et bas Poitou.

La première marque, placée à l'angle gauche, se compose d'une couronne royale, au-dessous deux fleurs de lis et en pointe une tour crénelée ajourée et ouverte, pièce figurant dans les armoiries du Poitou.

La formule placée à droite, en italique; le mot POVR en capitale penchée avec variantes pour la lettre U, la valeur et quartier de juillet 1673. Au milieu de la feuille, en italique plus forte, Gñalité de Poictiers.

POUR
les Procedures
des Procureurs

12. 9. pour
feüille.

Quartier de Juillet
1673.

Gñalité de Poictiers

PAPIERS

POUR — les Procedures — des Procureurs — 8 d

POVR — Exploit — 8 d pour — demie-feuille.

POUR — les Procedures — des Procureurs 8 d pour — demie-feuille

POUR — Contrarts & Actes — des Notaires & — Tabellions   »

POVR — Exploit — 12 d pour feuille

POUR — Expeditions — des Greffiers   »

POUR — les Procedures — des Procureurs   »

POVR — Contrarts & — Actes des Notaires   »

POUR — Copies — de pièces   »

Gñalité de Poictiers

Même type. La formule et la valeur placées au-dessous de la marque, sans indication de quartier.

POUR
Côtracts &
Actes des
Notaires

8 9. pour
demiefeuille

PAPIERS

POUR — les pro — cedures — des Pro — cureurs 6 d

POUR — Côtracts & — Actes des — Notaires — 8 d. pour — demie-feuille.

POVR — Exploit — 8 d. pour — demie-feuille

POVR — les Procedu — res des Pro — cureurs — 8 d. pour — demie feüille.

PARCHEMINS

POVR — Côtrats & — Actes des — Notaires — 10 s. pour deux — Rôlles

Même type. Le mot Pour en italique comme le reste de la rédaction.

PAPIERS

Pour Con — tracts & — Actes des — Notaires — 12 d. — pour — feüille

Pour les — Procedu — res des — Procu — reurs — 12 d. — pour — feuille
Pour les — Procédu — res des Pro — cureurs   »
Feuillet — de Re — gistre, 8 d.

PARCHEMINS

Pour Con — tracts & — Actes des — Notaires — 6 s.
Pour Co — tracts & — Actes des — Notaires. 10 s. pour deux — Rôlles.
Pour Ke — editions — des Gref — fiers, 10 s. pour deux — rolles.

1674
Juillet

Même type. La formule et la valeur en caractères de civilité.

PAPIERS

Pour les — Procedu — res des — procu — reurs 8 d.
POUR — Exploit — 8 d. — pour demie — feuille.
Pour Con — trats & — Actes des — Notaires — 12 d. — pour feuille
Pour contrats — & Actes des — Notaires — 12. d. — pour feuille

Les mêmes contremarqués du timbre suivant.

1674
1er octobre

Frappée au milieu de la feuille, la seconde marque est composée d'une épée posée en pal supportant la couronne royale, accompagnée de deux guidons placés en sautoir et liés par un ruban, l'un aux armes de France, l'autre au chef de gueules, le champ chargé de besants rappelant les armes de Poitiers. De chaque côté de la marque : Généralité ∴ de Poitiers, et la valeur indiquée en italique sur une ou deux lignes.

PAPIERS

petit papier ∷ six deniers
»   ∷ six diers
six deniers ∷ pour quard
petit papier ∷ huit deniers — pour demie ∷ feuille
»   ∷   »   — pour demi ∷ feuille
Petit papier huit ∷ den. pr demie feuille
Petit Papier huit ∷ deniers pour demie feuille.
petit papier un ∷ sol la feuille
petit papier un ∷ sol pour feuille
petit papier ∷ un sol — pour ∷ feuille
moyen papier ∷ six deniers. (quart)
moyen papier ∷ neuf deniers — pour demie ∷ feuille
moyen papier ∷ Neuf den. pr dem. feuille

moyen papier ☰ dix-huit deniers ☰ pour ☰ feuille
moyen papier ☰ dix huit — deniers pour ☰ feuille
Grand papier ☰ un Sol pour — feuillet
grand papier ☰ un sol pour — feuillet
grand papier ☰ deux sols pour feuille,

PARCHEMINS

quittance de ☰ partie prenante — cinq ☰ sols
pour partie ☰ prenante — cinq sols
pour contracts ☰ & actes des — notaires ☰ six sols
pour contracts et — actes des noltai — res six ☰ sols
pour contracts ☰ & actes des — nottaires dis ☰ sols pour deux — roolles
pour contracts ☰ et actes des no — ttaires dix ☰ sols pour deux — roolles
pour contracts & ☰ actes des notai — res dis sols pour ☰ deux roolles.
pour contracts & ☰ actes des nottaires — dis sols pour ☰ deux rolles
pour expedi ☰ tions des greff — es dis sols ☰ pour deux rolles
pour expeditions ☰ des Greffiers — dis sols ☰ pour deux roolles
pour expediti ☰ ons des Greffes — dix sols pour ☰ deux roolles

**Il existe dans le petit papier à un sol une variété où le mot
Généralité fut composé Géneratité.**

Les mêmes contremarqués du timbre suivant.

DIXHVICT DENIER

PAPIERS
SIX. DENIER
HVICT. DENIER
VN. SOL
DIX HVICT DENIER
DEUX SOLS
. . . .

PARCHEMINS
CINQ. SOLS
SIX SOLS
DIX SOLS
. . . .

Les mêmes contremarqués du timbre suivant.

— 206 —

PAPIERS

SIX DENI
HVIT DENI
VN SOL,
DIX HVIT DEN
DEVX SOLS
. . . .

PARCHEMINS

P LE PARCHEMIN

Il ne fut émis qu'un seul timbre pour le parchemin, avec les inscriptions manuscrites : cinq sols, six sols et dix sols pour deux roolles.

Les mêmes contremarqués du timbre suivant.

1687
1ᵉʳ octobre

PAPIERS

SIX DEN
HVIT DEN
V N SOL.
DIX HVIT DEN
DEVX SOLS
EXTRAORDIN

PARCHEMINS

CINQ SOLS
SIX SOLS
DIX SOL. 2 ROOLE
EXTRAORDIN

Même type avec augmentation frappée à côté du timbre.

1690
1ᵉʳ juin

PAPIERS		PARCHEMINS	
SIX DEN	Acᵗⁱᵒⁿ 2 D.	CINQ SOLS	Acᵗⁱᵒⁿ 20 D.
HVIT DEN	2 D.	SIX SOLS	2 S
VN SOL.	4 D.	DIX SOL. 2 ROOLE	3 S. 4 D.
DIX HVIT DEN	6 D		
DEVX SOLS	8 D.		

Les mêmes contremarqués du timbre suivant.

1691
1ᵉʳ octobre

PAPIERS

SIX DEN	— 2 D.
HVIT DEN	— 2 D.
VN SOL	— 4 D.
DIX 8 DEN	— 6 D.
DEVX SOLS	— 8 D.
EXTRAORDIN.	

PARCHEMINS

CINQ SOLS	— 20 D.
SIX SOLS	— 2 S.
DIX SOLS	— 3 S. 4 D.
EXTRAORDIN.	

PAPIERS	PARCHEMINS
HVIT DEN.	SIX S. 8 D.
DIX DEN,	HVIT SOLS
VN SOL, 4 DEN	TRAYZE S. 4 D
DEVX SOLS	EXTRAORDIN
DEVX S. 8 D.	
EXTRAORDIN	

Les mêmes contremarqués du timbre suivant.

PAPIERS	PARCHEMINS
HVIT DEN.	SIX S. 8 D.
DIX DEN.	HVIT SOLS
VN SOL, 4 DEN.	13 S. 4 DEN.
DEVX SOLS	EXTRAORDIN
DEUX, S. 8 D.	
EXTRAORDIN	

Les mêmes contremarqués du timbre suivant.

PAPIERS	PARCHEMINS
HVIT DENIER	SIX S. 8 D
DIX DENIER	HVIT SOLS
SEIZE DENI	13. S 4. DEN.
DEVX SOLS	EXTRAORDIN
DEVX S. 8 D.	
EXTRAORDIN	

Les mêmes contremarqués du timbre suivant.

1712

1ᵉʳ octobre

PAPIERS   PARCHEMINS

PAPIERS	PARCHEMINS
HVIT DEN	SIX S 8 D
DIX DEN	HVIT SOLS
VN S 4 DE	13 S. 4 DE.
DEVX SOLS	EXTRAO
DEVX S 8 D	
P. L'INTENDANCE SEVL.	
EXTRAO	

Les mêmes contremarqués du timbre suivant.

1716

1ᵉʳ octobre

PAPIERS	PARCHEMINS
HVIT DENIER	SIX S. 8 DEN
DIX DENIER	HVIT SOLS
VN S. 4 DEN	13. S 4. DEN
DEVX SOLS	EXTRAORDIN
DEVX S. 8 DEN	
EXTRAORDIN	

Les mêmes contremarqués du timbre suivant.

1717

1ᵉʳ octobre

PAPIERS	PARCHEMINS
HVIT DEN	SIX S 8 D
DIX DEN	HVIT SOLS
VN S. 4 DEN	13 S. 4 DEN
DEVX SOLS	EXTRAORDIN
DEVX S 8 DEN	
EXTRAORDIN	

Les parchemins sont accompagnés, à droite, d'un paraphe manuscrit ou imprimé.

Les mêmes contremarqués du timbre suivant.

PAPIERS	**PARCHEMINS**
HUIT DEN P. QUART	SIX SOLS 8 DEN
DIX DENIERS LE FEUILL.	HUIT SOLS
UN S. 4 DEN LA FEUILLE	13 SOLS 4 DEN LA F.
P DEUX SOLS LA FEUILLE	EXTRAORDINAIRE
DEUX SOLS HUIT D. LA F.	
EXTRAORDINAIRE	

Les parchemins avec paraphe imprimé.

Les mêmes contremarqués du timbre suivant.

PAPIERS	**PARCHEMINS**
HUIT DEN	SIX S. 8 DEN
DIX DEN	HUIT SOLS
SEIZE DENIE	13 SOL 4 DEN
DEUX SOLS	EXTRAORDIN.
DEUX S. 8 DEN.	
EXTRAORDIN	

Les parchemins avec paraphe imprimé.

Les mêmes contremarqués du timbre suivant.

PAPIERS	**PARCHEMINS**
HUIT DEN	SIX S. 8 DEN
DIX DEN	HUIT SOLS
UN SOL. 4 DEN	13 SOL. 4 DEN.
DEUX SOLS	EXTRAORDIN.
2 SOL 8 DEN.	
EXTRAORDIN	

Paraphe imprimé à droite des parchemins.

Les mêmes contremarqués du timbre suivant.

1744
1ᵉʳ octobre

PAPIERS

HUIT DEN.
DIX DEN.
1 SOLS 4 DEN.
DEUX SOLS
2. SOLS 8. DEN.
EXTRAORDIN

PARCHEMINS

SIX S. 8 DEN
HUIT SOLS
13 SOL. 4 DEN
EXTRAORDIN

Les parchemins avec la même paraphe que les précédents.

Les mêmes contremarqués du timbre suivant.

1750
1ᵉʳ octobre

PAPIERS

DIX DEN.
12 DEN $\frac{1}{2}$
1 SOL. 8 D.
2 SOLS 6 D
3 SOLS 4 D
EXTRAOR

PARCHEMINS

8 SOLS 4. D
DIX SOLS
16. SOLS 8. D.
EXTRAORD

EXTRAORD. REG DES FER DU ROY SEUL
Registre des fermes du roi seulement

Les parchemins portent toujours le même paraphe.

Les mêmes contremarqués du timbre suivant.

1756
1ᵉʳ octobre

PAPIERS	PARCHEMINS
UN SOL.	DIX SOLS
1 SOL. 3 DEN	DOUZE SOLS
DEUX SOLS	VINGT SOLS
TROIS SOLS	EXTRAORDI
QUATRE SOLS	
EXTRAORDI	

Sur les parchemins figure encore le paraphe qui n'a pas été changé depuis 1727.

FERMES DU ROI

EXPED. DES FERMES DU ROY.
REGIST DES FERMES DU ROY.
Q. DES TAILL UN SOL.

35 SOLS

Les papiers et parchemins de 1756 contre-marqués du timbre suivant.

PAPIERS	PARCHEMINS
Q. DE F 1 SOL 2 D	Q 11 SOLS 8 D.
D F 1 SOL 5 D $\frac{1}{3}$	ROLLES 14 SOLS
P. P. 2 SOLS 4 D.	F. D. P. 23 SOLS 4 D
M. P 3 SOLS 6 D.	35 SOLS
G. P. 4 SOLS 8 D.	EXTRAORDI
EXTRAORDI.	
Q. D. TAILLE 1 S 2 D	

EXPEDI. DES FERM. DU ROY. T. D. D.
REGIST. DES FERM. DU ROY. T. D. D.

RÉGIE GÉNÉRALE

EXPEDITIONS   TIMB EXTRAORD

GÉNÉRALITÉ DE LA ROCHELLE

La généralité de La Rochelle, créée par édit du mois d'avril 1694, fut composée des élections de La Rochelle dépendant de la généralité de Poitiers, de celle de Saint-Jean d'Angely de la généralité de Limoges, et de celles de Cognac et Saintes, compris l'élection particulière de Marenne, dépendantes de la généralité de Bordeaux, lesquelles employaient les papiers et parchemins timbrés de ces différentes généralités; ce n'est que par le bail du 1" octobre 1697 qu'il a été créé un timbre spécial pour la généralité de La Rochelle.

1697

1" octobre

PAPIERS	PARCHEMINS
HVIT DEN	SIX S. 8 D
DIX. DEN	HVIT SOLS
VN S. 4 D.	13 S. 4 D.
DEVX SOLS	EXTRAORD
DEVX S 8 D	
EXTRAORD	

Les mêmes contremarqués du timbre suivant.

1703

1" octobre

PAPIERS	PARCHEMINS
HVIT DENIER	SIX S 8 DEN
DIX DENI	HVIT SOLS
SEIZE DENIER	13. S. 4. DEN
VN. S 4. DEN.	EXTRAORD
DEVX SOLS	
DEVX S. 8 DEN.	
EXTRAORD	

1712

1" octobre

PAPIERS	PARCHEMINS
HVIT DENI	SIX S. 8 DEN
DIX DEN	HVIT SOLS
VN. S 4. DE	13. S. 4 DE
DEVX SOLS	EXTRAORD
DEVX S 8 DE	
EXTRAORD	

PAPIERS	PARCHEMINS
HVIT DENIER	SIX S 8 DEN
DIX. DENIERS	HVIT SOLS
VN S. 4 DEN.	13. S. 4. DEN
DEUX SOLS	EXTRAORD
DEUX S 8 D.	
EXTRAORD	

Les mêmes contremarqués du timbre suivant.

PAPIERS	PARCHEMINS
HUIT DEN	SIX S. 8 DEN
DIX DEN	HVIT SOLS
VN S. 4 DEN.	13 S. 4 DEN.
DEVX SOLS	EXTRAORD
DEVX S. 8. DEN	
EXTRAORD	

Les parchemins avec paraphe à droite.

Les mêmes contremarqués du timbre suivant.

PAPIERS

HUIT DEN P QUART
DIX DEN LA FEUIL.
UN S. 4 D LA FEUIL.
2 SOLS LA FEUIL.
2 SOLS 8 D. LA F.
EXTRAORDINAIRE

PARCHEMINS

SIX SOLS 8 DEN
HUIT SOLS
13 S. 4 D LA FEUIL.
EXTRAORDINAIRE

Les parchemins avec le même paraphe que le timbre précédent.

Les mêmes contremarqués du timbre suivant.

1727

1er janvier

PAPIERS

HUIT DEN.
DIX DEN.
UN SOL 4 DEN.
DEUX SOLS
DEUX S 8 DEN
EXTRAORDIN

PARCHEMINS

SIX S 8 DEN
HUIT SOLS
13 SOL. 4 DEN.
EXTRAORDIN

Les parchemins avec nouveau paraphe à droite.

Les mêmes contremarqués du timbre suivant.

1738

1er octobre

PAPIERS

HVIT DEN
DIX DEN
UN SOL 4 DEN.
DEUX SOLS
DEUX S 8 DEN
EXTRAORDIN

PARCHEMINS

SIX S 8 DEN
HVIT SOLS
13 SOL 4 DEN.
EXTRAORDIN

Nouveau paraphe sur les parchemins, frappé à droite.

Les mêmes contremarqués du timbre suivant.

PAPIERS

HUIT DEN.
DIX DEN.
UN S 4 DEN
DEUX SOLS
DEUX S 8 DEN
EXTRAORDIN

PARCHEMINS

SIX S 8 DEN
HUIT SOLS
13 SOLS 4 DEN.
EXTRAORDIN

Les parchemins portent le paraphe de 1738.

Les mêmes contremarqués du timbre de 1750.

*Timbre de cheville pour la ferme
des aides seulement.*

PAPIERS

DIX DEN
12 DEN 1/2
1 SOL. 8 D.
2 SOLS 6 D
3 SOLS 4 D
EXTRAOR.

PARCHEMINS

8 SOLS 4. D
DIX SOLS
16 SOLS 8. D.
EXTRAOR

Les parchemins portent le même paraphe que les deux timbres précédents.

REG. ET EXP. DE LA FER DES AYDES. CHEVILLE
Les mêmes contremarqués du timbre suivant.

PAPIERS	PARCHEMINS
UN SOL,	DIX SOLS
1 SOL, 3 DEN	DOUZE SOLS
DEUX SOLS	VINGT SOLS
TROIS SOLS	EXTRAORDI.
QUATRE SOLS	
EXTRAORDI.	

EXPED. DES FERMES DU ROY.
REGIST. DES FERMES DU ROY.
Q. DES TAILL. UN SOL.

1774

Mars

35 SOLS

Papiers et parchemins de 1756 contre-marqués du timbre suivant.

1780

1ᵉʳ octobre

PAPIERS	PARCHEMINS
Q. DE F 1 SOL. 2 D	Q 11 SOLS 8 D.
DF 1 SOL. 5 D 1/2	ROLLES 14 SOLS
P.P. 2 SOLS 4 D.	F.D.P. 23 SOLS 4 D
M. P. 3 SOLS 6 D.	35 SOLS
G. P. 4 SOLS 8 D.	EXTRAORDI
EXTRAORDI	
Q. D. TAILLE 1 S 2 D.	

EXPEDI. DES FERM. DU ROY. T. D. D.
REGIST. DES FERM. DU ROY. T. D. D.

RÉGIE GÉNÉRALE

EXPEDITIONS   TIMB EXTRAORD.

GÉNÉRALITÉ DE BOURGES

Gnal de Bourges, generalité de Bourg, generalité de Berry, Berry, Bourges.

Cette généralité comprenait tout le Berry et deux petits districts, l'un en Bourbonnais, l'autre en Nivernais.

Le manque de documents sur le quartier de juillet 1673 m'oblige à le mentionner seulement comme mémoire.

Marque à gauche de la feuille: fleur de lis, de laquelle s'échappent quatre flammes, surmontée d'une couronne royale; au-dessous, dans une banderole: GNAL DE BOVRGES; la formule en gothique et la valeur en italique.

PAPIERS

POUR — Procédures de — procureurs — Quart de feuille — Six deniers
POUR — les Greffiers — *Quart de feuille — six deniers*
POUR — Exploit — *Demie feuille huit — deniers*
POUR — les Minutes et Ex — péditions des Greffiers — »   »
FEUILLET de Registre — *Huit deniers.*
POUR — servir aux Con — traintes — feuille douze de — niers
POUR — les Notaires et = Tabellions — *Feuille douze — deniers*
POUR — les Greffiers — *Feuille douze — deniers*
POUR — Exploit — *Feuille douze — deniers*

PARCHEMINS

POUR — Les Greffiers — *six sols*
POUR — Expéditions des — Greffiers — *six sols*
POUR — Les Notaires et Tabellions — *Deux Roules dix — sols*

Même type, avec la formule et la valeur en italique.
Pour les Notai — res & Tabellions — demie feuille huit — deniers

Les mêmes contremarqués du timbre de 1676.

Fleur de lis frappée au milieu de la feuille; au-dessous BERRY en capitales, formule et valeur en italique.

PAPIER

BERRY. Pe. Pa. *(Petit papier) 1 sol la feuille.*

Le même contremarqué du timbre suivant.

1675 — *Marque frappée au milieu de la feuille. Dans un cercle, les armes du Berry : d'azur semé de fleurs de lis d'or, à la bordure denchée de gueules ; surmontées d'une fleur de lis, accompagnée de soleils rayonnants au-dessous, dans un ruban : GÉNÉRALITÉ DE BERRY. La formule et la valeur en romain, placées à droite et à gauche de la marque.*

PAPIERS

six deniers
quart de ... feuille — six deniers
six deniers — pour quart ... de feuille
huit deniers
demia feuille huit deniers
pour feuille — un ... sol.
pour feuille ... douze deniers
dix huit deniers
pour feuille — dix huit deniers
deux sols
pour feuille — deux ... sols

PARCHEMINS

pour ... greffier — cinq sols
dix sols
pour ... greffier — deux roo les dix sols
pour ... notaire — deux roo les dix sols

Les mêmes contremarques du timbre suivant.

1676
1er octobre

Cartouche rectangulaire avec ornements. Surmonté d'une fleur de lis ; derrière, le sceptre et la main de justice posés en sautoir ; au milieu, en capitale : BERRY, avec la formule et la valeur.

PAPIERS

BERRY. PO. PA. SIX DEN. LE QVART
» HVIT DEN. LA DEMYE FEVILLE
» P. PAPIER VN SOL LA FEVILLE
» MO. PA 18 DEN. LA FEVILLE
» G. PAPIER DEVX S. LA FEVILLE

PARCHEMINS

BERRY. GRAND PLACARD SIX S.
» DIX SOLS LES DEVX ROLLE

Placé au milieu de la feuille, pendant les années 1677 et 1678, ce timbre se trouve aussi frappé à l'angle gauche.

1680
1er octobre

Support d'anges soutenant d'une main la couronne royale et tenant de l'autre une massue ; au-dessous de la couronne une fleur de lis posée sur un cartouche avec légende : GÉNÉRALITÉ DE BERRY ; au-dessous, la

valeur indiquée dans un cœur; ce timbre est frappé au milieu de la feuille, sauf pour les quarts qui sont placés en angle.

PAPIERS	PARCHEMINS
SIX DEN	. . . .
HVIT DEN	SIX SOLS
VN SOL	DIX SOLS
DIX HVIT D	. . . .
DEVX SOLS	
. . . .	

Les mêmes contremarques du timbre suivant, composé de deux écus accolés, soutenus par un berger et une bergère, rappelant le caractère pastoral du Berry, et supportant une couronne royale ; l'écu de droite portant des armoiries (indéterminées), celui de gauche le chiffre BM enlacé surmonté d'une couronne à trois pointes. Bourges et Moulins étant compris dans la même sous-ferme expliquent la présence de ce chiffre dans l'écu, le tout placé sur un embasement portant la valeur; sur les côtés du motif : BER — RY.

PAPIERS	PARCHEMINS
SIX DEN	CINQ SOLS
HVIT DENIER	SIX SOVS
VN SOL.	DIX SOVS
DIX HVIT DEN	EXTRAORD
DEVX SOLS	
EXTRAORD	

PAPIERS	PARCHEMINS
SIX DEN.	CINQ SOLS
HVIT DEN.	SIX SOLS
VN SOL	DIX SOLS
DIX HVIT DEN	EXTRAORDINAIRE
DEVX SOLS	
EXTRAORDINAIRE	

1690

1er juin

Les mêmes avec augmentation.

PAPIERS			PARCHEMINS		
SIX DEN	Arq^os	2 D	CINQ SOLS	Arq^os	20 D
HVIT DEN	»	2 D.	SIX SOLS	»	2 S.
VN SOL.	»	4 D	DIX SOLS	»	3 S 4 D
DIX HVIT DEN	»	6 D	EXTRAORDINAIRE —		
DEVX SOLS	»	8 D			
EXTRAORDINAIRE —					

Les mêmes contr ...arqués du timbre suivant.

1697

1er octobre

PAPIERS	PARCHEMINS
HVIT DEN	SIX S. 8 D.
DIX DEN	HVIT SOLS
VN SOL. 4 DEN	13 S. 4 DEN
DEVX SOLS	EXTRAORDIN
DEVX S 8 D.	
EXTRAORDIN	

Il existe des parchemins à 13 S 4 DEN, timbrés à l'angle gauche.
Les mêmes contremarqués du timbre suivant.

1703

1er octobre

PAPIERS	PARCHEMINS
HVIT DEN	SIX S. 8 D.
DIX DENIER	HVIT SOLS
VN SOL. 4 DEN	13 SOLS 4 DEN
DEVX SOLS	EXTRAORD
DEVX S. 8 D.	
EXTRAORD	

Les mêmes contremarqués du timbre suivant.

1708

1er octobre

PAPIERS	PARCHEMINS
HVIT DEN	SIX S 8 DE
DIX DEN	HVIT SOLS
VN S. 4 DE	13. S. 4 DE.
DEUX SOLS	KTRAORD.
DEUX S 8 DE.	
EXTRAORD.	

PAPIERS	PARCHEMINS
HVIT DEN	SIX S. 8 D.
DIX DEN	HVIT SOLS
VN S 4 DE	13 S. 4 DE
DEVX SOLS	ETRAORD
DEVX S 8 D.	
EXTRAORD	

Les mêmes contremarqués du timbre suivant.

PAPIERS	PARCHEMINS
HVIT DENI	SIX S. 8 DEN.
DIX DENI	HUIT SOLS
UN SOL 4 DEN.	13 SOLS 4 DEN.
DEUX SOLS	EXTRAORDIN
DEUX S 8 DEN	
EXTRAORDIN	

Les demi-feuilles de papier à dix deniers sont frappées horizontalement au milieu de la feuille, ou verticalement sur le côté.

Les mêmes contremarqués du timbre suivant.

PAPIERS

HUIT DEN
DIX DEN
I SOL. IV D.
DEUX SOLS
II S. VIII D.
EXTRAO

PARCHEMINS

VI S. VIII D.
VIII. SOLS
XIII. S. IV. D.
EXTRAO

Les papiers à dix deniers sont frappés verticalement.

1733

1er octobre

PAPIERS

HUIT DEN. P. QUART
DIX DENIERS LE FEUILL.
UN S. 4 D. LA FEUIL.
DEUX SOLS LA FEUILLE
DEUX SOLS HUIT D. LA F.
EXTRAORDINAIRE

PARCHEMINS

SIX SOLS 8 DEN
HUIT SOLS
13 SOLS 4 DEN LA F.
EXTRAORDINAIRE

1727

1er janvier

PAPIERS

HUIT DEN
DIX DEN
UN SOL 4 DEN.
DEUX SOLS
DEUX S. 8 DEN
EXTRAORDIN

PARCHEMINS

SIX S. 8 DEN
HUIT SOLS
13 SOL 4 DEN
EXTRAORDIN

*Les mêmes contremarqués du timbre suivant, portant au milieu un
mouton passant et trois fleurs de lis, pièces figurant dans les armes de
Bourges.*

1738

1er octobre

PAPIERS	PARCHEMINS
HUIT DEN	SIX S. 8 DEN.
DIX DEN	HUIT SOLS
UN SOL. 4 DEN	13 SOL. 4 DEN.
DEUX SOLS	EXTRAORDIN
DEUX S. 8 DEN	
EXTRAORDIN	

Les mêmes contremarqués du timbre suivant.

PAPIERS	PARCHEMINS
HUIT DEN	SIX S. 8 DEN.
DIX DEN	HUIT SOLS
UN S. 4 DEN	13 S. 4 DEN.
DEUX SOLS	EXTRAORDIN
DEUX S. 8 DEN	
EXTRAORDIN	

Les mêmes contremarqués du timbre suivant.

PAPIERS	PARCHEMINS
DIX DEN	8 SOLS 4. D.
12 DEN $\frac{1}{2}$	DIX SOLS
1. SOL 8. D.	16 SOLS 8. D.
2 SOLS 6. D.	EXTRAOR
3 SOLS 4 D	
EXTRAOR	

Les mêmes contremarqués du timbre suivant.

<table>
<tr><td>

PAPIERS

UN SOL.
1. SOL 3. DEN.
DEUX SOLS
TROIS SOLS
QUATRE SOLS
EXTRAORDI.

</td><td>

PARCHEMINS

DIX SOLS
DOUZE SOLS
VINGT SOLS
EXTRAORDI.

</td></tr>
</table>

Les parchemins sont accompagnés d'un paraphe simple, ou bien encore d'un paraphe portant au centre : BOURGES et la lettre M au-dessous.

1774
Mars

35 SOLS

Papiers et parchemins de 1756, contre-marqués du timbre suivant.

1780
1er octobre

<table>
<tr><td>

PAPIERS

Q. DE F. 1 SOL 2 D.
D. F. 1 SOL 5 D $\frac{1}{2}$
P. P 2 SOLS 4 D.
M. P 3 SOLS 6 D.
G. P. 4 SOLS 8 D.
EXTRAORDI
Q. D TAILL 1 S 2 D

</td><td>

PARCHEMINS

Q. 11 SOLS 8 D.
ROLLES 14 SOLS
F. D P 23 SOLS 4 D
35 SOLS
EXTRAORDI

</td></tr>
</table>

EXP DES FERM. DU ROY T.D.D.
REGIST DES FERM DU ROY T.D.D.

RÉGIE GÉNÉRALE

EXPEDITIONS

TIMB EXTRAORD.

GÉNÉRALITÉ DE MOULINS

Cette généralité comprenait le Bourbonnais, la plus grande partie du Nivernais, la haute Marche et le petit pays de Combraille en Auvergne.
Il n'a pas été retrouvé de papiers et parchemins portant l'indication du quartier de juillet 1673.

1674

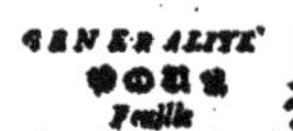

Frappée en tête, au milieu de la feuille, la première marque est composée d'une fleur de lis placée au centre d'un soleil rayonnant et surmontée d'une couronne royale, à droite et à gauche en petite capitale penchée : GENE-RALITÉ — DE MOULINS ; au-dessous, la formule en gothique ornée et la valeur en italique.

PAPIERS

POUR — Procureurs — Quart de feuille — six deniers
POUR — Advocats, — Feuille — douze deniers.
POUR — Notaires —   »   —   »

PARCHEMINS

POUR — Greffiers — Six sols

Même type ; à l'angle gauche de la feuille, au-dessous de la marque, dans une banderole : GNAL DE MOULINS, la formule en gothique, le format et la valeur en italique.

1674

PAPIERS

POUR — Bulletins — Quart de feuille — Six deniers.
POUR — Expéditions des — Greffiers — Quart de feuille —   »
POUR — Expéditions des — Greffiers — Demie feuille — huit deniers
POUR — Contracts et Actes — des Notaires et Tabellions — Demie feuille — huit deniers.

Les deux variétés sont contremarquées du timbre suivant.

1676

Fleur de lis, portant autour GENERALITÉ DE MOULINS, *frappée au milieu de la feuille ; la formule et la valeur, en caractères de civilité, placées de chaque côté de la marque.*

PAPIER

Quart de feuille = Six deniers

1677

Même type frappé à l'angle gauche de la feuille, la formule et la valeur, en caractères de civilité, placées au dessous en deux lignes.

PAPIERS	PARCHEMINS
Quart de f. — six deniers	Pour Six Sols — Le Placard
Demie feuille — huit deniers	Pour Greffiers — Six Sols
Demie feuille — huit Deniers	Pour Greffirs — Six Sols
Petit Papier — douze deniers	Pour Greffers — Six Sols
Petit papier — douze deniers	Pour Dix Sols — La feuille
Petit Papier — Douze Deniers	Pour Greffiers — Dix Sols
Petit PaPier — Douze Deniers	Pour Greffiers — Dix Sols la — feuille

Les mêmes contremarqués du timbre suivant.

1680

1er octobre

Placée à l'angle gauche, la marque est composée d'un cartouche à ornements renfermant deux L enlacés et surmontés d'une couronne royale; au-dessus, une fleur de lis avec GEN DE MOULINS *en demi-cercle. A la droite, la valeur en italique inscrite en deux lignes et suivie d'un paraphe de même importance que le cartouche.*

PAPIERS	PARCHEMINS
Six Deniers — le quart	Six — sols
huit Deniers La — Demie feuille	Dix — sols
Un Sol — La feuille	
Dix huit Deniers — la feuille	
Deux Sols — la feuille.	

Les papiers et parchemins à l'extraordinaire furent frappés de la marque et du paraphe, sans aucune autre indication.

Les mêmes contremarqués du timbre suivant.

PAPIERS	PARCHEMINS
SIX DEN	CINQ SOLS
HVIT DEN	SIX SOLS
VN SOL	DIX SOLS
DIX HVIT DEN	. . . .
DEVX SOLS	
. . . .	

Même type avec augmentation frappée à côté du timbre.

PAPIERS		PARCHEMINS	
SIX DEN	Aro^{on} 2 D	CINQ SOLS	Aro^{on} 20 D
HVIT DEN	» 2 D.	SIX SOLS	» 2 S
VN SOL	» 4 D	DIX SOLS	» 3 S 4 D.
DIX HVIT DEN	» 6 D		
DEUX SOLS	» 8 D.		

Les mêmes contremarqués du timbre suivant.

PAPIERS	PARCHEMINS
HVIT DEN	SIX S. 8 D
DIX DEN	HVIT SOLS
VN S. 4 D.	13 S. 4 DEN
DEVX SOLS	. . . .
DEVX. S 8 D	
. . . .	

Les mêmes contremarqués du timbre suivant.

1703
1er octobre

PAPIERS	PARCHEMINS
HVIT DEN.	6 S. 8 D
DIX DEN	HVIT. SOL.
VN. S. 4. D	13. S. 4. 4.
DEVX SOLS	. . . .
DEVX S 8 D	
. . . .	

Les mêmes contremarqués du timbre suivant.

1707
1er octobre

PAPIERS	PARCHEMINS
HVIT DENIERS	SIX S. 8 DEN.
DIX DENIERS	HVIT SOLS
VN SOL. 4. DEN.	TREIZE S. 4 D
DEVX SOLS	EXTRAORD.
DEVX S 8 DEN.	
EXTRAORD.	

Les mêmes contremarqués du timbre suivant.

1712
1er octobre

PAPIERS	PARCHEMINS
HVIT DEN	SIX S. 8 DEN
DIX DEN.	HVIT SOLS
VN S. 4 DEN	13. S. 4 DEN
DEVX SOLS	EXTRAORD.
DEVX S. 8 D	
EXTRAORD.	

Les mêmes contremarqués du timbre suivant.

<table>
<tr><td>PAPIERS</td><td>PARCHEMINS</td></tr>
<tr><td>HVIT DENI
DIX DENI
VN SOL 4 DE
DEVX SOLS
DEVX S. 8 DEN
EXTRAORDIN</td><td>SIX S 8 DEN.
HUIT SOLS
13 S. 4 DEN.
EXTRAORDIN.</td></tr>
</table>

Les mêmes contremarqués du timbre suivant.

Des feuilles portant les timbres de 1708, 1712, 1715 en sont également contremarquées, ayant ainsi quatre épreuves successives.

<table>
<tr><td>PAPIERS</td><td>PARCHEMINS</td></tr>
<tr><td>HVIT DEN
DIX DEN
I SOL IV D.
II SOLS
II S. VIII D
EXTRAORD.</td><td>VI S VIII D.
VIII SOLS
XIII S. IV D
EXTRAORD.</td></tr>
</table>

Les mêmes contremarqués du timbre suivant.

<table>
<tr><td>PAPIERS</td><td>PARCHEMINS</td></tr>
<tr><td>HUIT DEN. P. QUART
DIX DENIERS LE FEUILL.
UN S. 4 DEN. LA FEUILLE
DEUX SOLS LA FEUILLE
DEUX SOLS HUIT D. LA F.
EXTRAORDINAIRE.</td><td>SIX SOL 8 DEN.
HUIT SOLS
13 SOLS 4 DEN LA F.
EXTRAORDINAIRE</td></tr>
</table>

Les mêmes contremarqués du timbre suivant.

1727
1" janvier

PAPIERS

HUIT DEN
DIX DEN
UN SOL. 4 DEN.
DEUX SOLS
DEUX S 8 DEN.
EXTRAORD

PARCHEMINS

SIX S. 8 DEN.
HUIT SOLS
13 SOL. 4 DEN.
EXTRAORD.

Les mêmes contremarqués du timbre suivant.

1738
1" octobre

Ce timbre, de même que les suivants, de 1744 et 1756, portent au centre les armes du Bourbonnais : Semé de France à la bande de gueules.

PAPIERS

HUIT DEN.
DIX DEN
UN S. 4 D.
DEUX SOLS
2 S 8 D.
EXTRAORDIN.

PARCHEMINS

6 S. 8 D.
HUIT SOLS
13 S. 4 D.
EXTRAORDIN

Les quittances des tailles, expédiées sur des quarts de papier à huit deniers, furent marquées d'un timbre placé à côté de celui de la ferme, avec cette légende: Quittance des tailles.

Il fut encore employé avec le timbre de 1744; ce n'est qu'après l'augmentation des droits, en 1748, et cela pendant les baux de 1750, qu'il fut créé un timbre spécial à dix deniers, de un sol en 1756 et porté avec celui de 1780 à un sol deux deniers.

Les mêmes contremarqués du timbre suivant.

1744
1er octobre

PAPIERS	PARCHEMINS
HUIT DEN	SIX S. 8. DEN.
DIX DEN	HUIT SOLS
UN SOL. 4. DEN.	13 SOLS 4. DEN.
DEUX SOLS	EXTRAORDIN.
DEUX S 8 DEN.	
EXTRAORDIN.	

Les mêmes contremarqués du timbre suivant.

Des feuilles avec les timbres de 1738 et 1744 en sont aussi contre-marquées.

PAPIERS	PARCHEMINS
DIX DEN	8 SOLS 4. D.
12 DEN $\frac{1}{2}$	DIX SOLS
1. SOL 8. D.	16 SOLS 8 D.
2 SOLS 6. D.	EXTRAORD
3 SOLS 4 D.	
EXTRAORD	

REG. DES FER. DU ROY SEUL.
QUITT. DES TAILLES DIX DEN.

Les mêmes contremarqués du timbre suivant.

PAPIERS	PARCHEMINS
UN SOL	DIX SOLS
1. SOL 3. DEN	DOUZE SOLS
DEUX SOLS	VINGT SOLS
TROIS SOLS	EXTRAORDI.
QUATRE SOLS	
EXTRAORDI	

Les parchemins sont accompagnés d'un paraphe simple, mais le plus souvent d'un paraphe portant au centre BOURGES *et la lettre* M *au-dessous.*

EXPED DES FERMES DU ROY.
REGIST DES FERMES DU ROY.
Q. DES TAILLES UN SOL

1744

Mars

35 SOLS

Papiers et parchemins de 1756 contremarqués du timbre suivant.

1780

1ᵉʳ octobre

PAPIERS	PARCHEMINS
Q. D. F. 1 SOL 2 D.	Q. 11 SOLS 8 D.
D. F. 1 SOL 5 D. $\frac{1}{2}$	ROLLES 11 S.
P. P. 2 SOLS 4 D.	F D. P 23 SOLS 4 D
M. P. 3 SOLS 6 D.	35 SOLS
G. P. 4 SOLS 8 D.	EXTRAORDI.
EXTRAORDI	
Q. D TAILL 1 S 2 D.	

Les parchemins sont contremarqués du paraphe BOURGES M.

EXPEDI DES FERM. DU ROY. T. D. D.
REGIST DES FERM DU ROY. T. D. D.

RÉGIE GÉNÉRALE

EXPÉDITIONS   TIMB EXTRAORD.

GÉNÉRALITÉ DE RIOM

Gnal de Rion, Généralité d'Auvergne, Auvergne.

Cette généralité comprenait toute la haute et basse Auvergne, à l'exception du petit district compris dans la généralité de Moulins.

Les premiers papiers et parchemins émis pour la généralité de Riom ne portent pas l'indication du quartier de juillet 1673.

Placée à l'angle gauche de la feuille, la première marque se compose d'une fleur de lis entourée de deux dauphins affrontés et supportant une couronne royale; au-dessous, dans un ruban : GNAL · DE · RION.

La formule inscrite en caractères gothiques; le mot POUR plus fort, en gothique ornée, ou capitale, et la valeur en italique.

PAPIERS

POUR — les Procedures des — Procureurs — *six deniers*
POUR — Procedures des — Procureurs. — »
POUR — Procedureurs des — Procureurs — (erreur) »
POUR — Servir aux Jurés — Jaugeurs — »
POUR — les Fermes du Roy. — »
POUR — Expeditions des — Greffiers — *huit deniers pour — feuille.* Format 19 × 23 1/2.
POUR — Contracts & Actes — des Notaires & — Tabellions — *Huit deniers pour — demy feuille.*
POUR — Procedures des — Procureurs — *Huit deniers pour — demy feuille.*
POUR — les Fermes du Roy. — *Huit deniers pour demy — feuille.*
POUR — Servir aux Requestes — »
POUR — le sieur Commissaire departy — »
POUR — Exploit, — *huit deniers pour — demy feuille.* Format 18 × 29.
POUR — Coppie de pieces. — *douze deniers pour — feuille.* Format 19 × 23 1/2.
POUR — Servir aux Requestes — »
POUR — Procedures d'Avo — cats — »
POUR — Expeditions des — Greffiers — »
POUR — Procédures des — Procureurs — *douze deniers pour — feuille.*
POUR — Minutes de Sen — tences, Jugemens et — Ordonnances. — »
POUR — Enquestes, Infor — mations, Verbaux et — Adjudications.— »
POUR — Messieurs les gens — du Roy. — »
Pour — Servir au Procureur — du Roy au Présidial — de Clermont.
Pour — Servir au Procureur — du Roy au Présidial — de Riom.

Ces deux dernières pièces sans indication de valeur.

Feuille pour Copple — de pieces. — Douze deniers pour — feuille
POUR. — les fermes du Roy — douze deniers pour — feuille.

Cette feuille est marquée à l'angle gauche, feuille ouverte pouvant ainsi servir à l'impression d'un placard 25 ½ × 17.

FEUILLE — des Estapes pour — servir au Com — missaire departy
Pour — Exploit. — douze deniers pour feuille. Format 18 × 29.
Feuille — de Registre —   »   Format 22 × 35.
Copple d'Arrest. (Pour les imprimés sans indication de valeur).

1673

Août

Marque dans le même genre, placée au milieu de la feuille, mais avec ruban posé au-dessus de la couronne : GÉNÉRALITÉ DE RION. Formule en gothique sans indication de valeur.

PAPIER

Pour — Commissaire — Desparty. (Placard).

PARCHEMIN

Même type. Formule en gothique. Valeur en italique.

Pour — Greffiers — dix sols — pour deux rolles.

1674 — Même type. Formule en romain, valeur en italique.

Pour — Greffier — dix sols. — pour deux rolles

Type de juillet 1673 placé au milieu de la feuille. La formule en capitale et la valeur en italique indiquées de chaque côté de la marque.

PAPIERS

POVR ROLLE — DES TAILLES — huit deniers — demy feuille.
FEVILLE — DE REGISTRE. —   »
POVR — ADVOCATS —   douze deniers — pour feuille.
POVR ROLLE — DES TAILLES —   »

Même genre. Formule en gothique, valeur en italique.

PAPIER

Pour — procureurs — Douze deniers — pour feuille

PARCHEMINS

Pour — Greffier — Six sols.
Pour — Greffier — dix sols — pour deux Rôlles.

GENERALITE DE RIOM.

574   *Même marque avec suppression du ruban; légende* GENERALITE'
DE RIOM *placée de chaque côté avec la formule en gothique et la valeur
en italique.*

PAPIERS

Copple ≡ de Piece. —   *six deniers*
Pour ≡ Procureurs —   »
Decharge ≡ et main-levée. — »
Pour Contracts et ≡ Actes des Nottaires — et Tabellions. ≡ *six deniers*
Pour ≡ Nottaires —   *six deniers.*
Pour Nottaires ≡ et Tabellions. — »
Pour ≡ Greffiers. —   »
Pour ≡ Greffiers. —   »
Pour ≡ Exploits. —   »
Pour ≡ Exploi —   »
Pour Billets, ≡ Promesses, Acquits — et autres Actes ≡ produits — *six deniers.*
Pour Roolle ≡ des Tailles — *six deniers.*
Pour ≡ Quittance. —   »
Pour ≡ Certificats. —   »
Quittance ≡ des Receveurs. —   »
Pour formes ≡ du Roy —
Pour les Fermes ≡ du Roy. —
Pour ≡ Procureurs. — *huit deniers pour* ≡ *demy feuille.* Format 19 × 23 1/2.
Feuille ≡ de Registre —   »
Pour ≡ Procureurs —   »
Copple ≡ de Pièces. —   »
Pour ≡ Avocats. —   »
Pour ≡ Greffiers. —   »
Pour ≡ Greffier —   »
Pour ≡ Nottaires. —   »
Pour les Fermes ≡ du Roy   »
Pour Secretariats ≡ des Evéchés —   »
Pour ≡ Requestes. —   »
Pour ≡ Requeste —   »
Pour Nottaires ≡ et Tabeillions. — *huit deniers pour* ≡ *demy feuille.* Format 18 × 29.
Pour ≡ Greffiers. —   »
Pour ≡ Exploit. —   »
Pour ≡ Requeste. —   »
Copple ≡ de Pièce —   »
Pour ≡ Requestes —   »
Pour Rolle ≡ des Tailles. —   »   Format 19 × 29.
Pour ≡ Exploit. —   »
Pour ≡ Roolle —   »   »   22 × 34.
Pour Papier ≡ Terrier. —   »

Feuille ≡ de Registre. — *huit deniers pour* — *demy feuille.* Format 82 × 34.
Feuille ≡ de Registre. —   »   »   28 × 49.
Pour ≡ Avocats. —   *douze deniers ≡ pour feuille.*   »   19 × 25 1/2
Pour Escritures ≡ d'Avocats. —   »
Coppie ≡ d'Avocats. —   »
Pour Informations, ≡ Enquestes, Decrets, — et Procès verbaux. —   »
Pour Enquetes, ≡ Informations, — Verbaux et Adjudi ≡ cations. —   »
Coppie ≡ de Piece. —   *douze deniers pour feuille.*
Coppie ≡ de Pieces —   »
Pour Contrainte ≡ du Receveur — des Tailles. — »
Pour ≡ Greffier. —   »
Pour ≡ Greffiers. —   »
Pour ≡ Nottaires. —   »
Pour ≡ Minuttes ≡ d'Arrests — Santences et ≡ Ordonnances. — »
Pour ≡ Procureurs. —   »
Pour ≡ Requeste. —   »
Pour ≡ Requestes, —   »
Pour Nottaires ≡ et Tabellions. —   »
Pour le Procureur ≡ general de la Cour — des Aydes. —   »
Feuille ≡ de Registre. — *huit deniers ≡ pour feuille.*
   Erreur, le mot huit *a été biffé et remplacé par* douze *(inscription manuscrite).*
Pour ≡ Exploit. —   *douze deniers ≡ pour feuille.* Format 18 × 29.
Pour Nottaires ≡ et Tabellions —   »
Pour ≡ Requeste. —   »
Pour ≡ Avocats. —   »   »   21 × 31.
Rolle ≡ des Tailles. —   »   »   31 × 34.
Feuille ≡ de Registre. —   »
Pour le Bureau ≡ des Finances. —   »   »   22 × 35.
Pour ≡ Compte. —   »
Coppie ≡ de Pièces. —   »
Pour les Fermes ≡ du Roy —   »
Pour Secrétaires ≡ des Evéchés —   »
Feuille ≡ de Registre —   »   25 × 37.
Feuille ≡ de Registre. — *huit deniers pour demy feuille.*   »   38 × 23 1/2.
Coppie ≡ de Pièces. — *seize deniers ≡ pour feuille.*   »   45 × 59.
   Placard avec surcharge manuscrite: Deux sols et paraphe.

Pour Commissaire ≡ desparty.   Format 41 × 57.
   Placard sans indication de la valeur.

PARCHEMINS

Quittance de Par ≡ ties prenantes. — cinq sols ≡ pour roolle.
Pour ≡ Greffiers. — *cinq sols.*
   Erreur, surcharge manuscrite Six sols.
Pour ≡ Greffiers. — *six sols.*
Quittance ≡ comptable. — *six sols.*
Pour Lettres ≡ de Chancellorie. — *six sols.*
Pour servir aux ≡ Chancelleries. — *quinze sols.*

Ces différents papiers et parchemins se trouvent aussi contremarqués du timbre suivant.

Pour les quarts et les demi-feuilles de petit, moyen et grand papier, ils sont frappés, au verso de la feuille, de la marque avec indication du format et de la valeur placés de chaque côté.

Pour les feuilles de petit et moyen papier, la marque est frappée à gauche, quelquefois avec l'indication du format et de la valeur.

Petit Papier.　　　Petit ⚏ Papier — Vn sol pour feuille.
Moyen Papier — dix-huit deniers.

Les parchemins sont frappés à gauche de la marque seule.

———————

Fleur de lis ornée, avec légende circulaire : GENERALITE DE RIOM. *La formule et la valeur en caractères gothiques placées à droite et à gauche de la marque. Impression au milieu de la feuille.*

PAPIERS	PARCHEMINS
Quart de feuille ⚏ Six deniers.	Pour Notaire ⚏ Six sols
Demy feuille ⚏ huit deniers	Pour Greffiers ⚏ Six sols
Demye feuille ⚏ huit deniers.	Chancellerie ⚏ Six sols
huit deniers — demy feuille	Six sols ⚏ pour Roolle
Petit Papier ⚏ un sol pour feuille	Dix Sols ⚏ pour deux Roolles
Petit Papier ⚏ Vn sol pour feuille	Pour Greffier ⚏ Dix sols
Petit Papier Un ⚏ sol la feuille	Pour Greffiers ⚏ Dix sols
Petit Papier ⚏ Un sol la feuille	Dix sols ⚏ Pour Notaire
Grand papier Un ⚏ sol la *demy* feuille	Dix sols ⚏ Pour Greffiers
Erreur rectifiée à la plume.	
Moyen Papier neuf ⚏ deniers demye feuille	
Demye feuille ⚏ Neuf deniers.	
Moye ⚏ Papier n ⚏ Neuf deniers (*Erreur*).	
Moyen Papier ⚏ Neuf deniers.	
Moyen Papier ⚏ Dix huit deniers	
Grand Papier Un ⚏ sol la demy feuille	
Grand Papier Un ⚏ sol la demye feuille	
Grand Papier ⚏ deux sols la feuille	
Grand Papier ⚏ Deux sols la feuille	
Grand papier ⚏ deux sols la feuille	

La marque seule fut employée pour des quittances, sur des quarts de feuille de petit papier.

———————

1674
Novembre

Même type. La formule et la valeur en italique. Imprimé sur du moyen papier.

Demye feuille = neuf deniers.

Les mêmes contremarqués du timbre suivant.

1676
1er octobre

Même genre. Fleur de lis florentine. Le format et la valeur en grosse italique à double trait placés de chaque côté de la marque.

PAPIERS	PARCHEMINS
Six den = pa, quart	. . . .
Huict den = La demie feu.	*Six = Sols*
Un sol = La feu.	*Dix = Sols*
Dix huict den = La feu
Deux sols = La feu

Les mêmes, contremarqués du timbre suivant, ainsi que des papiers et parchemins de 1674.

1677
Janvier

Fleur de lis au centre d'un soleil rayonnant ; au-dessus un ruban cintré avec légende : GNALITE · DE · RIOM *; au-dessous, comme embase, un lion passant et une aigle éployée.*

La valeur en italique ornée placée à droite et à gauche de la marque. Impression au milieu de la feuille.

PAPIERS	PARCHEMINS
Six = deniers	*Cinq = Sols*
Hvit = deniers	*Six = sols*
Hvict = deniers	*dix sols.*
Hvit = den
Hvict = deniers
Hvit = deniers
Vn = sol
Vn sol — la Feull
Vn sol la = Feull
Vn sol la = Feuille
un sol la = Feuille.
Vn sol la = Feuille (Avec les lettres *PP* de chaque côté de la marque.)

PAPIERS

dix Hviet ⚊ deniers la Feu.
Dix Hviet ⚊ deniers
d, ⚊ sols
deux ⚊ sols — la ⚊ feu
deux ⚊ sols,
deux ⚊ sols — la ⚊ feu
deux ⚊ sols — la Feuil.

POVR SERVIR ⚊ AV TERRIER — DV ROY A ⚊ CLERMONT

Petit papier sans indication de valeur.

Les mêmes contremarqués avec la marque du timbre suivant. Des feuilles de petit papier à un sol, de la généralité de Moulins, furent aussi contremarquées du timbre de même valeur.

Dans un cercle, les armes d'Auvergne, au gonfanon de gueules, frangé de sinople, surmontées de la couronne royale; autour: GÉNÉRA-LITÉ D'AUVERGNE. *Le format et la valeur en italique placés en deux lignes de chaque côté.*

<table>
<tr><td>

PAPIERS

Quart de ⚊ papier ⚊ a Six deniers
Petit ⚊ papier — huit d. ⚊ le feuillet
Pet't ⚊ papier — Vn sol ⚊ la feuill
Petit ⚊ Papier — Vn sol ⚊ la feuille
Moyen ⚊ Papier — dix huit d. ⚊ la feuille
Grand ⚊ Papier — deux sols ⚊ la feuille
Papier ⚊ extraord^e

</td><td>

PARCHEMINS

Six ⚊ Sols — pour ⚊ quart
Dix ⚊ Sols — les deux ⚊ roolles

</td></tr>
</table>

La marque fut aussi employée seule sur les papiers, et avec inscription manuscrite sur les parchemins.
Pour ⚊ quitt^e — Cinq Sols, Six Sols, Dix sols.

Les mêmes contremarqués du timbre suivant.

PAPIERS

SIX DEN.
HVIT DEN

*Le même avec le mot controllé de
chaque côté.*

VN SOL
DIX HVIT DEN
DEVX SOLS
EXTRAORDIN.

PARCHEMINS

CINQ SOLS
SIX SOLS
DIX SOLS
EXTRAORDIN

Les papiers à SIX DEN, HVIT DEN *et* UN SOL, *portent dans l'ornement placé à droite, après l'indication de la valeur, un numéro qui doit être un contrôle.*

1690

1er juin

Les mêmes avec augmentation.

PAPIERS			PARCHEMINS		
SIX DEN	Avaᵒⁿ	2 D.	CINQ SOLS	Avaᵒⁿ	20 D.
HVIT DEN	»	2 D.	HVIT SOLS	»	2 S.
VN SOL	»	4 D.	DIX SOLS	»	3 S. 4 D.
DIX HVIT DEN	»	6 D.			
DEVX SOLS	»	8 D.			

Les mêmes contremarqués du timbre suivant.

1692

1er janvier

PAPIERS

8. DEN. LE QVART. D. FEVILLE
DIX. DENIER LA DEMY FEVILLE
VN SOL. 4 DEN. LA FEVILLE
DEVX SOL. LA FEUILLE
2 SOL 8. DEN LA FEUILLE

PARCHEMINS

. . . .
PLACART HVIT SOLS
13. SOL. 4 DEN. LA FEUILLE
. . . .

Les parchemins portent à droite le mot : conᵗˡˡᵉ. *(controllé).*

1698

1er janvier

Les mêmes contremarqués du timbre suivant, ainsi que des feuilles de juin 1690 contremarquées en 1692.

PAPIERS	PARCHEMINS
HVIT DEN.	. . . .
DIX DEN.	HVIT SOLS
VN S. 4 D.	13 S. 4 D.
DEVX SOLS	EXTRAO.
2 S. 8 D.	
EXTRAO	

Les mêmes contremarqués du timbre suivant.

Des papiers et parchemins de 1692, contremarqués de 1698, sont encore marqués de ce timbre.

PAPIERS	PARCHEMINS
HVIT DENIERS	. . . .
DIX DENIERS	HVIT. SOLS
VN SOL 4 D	13 SOLS 4 D.
DEVX. SOLS	EXTRAORDINA
2 SOLS. 8. D.	
EXTRAORDINA	

Les mêmes contremarqués du timbre suivant.

Des feuilles de 1698, contremarquées en 1700, sont frappées du nouveau timbre.

PAPIERS	PARCHEMINS
HVIT DENIERS	. . . .
DIX DENIERS	HVIT SOLS
VN. SOL 4. DEN	13. SOLS 4 DEN.
DEVX SOLS	EXTRAORDIN
DEVX S. 8 D.	
EXTRAORDIN	

Les mêmes contremarqués du timbre suivant.

Les impressions de 1703 et les registres de 1700, contremarqués en 1703, sont frappés d'un timbre spécial :

POUR LES   IMP^{ons} ET REG^{tres} — A CONTRE   TIMBRER. — BAIL DE   1700.

1706

1er janvier

PAPIERS	PARCHEMINS
QVART. A 8. D	. . . .
DEMI.F A 10. D	QVART A 8 S
FEVIL. A. 16. D	F A. 13. S. 4 D
FEVIL. A. 2. S	
F. A. 2 S. 8. D	

TIMBRE EXTRAORDINAIRE

Les mêmes contremarqués du timbre suivant.

Des papiers et parchemins de 1703, contretimbrés en 1706, sont contremarqués du nouveau timbre.

1709

1er janvier

PAPIERS	PARCHEMINS
HVIT DENIE	. . . .
DIX DENIE	HVIT SOLS
VN. S. 4 DEN.	13. S. 4 DEN.
DEVX SOLS	. . . .
DEVX S. 8 DE	
. . . .	

Les mêmes contremarqués du timbre suivant.

PAPIERS	PARCHEMINS
HVIT DENI.	
DIX DENI	. . . .
VN S. 4 DE.	HVIT SOLS
DEVX SOLS	13 S. 4 DE
DEVX S. 8 D.	. . . .
. . . .	

Les mêmes contremarqués du timbre de 1717.

PAPIERS	PARCHEMINS
HVIT DEN.	
DIX DEN.	. . . .
VN S. 4 DE	HUIT SOLS
DEUX SOLS	13 SOLS 4 DE
DEUX S. 8 D.	. . . .
. . . .	

Les mêmes contremarqués du timbre suivant (1717).

PAPIERS	PARCHEMINS
HVIT DEN	
DIX DEN	. . . .
1. SOL. IV. D.	VIII SOLS
II SOLS	XIII. S. IV D.
. . . .	EXTRAO
EXTRAO	

Les mêmes contremarqués du timbre suivant.

Des parchemins de 1712, contremarqués de 1717, et des papiers de 1716, contremarqués 1717, sont frappés du nouveau timbre.

1719
1" avril

PAPIERS	PARCHEMINS
HUIT DENIE	. . . .
DIX DENIE	HUIT SOLS
SEIZE DENIF	13 S. 4 DENIR
DEUX SOLS	. . . .
DEUX S. 8 DE	
. . . .	

Les mêmes contremarqués du timbre suivant.

1723
1" juillet

PAPIERS	PARCHEMINS
HUIT DEN. P. QUART	. . . .
DIX DENIERS LE FEUILLET	HUIT SOLS
UN S. 4 DEN LA FEUILLE	13 SOLS 4 DEN. LA F.
DEUX SOLS LA FEUILLE	EXTRAORDINAIRE.
DEUX SOLS HUIT D. LA F.	
EXTRAORDINAIRE.	

Les mêmes contremarqués du timbre suivant.
Les registres de 1719, contremarqués en 1723, furent frappés du nouveau timbre.

1727
1" janvier

PAPIERS	PARCHEMINS
HUIT DENIE	. . . .
DIX DENIE	HUIT SOLS
SEIZE DENIE	13 SOL. 4 DEN.
DEUX SOLS	EXTRAORDIN
2 SOLS 8. DEN	
EXTRAORDIN	

Les mêmes contremarqués du timbre suivant.

PAPIERS	PARCHEMINS
HUIT DEN.	. . . .
DIX DEN.	HUIT SOLS
UN SOL 4 DEN	13 SOL. 4 DEN
DEUX SOLS	EXTRAORDIN
2 SOL. 8 DEN.	
EXTRAORDIN.	

Quelques parchemins ont un paraphe frappé à droite du timbre.

Les mêmes contremarqués du timbre suivant.

PAPIERS	PARCHEMINS
HUIT DEN.	. . . .
DIX DEN.	HUIT SOLS
UN S. 4 D.	13 S. 4. D.
DEUX SOLS	EXTRAORDIN
2 SOL. 8 DEN	
EXTRAORDIN	

Les parchemins sont frappés, à droite, d'un paraphe entouré de la légende : BAIL DE PIERRE LEBLANC.

Les registres pour l'enregistrement des édits et ordonnances étaient de moyen papier, frappé du timbre extraordinaire accompagné du timbre ci-dessus.

Les mêmes contremarqués du timbre suivant.

1745
1" janvier

PAPIERS   PARCHEMINS

HUIT DEN.   . . . .
DIX DEN   HUIT SOLS
1. SOL 4 DEN.   13. S. 4 DEN
DEUX SOLS   EXTRAORDIN
2 SOLS 8 DEN.
EXTRAORDIN

Les timbres des parchemins accompagnés à gauche d'un paraphe avec légende FORMULE DAUVERGNE.

Les mêmes contremarqués du timbre suivant.

1751
1" janvier

PAPIERS   PARCHEMINS

UN SOL   . . . .
1 SOL 3 DEN   DOUZE S.
DEUX S.   VINGT S.
TROIS S.   EXTRAORDI
QUATRE S.
EXTRAORDI

Les quittances des tailles imprimées sur demi-feuilles de petit papier à l'extraordinaire portaient, frappé à côté du timbre de la ferme, un autre petit timbre spécial : QUITTANCE DES TAILLES.

Les mêmes contremarqués du timbre suivant.

1757
1" janvier

PAPIERS	PARCHEMINS

PAPIERS

UN SOL.
1. SOL 3. DEN
DEUX SOLS
TROIS SOLS
QUATRE SOLS
ENTRORDI

PARCHEMINS

. . . .
DOUZE SOLS
VINGT SOLS
EXTRAORDI

REGIST. DES FERM DU ROY.
EXPED DES FERM DU ROY.
Q. DES TAILL. UN SOL.

35 SOLS

*Papiers et parchemins de 1757
contremarqués du timbre suivant.*

PAPIERS

Q. D. F. 1 SOL 2 D.
D. F 1 SOL 5 D. ½
P. P. 2 SOLS 4 D.
M. P 3 SOLS 6 D.
G. P. 4 SOLS 8 D.
EXTRAORDI.
Q. D. TAI. 1 SOL 2 D.

PARCHEMINS

Q 11 SOLS 8 D
ROLLES 14 SOLS
F. D. P. 23 SOLS 4 D
35 SOLS
EXTRAORDI

*Des feuilles de papier de la généralité de Moulins, du
bail de 1781, quart, demi-feuille et feuille de petit papier,
furent frappées du timbre d'Auvergne du même bail et y
furent utilisées.*

EXPEDI DES FERM DU ROY. T. D. D.
REGIST. DES FERM DU ROY T. D. D.

RÉGIE GÉNÉRALE

EXPÉDITIONS   **OCTROIS TARIFS & TIMB. EXTRAORD.**

GÉNÉRALITÉ DE LIMOGES

Cette généralité comprenait le Limousin, la partie orientale de l'An-goumois, ainsi qu'une partie du Poitou et la Basse Marche.

De même que pour la généralité de Riom, il ne semble pas que les timbres du quartier de Juillet 1673 y aient eu cours.

La première marque frappée à l'angle gauche de la feuille est composée du chiffre BL enlacé, avec une fleur de lis au centre et surmonté d'une couronne royale; la généralité de Limoges dépendant du gouverne-ment de la Guyenne (parlement de Bordeaux), portait le même chiffre que la généralité de Bordeaux; la formule en romain avec le mot Pour *en gothique plus forte est placée au dessus de la marque, la valeur et le format en italique au-dessous; au milieu de la feuille:* Generalité de Limoges *en gothique.*

Generalité de Limoges

1673-1674

PAPIERS

Les demi-feuilles de petit papier à huit deniers le feuillet ont la valeur indiquée dans des cartouches ornés.

Pour — Actes & — Contracts de — notaires :: Huit — Den.
Pour — Feuillet de — Registre ::   »
Pour — Expéditions — des greffiers :: douze deniers — pour feuille.

Generalité de Limoges.

1674

Même type. Dans la légende Generalite de Limoges, placée au milieu de la feuille, le mot Limoges *en caractère romain.*

PAPIERS

Pour — Exploit :: six deniers — pour quart de feuille.
Pour — Exploit :: huit — deniers — pour demy — feuille.
Pour — Actes & — Contrats de Notaires :: douze deniers — par feuille.
Pour — Expeditions — des greffiers ::   »   »
Pour — Procédures des — Procureurs ::   »   »

Les mêmes contremarqués du timbre suivant.

Marque au milieu de la feuille. Fleur de lis entourée de deux L ornés et enlacés. Au-dessus et au dessous, dans un ruban, la légende en lettres blanches sur fond noir : GÉNÉRALITÉ DE LIMOGES, *avec la valeur et le format de chaque côté en capitale penchée.*

PAPIERS	**PARCHEMINS**
SIX DENIERS = POUR QUART DE FEUILLE	. . . .
HUIT DENIERS = POUR DEMY FEUILLE	*SIX SOLS*
HUIT DENIERS = POUR DEMI FEUILLE	*DIX = SOLS*
VN SOL = POUR FEUILLE	
NEUF DENIERS = POUR DEMY FEUILLE	
NEUF DENIERS = POUR DEMI FEUILLE	

Fleur de lis posée sur deux L enlacés avec légende circulaire : GENERALITE DE LIMOGE *placée au milieu de la feuille ; valeur et format en capitale penchée placés de chaque côté.*

PAPIERS

SIX DENIERS POUR = QUART DE FEUILLE
NEUF DENIERS = POUR DEMI FEUILLE.

Même type. La valeur indiquée en gothique.

PAPIERS	**PARCHEMINS**
Six = **Deniers**	**cin** = **Sols**
huit = **Deniers**	**six** = **Sols**
un = **sol**	**dix** = **Sols**
un = **Sol**	**Dix** = **Sols**
Un = **Sol**	
Neuf = **Deniers**	
Dix huit = **Deniers**	
. . . .	

Les mêmes avec la marque du timbre suivant.

1677

Janvier

Deux L enlacés, accompagnés de trois fleurs de lis surmontées de la couronne royale ; au-dessous, dans un ruban : GENERALITE DE LIMOGES de chaque côté en deux lignes ; le format en anglaise ornée et la valeur en italique.

Pour les parchemins, la valeur seule en italique placée au-dessous de la marque.

PAPIERS			PARCHEMINS
Petit ... Papier Six den	...	Le quart	Cinq Sols
»	Huit den ...	La demye feuille	Six Sols
»	Un Sol	La feuille	Dix Sols
. . . .			
. . . .			

Le timbre de 1676 et les suivants offrant une grande similitude dans leur composition avec ceux de la généralité de Riom, peuvent être attribués à une même sous-forme.

Des papiers de 1677 sont contremarqués du timbre suivant.

1680

1" octobre

Dans un cercle, les armes du Limousin : d'hermines, à la bordure de gueules, surmontées de la couronne royale ; autour : GENERALITE DE LIMOGES ; le format et la valeur en italique placés en deux lignes de chaque côté.

PAPIERS	PARCHEMINS
Quart de ... papier — « Six ... deniers	. . . .
Petit ... papier — huit d' ... le feuillet.	Six ... Sols — pour ... quart
Petit ... Papier — Un sol ... la feuille	Dix ... Sols — les deux ... roolles
Moyen ... Papier — dix huit d' ... la feuille	
Grand ... Papier — deux sols ... la feuille	
Papier ... extraord^{re}	

Les mêmes contremarqués du timbre suivant.

1688

Janvier

PAPIERS	PARCHEMINS
SIX DEN	CINQ SOLS
HVIT DEN	SIX SOLS
VN SOL	DIX SOLS
DIX HVIT DEN	EXTRAORDINA
DEVX SOLS	
EXTRAORDINA.	

Les papiers à six deniers, huit deniers et un sol portent un chiffre au milieu de la banderole où se trouve indiquée la valeur.

Les mêmes avec augmentation.

PAPIERS		PARCHEMINS	
SIX DEN	Arᵍᵗ 2 D.	CINQ SOLS	Arᵍᵗ 20 D
HVIT DEN	» 2 D	SIX SOLS	» 2 S.
VN SOL	» 4 D	DIX SOLS	» 3 S. 4 D.
DIX HVIT DEN	» 6 D		
DEVX SOLS	» 8 D		

Les mêmes contremarqués du timbre suivant.

PAPIERS	PARCHEMINS
8 DEN. LE QUART DE FEUILLE	8. SOLS LE PLACART
DIX DEN LA DEMIE FEUILLE	13 SOL. 4 DEN. LA FEUILLE
VN SOLS 4 DEN. LA FEUILLE	. . . .
2 SOLS LA FEVILLE	
2 SOLS 8 DEN. LA FEUILLE	
. . . .	

Les parchemins portent à droite le mot: con^{llé}, (controllé).

Les mêmes contremarqués du timbre suivant.

PAPIERS	PARCHEMINS
HVIT DEN	. . . .
DIX DEN	HVIT SOLS
VN S. 4 D.	13 S. 4 D
DEVX SOLS	EXTRAO
2 S. 8 D.	
EXTRAO.	

Les mêmes contremarqués du timbre suivant.
Des papiers de 1692 en furent aussi contremarqués.

1700

1ᵉʳ janvier

PAPIERS	PARCHEMINS
HVIT DENIERS	. . . .
DIX DENIERS	HVIT SOLS
VN S. 4 DEN	13. S. 4. D.
DEVX. SOLS	. . . .
2 SOLS. 8. D.	
. . . .	

Les mêmes contremarqués du timbre suivant.

1703

1ᵉʳ janvier

PAPIERS	PARCHEMINS
HVIT DEN	. . . .
DIX DEN	HVIT SOLS
VN S 4. DEN	13 SOLS 4 DEN.
DEUX SOLS	EXTRAORDIN
DEUX S. 8 D.	
EXTRAORDIN	

Les mêmes contremarqués du timbre suivant.

1706

1ᵉʳ janvier

PAPIERS	PARCHEMINS
QVART. A. 8. D.	. . . .
DEMI. F A 10. D	QUART A 8 S
FEVIL. A. 16. D	F. A. 13. S. 4. D
FEVIL A. 2. S.	
FEVIL A. 2. S. 8 D.	

Les mêmes contremarqués du timbre suivant.

PAPIERS	**PARCHEMINS**
HVIT DENI	. . . .
DIX DENI	HVIT SOLS
VN. S. 4. DE	13. S. 4 DE
DEVX SOLS	. . . .
2. S. 8. DE	
. . . .	

Bail de la sous-ferme Dhollier

PAPIERS	**PARCHEMINS**
HVIT DENIERS	. . . .
DIX DENIERS	HVIT SOLS
UN SOL 4 DEN	13 SOL. 4 DEN
DEUX SOLS	EXTRAORDINAIRE
2 SOLS 8 DEN	
EXTRAORDINAIRE	

Les mêmes contremarqués du timbre de 1717.

PAPIERS	**PARCHEMINS**
HVIT DENI	HVIT SOLS
DIX DENI	13 SOL. 4. DE
VN S 4 DE	. . . .
DEUX SOLS	
DEVX S. 8. D.	
. . . .	

Les mêmes contremarqués du timbre de 1719.

PAPIERS	**PARCHEMINS**
HVIT DEN	. . . .
DIX DEN	VIII. SOLS
I. SOL. IV. D.	XIII. S. IV. D.
II. SOL.	EXTRAO
. . . .	
EXTRAO	

1719

1ᵉʳ avril

PAPIERS	**PARCHEMINS**
HVIT DENI	. . . .
DIX DENIE	HVIT SOLS
SEIZE DENIE	13. S. 4 DENIE
DEVX SOLS	EXTRAORDIN
DEVX S 8 DEN	
EXTRAORDIN	

1723

1ᵉʳ juillet

PAPIERS	**PARCHEMINS**
HUIT DEN P. QUART	. . . .
DIX DENIERS LE FEUILL	HUIT SOLS
UN S. 4 D. LA FEUILLE	13 SOLS 4 DEN. LA F
DEUX SOLS LA FEUILLE	EXTRAORDINAIRE.
DEUX SOLS HUIT D. LA F.	
EXTRAORDINAIRE	

Les mêmes contremarqués du timbre suivant.

1727

1ᵉʳ janvier

PAPIERS	**PARCHEMINS**
HUIT DENIE	. . . .
DIX DENIE	HUIT SOLS
SEIZE DENIE	13 SOL. 4 DEN
DEUX SOLS.	EXTRAORDIN
2 SOLS 8 DEN	
EXTRAORDIN	

Les mêmes contremarqués du timbre suivant.

<table>
<tr><td>PAPIERS</td><td>PARCHEMINS</td></tr>
<tr><td>HUIT DEN.</td><td>. . . . .</td></tr>
<tr><td>DIX DENI</td><td>HUIT SOLS</td></tr>
<tr><td>SEIZE DEN</td><td>13 SOL 4 DEN</td></tr>
<tr><td>DEUX SOLS</td><td>EXTRAORDIN</td></tr>
<tr><td>2 SOLS 8 DEN.</td><td></td></tr>
<tr><td>EXTRAORDIN</td><td></td></tr>
</table>

Les mêmes contremarqués du timbre suivant.

Ce timbre porte les armes de La Marche: de France à la cotice de gueules chargée de trois lionceaux d'argent.

<table>
<tr><td>PAPIERS</td><td>PARCHEMINS</td></tr>
<tr><td>HUIT DEN</td><td>. . . . .</td></tr>
<tr><td>DIX DEN</td><td>HUIT SOLS</td></tr>
<tr><td>UN SOL 4 DEN</td><td>13 SOL 4 DEN</td></tr>
<tr><td>DEUX SOLS</td><td>EXTRAORDIN</td></tr>
<tr><td>2 SOL 8 DEN.</td><td></td></tr>
<tr><td>EXTRAORDIN</td><td></td></tr>
</table>

De même que pour la généralité de Moulins, il fut créé un petit timbre spécial pour les quittances des tailles, frappé au-dessous du timbre à dix deniers.

Les rôles des tailles étaient marqués dans le haut de la feuille d'une vignette : PAPIER DE ROLLE.

Les mêmes contremarqués du timbre suivant.

1745
1ᵉʳ janvier

Mêmes armoiries que le précédent.

PAPIERS	PARCHEMINS
HUIT DEN	. . . .
DIX DEN	HUIT SOLS
UN SOL 4. DEN	13 SOLS 4. DEN.
DEUX SOLS	EXTRAORDIN
2 SOLS 8 DEN	
EXTRAORDIN	

Les mêmes contremarqués du timbre suivant.

1751
1ᵉʳ janvier

PAPIERS	PARCHEMINS
UN SOL	. . . .
1 SOL 3 DEN	DOUZE. S.
DEUX S.	VINGT S.
TROIS S.	EXTRAORDI
QUATRE S.	
EXTRAORDI	

Les mêmes contremarqués du timbre suivant.

1757
1ᵉʳ janvier

PAPIERS	PARCHEMINS
UN SOL	DOUZE SOLS
1 SOL 3. DEN	VINGT SOLS
DEUX SOLS	EXTRAORDINAIRE
TROIS SOLS	
QUATRE SOLS	
EXTRAORDINAIRE	

EXPED. DES FERMES DU ROY.
REGIST DES FERMES DU ROY.
Q. DES TAILLES UN SOL.

35 SOLS

Papiers et parchemins de 1757 contremarqués du timbre suivant.

PAPIERS	PARCHEMINS
Q. D. F. 1 SOL 2 D.	Q II SOLS 8 D.
D. F. 1. 5 D. $\frac{1}{4}$	ROLLES 14 SOLS
P. P. 2 SOLS 4 D	F. D. P. 23 SOLS 4 D
M. P. 3 SOLS 6 D.	35 SOLS
G. P. 4 SOLS 8 D.	EXTRAORDI
EXTRAORDI.	
Q. D. TAIL 1 SOL 2 D.	

EXP DES FERM. DU ROY T. D. D.
REGIST DES FERM DU ROY T. D. D.

RÉGIE GÉNÉRALE

EXPEDITIONS   TIMB. EXTRAORD.

VICOMTÉ DE TURENNE

Lors de l'établissement de la formule dans les généralités du royaume, le vicomte de Turenne, qui jouissait des droits régaliens et prérogatives souveraines, mit en vigueur l'impôt du timbre dans la vicomté, au profit de la caisse vicomtale. Au mois de septembre 1673, des papiers timbrés furent distribués et employés aux environs de Turenne. L'usage ne dut pas en être prescrit avec grande rigueur. Sur toute l'étendue du territoire, enclavée dans les provinces d'Auvergne, Quercy, Périgord et Limousin, les papiers et parchemins timbrés des généralités de Riom, Bordeaux, Montauban et Limoges furent employés concurremment à ceux de la vicomté jusqu'à l'époque de sa cession à Louis XV, le 8 mai 1738, et à compter du 1er janvier 1739, les droits furent perçus pour le compte du Roi.

L'absence de documents sur la régie des fermes des papiers de la vicomté, jointe à la rareté des pièces, ne me permettent de donner qu'une nomenclature restreinte d'après les pièces que je possède et les travaux publiés [1].

1673

PAPIER POUR LE VISCONTE' DE TVRENNE.

Sex Deniers por Feuille.

En haut de la feuille, en lettres capitales: PAPIER POUR LE VICOMTE DE TURENNE. *A l'angle gauche, un écusson écartelé: aux 1 et 4, de La Tour d'Auvergne; au 2, de Boulogne; au 3, de Turenne; sur le tout, parti d'Auvergne et de Bouillon. L'écusson timbré d'une couronne ducale surmontée d'une fleur de lis et accosté de deux palmettes. Valeur en italique au-dessous.*

PAPIER

Six Deniers par — Feuille. Format 18 1/2 × 28.

---

1. *Sigillographie du Bas-Limousin*, par Philippe de Bosredon et Ernest Rupin. Un vol. in-4. Brive, 1886.

Les papiers et parchemins timbrés de la vicomte de Turenne, par A. Delpy (*Bulletin de la Société archéologique, historique et artistique « Le Vieux-Papier »*. Janvier-mars 1902).

Quatre Deniers pour feuillet

POUR LE VISCOMTE DE TURENNE.

Même type : les mêmes armoiries à l'angle gauche, surmontées d'une fleur de lis ; au milieu de la feuille, à droite des armoiries, en lettres capitales : POUR LE VISCOMTÉ DE TURENNE.

PAPIERS

(Sans indication de valeur.)
Quatre Deniers — pour feuillet.
Six Deniers — par feuille

Il existe une variété de cette marque où les armoiries de la vicomté furent biffées par des traits de plume, laissant seulement subsister la fleur de lis placée au-dessus.

T U Viconté de TUrenne

pour actes

douze deniers pour feuille

1er type. — *Au haut de la feuille :* T U *majuscules gothiques,* Viconté de TUrenne. *Les lettres* V, T U *en capitale, le reste de la légende en gothique. A l'angle gauche, une fleur de lis avec trois fleurons au-dessous, accostée, à droite, de la formule ; sous les fleurons, la valeur. Ainsi qu'il a déjà été indiqué, cette variation de caractères ne doit être que le fait d'un contrôle, comme l'on peut encore le remarquer dans les types suivants.*

PAPIERS

pour actes — douze deniers pour — feuille.
pour ex — peditions — des greffi — ers — douze deniers pour — feuille.
pour con — trats ac — tes des no — taires —   »   —   »

pour acte

huict deniers pour demy feuille.

T U Uicomté de Turenne

2me type. — T U Uicomté de Turenne. *Les lettres majuscules* U T *en capitale ; le complément de la légende en gothique ; la lettre* m *de Vicomté plus petit ; à l'angle gauche, une fleur de lis avec trois fleurons au-dessous ; la formule au-dessus de la fleur de lis en gothique, et la valeur sous les fleurons en italique.*

PAPIERS

pour acte. = huict deniers — pour demy — feuille.
pour actes =   »   »   »
pour greffiers =   douze deniers — pour feuille.
pour con — tras et ac — tes =   »   »

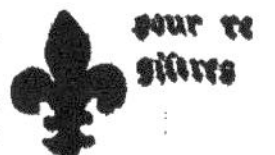

T U Vicomté de Turenne

3me *type*. — T U Vicomté de Turenne. *Les lettres majuscules V T en capitale, la légende en gothique, comme dans le type précédent; l'm de Vicomté plus petit. La fleur de lis placée à l'angle gauche sans les fleurons; la formule à la droite, la valeur au-dessous de la fleur de lis; le tout en gothique.*

PAPIER

pour re — gistres — huit deniers pour — feuillet.

4me *type*. — *De même disposition que le premier, mais avec la suppression des trois fleurons placés sous la fleur de lis; la légende composée d'un mélange de caractères gothiques et italiques.*

PAPIER

pour les — procedu — res des — procureurs — huit deniers — pour feuillet.

Le Vicomté de Turenne

5me *type*. — Le Vicomté de Turenne *en lettres gothiques majuscules et minuscules; à l'angle gauche, une fleur de lis surmontée de la formule et, au-dessous, la valeur; le tout en gothique.*

PAPIERS

Pour Quit — tance. — Six deniers — pour quart — de feuille.
Pour Pro — cureurs. — » »
Pour Con — tract et Acte. — Huit den — pour demy — fueille.
Pour Acte. — Huit deniers — pour demy — feuille.
Pour Acte. — Huit den. — pour demy — feuille.
Pour Acte. — Huit den. — pour demy — Feuille.
Pour Gref — fier — Huit deniers — pour demy — feuille
Pour Pro — cureurs — Huit den°. — pour demy — feuille.
Pour Acte — Douze den. — pour feuille.
Pour Con — trat. — » »
Pour Con — trat et Ac — te — » »
Pour Com — ptes — » »
Pour Ex — ploit — » »
Pour Gref — fier — » »
POUR — Contrat. — Douze den. — pour Feuil. — le. (POUR en majuscules gothiques).

Vicomté de  **Turenne**

huit deniers   pour demi feuil.

6me type. — *Fleur de lis, légende et valeur placées dans le haut de la feuille, au milieu; la valeur indiquée en caractères italiques.*

PAPIERS

huict deniers = *pour demi fenil.*
huit deniers =   »
douze deniers = *pour feuille.*

Vicomté de **Turenne**

Six deniers   pour quart de feuille

7me type. — *Même genre, la valeur indiquée en caractères gothiques.*

PAPIER

Six deniers = *pour quart de — feuille.*

PETIT PAPIER
Huit Den **Le feuillet**

Fleur de lis ornée, avec légende circulaire: VICOMTE · DE · TVRENNE, *frappée au milieu de la feuille; le format en anglaise ornée et la valeur en italique placés à droite et à gauche.*

PAPIERS

PETIT = PAPIER — *Six den^s* = *Le quart.*
     »   — *Huit deniers* = *Le feuillet*
     »   — *Vn Sol* = *La feüille*
MOYEN = PAPIER — *Dix huit den* = *La feüille*

Fleur de lis ornée, placée dans un cercle à double trait renfermant la légende: VICOMTE DE TVRENNE. *Valeur en gothique de chaque côté.*

PAPIERS

six = deniers
neuf = deniers

Le papier frappé de cette marque se trouve contremarqué, au verso, du timbre de la généralité de Limoges du 1er janvier 1677.

1679

Au milieu de la feuille, écusson aux armes de Turenne, timbré d'une couronne ducale et accompagné de deux fleurs de lis, à dextre et à senestre de l'écusson. *Légende circulaire :* VICOMTÉ DE TVRENNE. *A droite et à gauche, indication du papier en anglaise capitale, et de la valeur en italique.*

PAPIERS

PETIT = PAPIER — *Six dens* = *Le quart*
    »   — *Huit dens* = *Le feuillet*
    »   — *Vn Sol* = *La feuille*
MOYEN = PAPIER — *Dix huit den* = *La feuille*

1681

Marque dans le même genre ; *légende circulaire :* VICONTE DE TVRENNE. *L'indication du papier et de la valeur en caractères un peu plus forts.*

PAPIER

PETIT = PAPIER — *Huict den* = *Le feuillet.*

1684

Déesse assise, coiffée d'une couronne murale, tenant deux cartouches : celui de dextre aux armes de La Tour d'Auvergne, celui de senestre au lion ; dans le haut, deux bannières portant une fleur de lis. Au-dessous, une banderole avec l'inscription : VICONTE DE TVRENNE. *L'indication de la valeur manuscrite.*

En 1690, les papiers timbrés de Turenne subirent aussi l'augmentation. Sur le timbre suivant, la valeur est cotée selon le nouveau tarif.

1692

Écusson ovale aux armes de La Tour d'Auvergne, entouré de la légende : VICOMTE DE TVRENNE, et accompagné de rinceaux ; au-dessous, un cartouche portant l'indication de la valeur.

PAPIERS

HVIT DEN
DIX DEN
VN SOL. 4 D.
DEUX SOLS.

Écusson ovale aux armes de La Tour d'Auvergne, timbré de la couronne ducale et entouré d'une bordure circulaire contenant la légende : VICOMTE DE TVRENNE. Ce timbre et les suivants, sans indication de la valeur, sont frappés en tête des feuilles, sur tous les formats de papier.

Les mêmes contremarqués du timbre suivant.

Écusson rond, parti de La Tour d'Auvergne et de Turenne, timbré de la couronne ducale et entouré de la légende : VICOMTE DE TVRENE. Sans indication de valeur.

Écusson rond ; écartelé : aux 1 et 4, de La Tour d'Auvergne ; au 2, de Boulogne ; au 3, de Turenne ; sur le tout, parti d'Auvergne et de Bouillon, timbré d'une couronne ducale et entouré de la légende : VICONTE DE TVRENNE, avec deux branches de lauriers, sans indication de valeur.

Ce timbre, gravé en creux, n'a donné que des épreuves défectueuses, formant une tache noire sans aucun détail.

Il existe des papiers marqués de ce timbre, contremarqués du timbre suivant.

1731

Écusson ovale ; écartelé aux armes décrites pour le timbre précédent ; timbré d'une couronne ducale et accosté de rinceaux. A droite et à gauche, dans une banderole : VICOMTE DE TURENNE. Au-dessous : BAIL DE FAGET. *Sans indication de valeur.*

1735-1738

Mêmes armoiries que pour les deux types précédents ; légende : VICOMTE DE TURENNE BAIL DE 1735. *Sans indication de valeur.*

Les papiers et parchemins timbrés, compris dans le bail des fermes fait à Jacques Forceville ; les droits en furent perçus au profit du roi à compter du 1er janvier 1739.

COMTÉ DE MONTFORT [1]

La châtellenie de Montfort, située dans la paroisse de Vitrac, dépendait de la vicomté de Turenne; elle en fut démembrée par la vente qu'en fit M. de La Tour d'Auvergne, duc de Bouillon et vicomte de Turenne, à M. le duc de Roquelaure en 1667; elle fut érigée en comté entre 1675 et 1683.

Le comté de Montfort fut vendu au Domaine royal par les princesses de Pons et de Léon, filles du dernier duc de Roquelaure, en 1741. Quelques années plus tard, le Domaine le revendit au duc de Noailles; mais il n'est pas vraisemblable que le privilège dont jouissaient les anciens acquéreurs ait été rétabli au profit du nouveau; à partir de 1741, le papier timbré de la généralité de Bordeaux fut seul en cours dans le comté.

PAPIER POUR LA COMTE' DE MONTFORT.

Fleur de lis dans un ovale formé d'un double trait. Au-dessus, en capitale: PAPIER POUR LA COMTE' DE MONTFORT. *La valeur de chaque côté de la marque sur une seule ligne.*

PAPIERS

Douze deniers ⸺ la feuille
18 den ⸺ la feuille.

Même type. POUR LE COMTE DE MONTFORT. *L'inscription indiquant le prix sur deux lignes.*

PAPIERS

Papier ⸺ six deniers — pour quart ⸺ de feuille
» ⸺ huit deniers — pour la ⸺ demie — feuille

---

1. Voir *Bulletin de la Société historique et archéologique du Périgord*, t. xi, cinquième livraison. Septembre-octobre 1884.

Petit Papier = huit deniers — pour la = demie feuille.
»   = douze deniers — pour la = feuille
Papier = moyen — dix huit deniers = pour feuille
Grand papier = douze deniers — pour la = demie feuille.

Même type, POUR LA COMTE DE MONTFORT. *Inscription de la valeur sur une seule ligne.*

PAPIERS

Six deniers = pour quart
Un sol = la feuille

POUR LA COMTE DE MONFORT

Même type. POUR LA COMTE DE MONTFORT. *Inscription de la valeur sur une seule ligne.*

PAPIERS

six deniers = pour quart
huit deniers = la feuille
un sol = la feuille.

Écusson à trois rocs d'échiquier, couronne ducale surmontée d'une fleur de lis; manteau de pair. Les armoiries sont entourées de deux banderoles: la banderole intérieure porte comme légende: MONFORT · VICOMTE · DE · TVRENNE; celle extérieure: PARCHEMIN X SOLS · LA · FEVILLE. Cette marque est antérieure à 1690, où la feuille de parchemin fut cotée 13 sols 4 deniers.

1706

MONFORT VICOMTE DE TURENNE

un fol   la feüille

Écusson à trois rocs d'échiquier, timbré d'une couronne ducale sommée d'une petite fleur de lis inscrite dans un ovale formé d'un double trait. A droite et à gauche de la fleur de lis, la légende: MONFORT VICOMTE = DE TURENNE de chaque côté de l'écu; la valeur et le format en romain.

PAPIERS

Six deniers = pour quart
Huit deniers = le feuillet.
un Sol = la feuille.

Même genre, mais avec l'écu posé sur un manteau de pair.

PAPIERS

Six deniers pour quart
Huit deniers la feuille
Un sol la feuille
Dix huit deniers la feuille

Écusson ovale; écartelé: aux 1 et 4 à trois rocs d'échiquier, de Roquelaure; aux 2 et 3 à deux vaches passantes de gueules, accornées et clarinées d'azur, à un chef chargé de trois étoiles, qui est de Bezolles; sur le tout, d'azur au lion d'or, qui est de Bouzet. Couronne ducale. Dans une bordure contenant l'écusson, la légende: PAPIER DE MONTFORT. Sans indication de valeur.

Écusson: d'azur au lion d'or, qui est de Bouzet. Couronne ducale; manteau de pair. A droite et à gauche de l'écusson, la légende: PAPIER DE MONTFORT.

GÉNÉRALITÉ DE BORDEAUX

Cette généralité comprenait la partie occidentale de la Guyenne, c'est-à-dire le Bordelais, le Périgord, l'Agenois, le Condomois, le Bazadois, les Landes et le pays de Labour.

1673

Quartier
de juillet

Generalité de Bordeaux.

La première marque frappée à l'angle gauche de la feuille est composée d'une fleur de lis placée sur un sceptre et une main de justice posés en sautoir, liés par un ruban et surmontés de la couronne royale; au-dessous, le chiffre BL enlacé, avec l'indication de la valeur en italique et quartier de Juillet 1673 en romain; à droite de la marque, la formule également en romain.

Dans le haut de la feuille : Généralité de Bordeaux, en grosse italique.

PAPIERS

Pour — Exploit — *huit deniers pour* — *demie feuille*

1673-1674

Generalité de Bordeaux

Marque semblable à celle de la généralité de Limoges. Chiffre BL enlacé avec fleur de lis au centre, et surmonté d'une couronne royale. Placée à l'angle gauche de la feuille, elle est accostée, à sa droite, de la formule; le mot Pour *en caractère gothique avec le complément de la légende en romain. Au-dessous du chiffre, la valeur indiquée en italique; dans le haut de la feuille, au milieu :* Generalite de Bordeaux *en grosse gothique.*

PAPIERS

Pour — Billets, — Acquits, — Promesses, — & Actes, — privez. — *six deniers —
pour quart.*
Pour, — Billets, pro — messes, ac — quits & au — tres actes — privez *six deniers —
pour quart.*
Pour — Exploit — *Six deniers pour — quart de feuille.*

Pour — Actes & — Contrats — des Notaires — *huict deniers pour — demie feuille.*
Pour — Exploi. — » »
Pour — Exploit — *huit deniers pour — demy feuille.*
Pour — les Proced — ures des Procu — reurs » »
Pour — les Actes & — Contracts — des Notai — res. — *douze deniers — pour feuille.*
Pour — Minutes & — Expeditions — des Greffes. — » »
Pour — Procedures — des Procureurs. — » »
Pour — les Actes. — » »
Pour — feuille de Re — gistre. — »
Pour — coppie de pièces. — » »
Pour — servir aux — Ecritures — des Avocats. — » »
Pour — Exploit — » »
Pour — les Actes — & Contracts — des Notaires. — *Douze deniers — pour feuille.*
Pour — les Actes. — » »
Pour — Procedures — des Procureurs. — » »

PARCHEMINS

Pour — Quittance — *Cinq Sols*
Pour — Quittances — »

Pour les quittances, il existe des variétés où Généralité de Bordeaux est placé à l'angle gauche, au-dessus de la marque.
Pour — les Expedi — tions des — Greffiers — *six sols*
Pour — les Expedi — tions des — Greffiers. *dix sols pour — deux Rolles*

Même type, avec le P majuscule de Pour *en caractères de civilité.*

PAPIERS

Pour — les Actes — *huit deniers — pour demie — feuille.*
Pour — les Billets, — Promesses, — Acquits & — autres Actes — privez. *huit deniers — pour demie — feuille.*
Pour — servir aux — Ecritures — des Avocats — *douze deniers — pour feuille.*
Pour — les Procédures — des Procureurs — » »
Pour — les Fermes — & Droicts — du Roy. — *Douze deniers — pour feuille*

Sur quelques pièces de papiers et parchemins Bordeaus *est indiqué avec la lettre* s.

PAPIERS

Pour — Exploit — *douze deniers — pour feuille.*
Pour — Exploict » »
Pour — les Escritures — des Avocats — *Douze deniers — pour feuille.*

PARCHEMINS

Pour — Servir de — Quittance. *Six sols.*
Marquée six sols par erreur, la valeur est biffée d'un trait de plume avec inscription manuscrite au-dessous: Cinq sols. *Le mot* Bordeaus *avec un* s.

La marque se trouve employée seule, placée dans le haut de la feuille au milieu ; il est à supposer qu'elle servait ainsi comme timbre à l'extraordinaire.

Les mêmes papiers et parchemins contremarqués de la marque du timbre suivant.

1675

Placée au milieu de la feuille, cette marque est composée d'une fleur de lis au centre d'un ovale ; autour, la légende : GENERALITE DE BORDEAUX ; *à droite et à gauche, en deux lignes, l'indication du format et de la valeur en gothique et caractères de civilité mélangés.*

PAPIERS

Petit ⁓ Papier, — 6. d pour ⁓ quart.
  »   , — 8 d pour ⁓ demie feuille.
  »   , — 12 d pour ⁓ feuille
  »   — 12. d Pour ⁓ feuille
  »   — 12. d. ... pour feuille.
Petit ⁓ Papier — 12. d ⁓ pour feuille.
Pectit ⁓ Papier —   »
Moyen ⁓ Papier — 1 s. 6. d. ⁓ pour feuille
Moyen ⁓ Papier — 9. d. pour ⁓ demie feuille.
Grand ⁓ Papier — 2 s. pour ⁓ feuille.

PARCHEMINS

Pour ⁓ Quittances — 5 s. ⁓ —
Pour expeditions ⁓ des Greffier — 6 s. ⁓.
Pour servir aux Lettres ⁓ de Chancellerie — Presidialle ⁓ 6 s.

Les papiers et parchemins de cette marque ne sont pas contremarqués du timbre suivant, mais ceux de 1674 en furent contremarqués.

1676-1680

Marque au milieu de la feuille ; format et valeur en deux lignes placés à droite et à gauche comme dans le timbre précédent. Il fut employé une grande variété de caractères (gothique, capitale, ronde et civilité) dans les majuscules indiquant les formats.

PAPIERS

Petit ☰ Papier — 6 d ☰ quart.
    »   — 8 d ☰ feuillet
    »   — 12 d ☰ feuille (timbré à l'angle gauche de la feuille).
    »   — 12 d ☰ Feuille   »
Petit ☰ Papier — 12 d ☰ feuille
Petit ☰ Papier — 12 d ☰ feuille
Moyen ☰ Papier — 9 d ☰ feuillet.
    »   — 1 s 6 d ☰ feuille
Moyen   Papier — 1 s 6 d ☰ feuille
Grand ☰ Papier — 2 s ☰ feuille

PARCHEMINS

Pour ☰ Quitance — 5 s ☰
Expedition des ☰ Greffiers — 6 s ☰
Expeditions des ☰ Greffiers ☰ 10 s deux ☰ roolles.
Expeditions ☰ des Greffiers — 10 s pour ☰ deux Roolles
Contracts des ☰ Nottaires — 10 s deux ☰ rolles
Contrats ☰ actes des Nottaires — 10 s pour ☰ deux Rolles.
Lettres de ☰ Chancellerie. — 6 s ☰
Lettres de ☰ Chancellerie — près les ☰ cours 6 s.

Marque au milieu de la feuille, format et valeur en deux lignes de chaque côté, en caractère italique.

PAPIERS

Six ☰ Deniers
Petit ☰ Papier — six deniers ☰ quart
    »   *— huit deniers ☰ feuillet.*
    »   *— douze deniers ☰ feuille*
    »   *— douze deniers ☰ Feuille*
    »   *— Douze Deniers ☰ Feuille*
Moyen ☰ Papier — dix huit deniers ☰ feuille
Grand ☰ Papier ☰ deux sols ☰ feuille.

PARCHEMINS

Parchemin ☰ quart — six ☰ sols
Parchemin ☰ feuille — dix ☰ sols
Parchemin ☰ Feuille — dix ☰ sols

1682
1" janvier

Même type, la marque placée à gauche, la valeur au milieu, et sur la droite une contremarque. Les épreuves de ce timbrage sont toutes défectueuses.

PAPIERS

Six den — quart
Huit den — feuilles
douze den — feuille
dix huit den — feuille
deux sols — feuille

PARCHEMINS

quart — six sols
Quart — six sols
Dix sols — feuille.
Dix Sols — feuille.
Chancellerie — six sols

Les mêmes contremarqués du timbre suivant. Des feuilles de 1676 sont également contremarquées de ce timbre.

1684

PAPIERS

SIX DENIERS
HVIT DENIERS
VN SOL
. . . .
. . . .
EXTRAORDINAIRE

PARCHEMINS

. . . .
SIX SOVX
DIX SOVX
EXTRAORDINAIRE

Pour les lettres de chancellerie, le mot CHANCELLERIE, *entouré d'un filet, est frappé au dessous du timbre.*

SIX SOUX

Les mêmes contremarqués du timbre suivant.

1688
1" janvier

PAPIERS

SIX DEN.
HVIT DEN
VN SOL
DIX HUIT DEN
DEUX SOLS
EXTRAORDINAIRE

PARCHEMINS

CINQ SOLS
HVIT SOLS
DIX SOLS
EXTRAORDINAIRE

Les mêmes contremarqués de la nouvelle marque.

Vignette dans le même genre; la banderole du bas, contenant la valeur, est supprimée. La désignation du papier et la valeur placées à droite et à gauche.

PAPIERS

Six ⹀ Den — Le ⹀ Qv^{t}
Pe. Pa. ⹀ Hvit — Dexir ⹀ Fevillet
Petit ⹀ Papier — Vn Sol. La feville
Moien ⹀ Papier — Dix hvit D ⹀ La feville
Grand ⹀ Papier — Deux S ⹀ La feuille
Pap. Et ⹀ Parch — Extra ⹀ ordin.

PARCHEMINS

Cinq ⹀ Sols — Qvit ⹀ tance
Not. Et ⹀ Greff. — Six ⹀ Sols
Not. Et ⹀ Greffier — Dix sols ⹀ 2 Rolle.
Six ⹀ Sols. — Chance ⹀ llerie
Pap. Et ⹀ Parch — Extra ⹀ ordin

Les mêmes avec augmentation.

PAPIERS

Six ⹀ Den — Le ⹀ Qv^{t} aug^{on} 2. D.
Pe. Pa. ⹀ Hvit — Den Le ⹀ Fevillet. Aug^{on} 2. D.
Petit ⹀ Papier — Vn Sol. ⹀ La feville. Aug^{on} 4. D.
Moien ⹀ Papier — Dix Hvit D. ⹀ La feville Aug^{on} 6 D.
Grand ⹀ Papier — Deux S ⹀ La feuille. Aug^{on} 8 D.
Pap. Et ⹀ Parch — Extra ⹀ ordin. aug^{on} extra^{re}

Sur les papiers à l'extraordinaire, la valeur est aussi portée suivant le format employé.

PARCHEMINS

Cinq ⹀ Sols — Qvit ⹀ tance — Aug^{on} 20 D.
Not. Et ⹀ Greff. — Six ⹀ Sols Aug^{on} 2 S.
Not. Et ⹀ Greffier — Dix Sols ⹀ 2 Rolle Aug^{on} 3 S. 4 D.
Pap. Et ⹀ Parch — Extra ⹀ ordin. Aug^{on} extra^{re}
Six ⹀ Sols — Chance ⹀ llerie Avo^{on}. — 2 S.

Les mêmes contremarqués du timbre suivant ainsi que des feuilles de 1684.

1695

1ᵉʳ octobre

PAPIERS	PARCHEMINS
HVIT DEN.	6 S. 8 DEN,
DIX DEN.	HVIT SOLS
SEIZE DEN,	13 S. 4 DEN
DEVX SOLS	EXTRAORD.
2 S. 8 DEN	
EXTRAORD.	

Le mot Chancelerie en gros romain, avec un fleuron à chaque extrémité, est frappé au-dessous du timbre sur les parchemins employés pour ces actes.

Les mêmes contremarqués du timbre suivant. Des feuilles de 1689 avec augmentation en sont de même contremarquées.

1698

1ᵉʳ janvier

PAPIERS	PARCHEMINS
HVIT DEN	SIX. S. 8 D.
DIX DEN	HVIT SOLS
VN SOL. 4 D.	13 S. 4 D.
DEVX SOLS	EXTRAO
DEVX S 8 D	
EXTRAO	

Comme dans le timbre précédent, le mot CHANCELERIE en capitale est frappé sur ces parchemins spéciaux.

1703

1ᵉʳ octobre

Ce timbre fut gravé d'une grandeur spéciale à chaque format de papier ou parchemin, et le timbre à l'extraordinaire d'une autre composition.

PAPIERS

QUART DE FEUILLE 8. D.
PETIT PAPIER FEUILLET DE X. DEN
PETIT PAPIER UN SOL 4 D FEUILLE.
MOIEN PAPIER LA FEUILLE DEUX SOLS
GRAND PAPIER — DEUX S D FEUILLE

PARCHEMINS

QUITTANCE SIX SOLS. 8. D.
EXPED. DES GREFFIERS ET NOTAIRES, HUIT SOLS
EXPED. DES GREFFIERS ET. NOTAIRES TREIZE. S. 4. D.

Frappé sur les parchemins, pour les lettres de Chancellerie ou d'affirmation, il est accompagné, au-dessous, d'une griffe portant **CHANCELERIE** *ou bien* **AFFIRMATION.**

Les mêmes contremarqués du timbre suivant.

PAPIERS

HVIT DENI.
DIX DENI
VN SOL. 4. DEN
DEVX SOLS
DEVX S 8 DEN
EXTRAORDI

PARCHEMINS

SIX S. 8 DEN
HVIT SOLS
TREIZE S. 4 D.
EXTRAORDI

Il n'existe pas de timbre pour les lettres de Chancellerie. Le timbre extraordi fut employé avec une griffe frappée au-dessous, portant **CHANCELERIE** *ou* **AFFIRMATION.**

Les mêmes contremarqués du timbre suivant.

PAPIERS

HVIT DE.
DIX DE.
UN S. 4 DEN.
DEUX. S.
2 S. 8 D
EXTRAO

PARCHEMINS

SIX S. 8 D
HVIT SOLS
13 S. 4 D.
EXTRAO

Les mêmes contremarqués du timbre suivant.

1717

1ᵉʳ octobre

PAPIERS	PARCHEMINS
VIII DEN	VI S. VIII. D
DIX DEN.	VIII SOLS
I SOL IV D	XIII S. 4 D
II SOL.	EXTRAOR
II S. VIII D	
EXTRAOR	

Les mêmes contremarqués du timbre suivant.

Des feuilles de 1712, contremarquées du timbre de 1716, sont à nouveau contremarquées du nouveau timbre.

1719

1ᵉʳ janvier

PAPIERS	PARCHEMINS
HVIT DENI	SIX S. 8 DEN
DIX DENI	HVIT SOLS
I SOL IV D.	13 S. 4 DEN
II SOLS	EXTRAOR
II S. VIII D	
EXTRAOR	

Les mêmes contremarqués du timbre suivant.

1723

1ᵉʳ juillet

PAPIERS	PARCHEMINS
HUIT DEN. P. QUART	SIX SOLS HUIT DEN
DIX DEN. LE FEUIL.	HUIT SOLS
UN S 4 D. LA FEUIL.	13 S. 4 D. LA. FEUIL
2 SOLS LA FEUIL.	EXTRAORDINAIRE
2 SOLS 8 D. LA F.	
EXTRAORDINAIRE	

Les parchemins portent à droite du timbre un paraphe que l'on retrouve avec les trois timbres suivants.

Les mêmes papiers et parchemins contremarqués du timbre suivant.

PAPIERS	PARCHEMINS
HUIT DEN.	6 SOL. 8 DEN.
DIX DEN.	HUIT SOLS
UN SOL 4 DEN	13 SOL 4 DEN
DEUX SOLS	EXTRAORDI
2 SOL. 8 DEN.	
EXTRAORDI	

Les mêmes contremarqués du timbre suivant.

PAPIERS	PARCHEMINS
HUIT DEN.	6 SOL 8 DEN
DIX DEN.	HUIT SOLS
SEIZE DENIE	13 SOL 4 DEN
DEUX SOLS	EXTRAORD
2 SOL 8 DEN	
EXTRAORD	

Les mêmes contremarqués du timbre suivant.

PAPIERS	PARCHEMINS
HUIT DEN.	6 SOL 8 DEN
DIX DEN	HUIT SOLS
UN SOL 4 DEN.	13 SOL 4 DEN.
DEUX SOLS	EXTRAORD
2 SOL 8 DEN	
EXTRAORD	

Comme pour les timbres précédents, les parchemins sont frappés, à droite, du paraphe de 1733, qui fut ensuite remplacé par un nouveau portant la lettre D.

1745

1ᵉʳ janvier

PAPIERS	PARCHEMINS
HUIT DEN.	6 SOL 8 DEN
DIX DEN	HUIT SOLS
UN SOL 4 DEN	13 SOLS 4. DEN
DEUX SOLS	EXTRAORD.
2 SOL. 8 DEN	
EXTRAORD	

Les parchemins frappés à droite d'une griffe portant la lettre D avec paraphe.

Les mêmes contremarqués du timbre suivant.

1751

1ᵉʳ janvier

PAPIERS	PARCHEMINS
UN SOL	DIX SOLS
1. SOL 3. DEN.	DOUZE S.
DEUX S.	VINGT S.
TROIS SOLS	EXTRAORDI
QUATRE S.	
EXTRAORDI	

Les parchemins portent le même paraphe que le timbre précédent.

Les mêmes contremarqués du timbre suivant.

1757

1ᵉʳ janvier

PAPIERS	PARCHEMINS
UN SOL	DIX SOLS
1 SOL 3 DEN.	DOUZE S.
DEUX SOLS	VINGT S.
TROIS SOLS	EXTRAORDI
QUATRE SOLS	
EXTRAORDI	

Les parchemins se trouvent avec et sans paraphe.

EXPED DES FERMES DU ROY
REGIST DES FERMES DU ROY
Q DES TAILLES UN SOL.

PARCHEMIN. — 35 SOLS

Les papiers et parchemins de 1757 sont contremarqués du timbre suivant.

PAPIERS	PARCHEMINS
Q. D. F. 1 SOL 2 D.	Q 11 SOLS 8 D
D. F. 1 SOL 5 D. $\frac{1}{3}$	ROLLES 14 SOLS
P. P. 2 SOLS 4 D.	F. D. P. 23 SOLS 4. D.
M. P. 3 SOLS 6 D.	35 SOLS
G. P. 4 SOLS 8 D.	EXTRAORDI.
EXTRAORDI.	
Q. D. TAI. 1 SOL 2 D.	

EXP DES FERM DU ROY T. D. D.
REGIST DES FERM DU ROY T. D. D.

RÉGIE GÉNÉRALE

EXPEDITIONS   TIMB. EXTRAORD.

GÉNÉRALITÉ DE PAU — GÉNÉRALITÉ D'AUCH
GÉNÉRALITÉ D'AUCH ET PAU

La généralité de Pau (pays d'État) comprenant le Béarn et la Navarre, avait été dans l'origine réunie dans un même bail des domaines ; se composant de l'étendue du Parlement de Pau et de la généralité de Bordeaux, ce qui explique la similitude de ses timbres avec ceux de Bordeaux.

Ils portaient comme légende : Ressort du Parlement de Pau, ou Parlement de Pau ; *il n'y a que sur l'émission du 1ᵉʳ octobre 1695 que figure* Généralité de Pau.

Elle fut ensuite réunie à la généralité d'Auch, créée en 1716 de pays distraits des généralités de Bordeaux et de Montauban, pour ne faire qu'une seule intendance, comprenant la partie orientale de la Guyenne, composée de l'Armagnac, du Couserans, du comté de Cominge, de l'Estarac, du Béarn, de la Navarre et de différents petits pays qui ont des administrations particulières, tels que le Nébouzan, le Bigorre, les quatre Vallées, la ville et territoire de Lectoure, le comté de Soult.

Les timbres portèrent alors « Généralité d'Auch & Pau »; *mais à partir de 1733 il fut émis des timbres spéciaux pour chaque généralité.*

1674

Ressort du Parlement de Pau

Pour feuille de Registre.

Série deniers pour feuille.

La première marque est composée du chiffre enlacé BN. Béarn, Navarre, ayant au centre une fleur de lis surmontée d'une couronne royale, sur la droite du chiffre la formule en caractères romains, au-dessous la valeur en italique. Dans le haut de la feuille au milieu : Ressort du Parlement de Pau *en gothique.*

PAPIERS

Pour — les procé — dures des — Procureurs — *douze deniers* — *pour feuille.*
Pour — feuille de Re — gistre. *Seize deniers* — *pour feuille.*

Les mêmes contremarqués du timbre suivant; des papiers de la généralité de Bordeaux sont aussi contremarqués de cette même marque.

Fleur de lis dans un ovale, autour PARLEMENT DE PAU; *à droite et à gauche, en deux lignes, l'indication du format et de la valeur.*

PAPIERS

Petit — Papier — 6 d pour — quart
    »   — 8 d pour — demie feuille
    »   — 12 d pour — feuille
Moyen — Papier — 9 d pour — demie feuille
    »   — 1 s 6 d — pour feuille
Grand — Papier — 2 s — feuille

N'ayant retrouvé qu'une très petite quantité de papiers et parchemins de la généralité de Pau, nous ne pouvons donner qu'une nomenclature très restreinte des premiers types.

Marque placée au milieu de la feuille: Fleur de lis sur une tige accostée de deux fleurs de lis au naturel posées sur deux palmes formant deux L *enlacés et supportant un sceptre, au-dessus, dans un ruban circulaire la légende:* Ressort du Parlem. de Pau, *de chaque côté le format et la valeur en italique.*

PARCHEMIN

Parchemin — feuille — dix sols.

Déesse assise, tenant les écussons de France et de Navarre, accostée de pavillons et des attributs de la force et de la justice, avec la légende R DU PARL DE PAU; *la valeur indiquée dans un cartouche formant embase.*

PAPIERS

SIX DENIERS
HVIT DENIERS
VN SOL
. . . .
. . . .
EXTRAORDINAIRE.

PARCHEMINS

. . . .
SIX SOVX
DIX SOVX
EXTRAORDINAIRE

Les mêmes contremarqués du timbre suivant.

1688
1ᵉʳ janvier

PAPIERS

SIX — DEN — LE — QVᵉ.
PE PA. — HVIT — DENIE — FEVILLET
PETIT — PAPIER — VN SOL — LA FEVILLE
MOIEN — PAPIER — DIX HVIT D — LA FEUILLE
GRAND — PAPIER — DEUX S — LA FEUILLE
PAP. ET — PARCH — EXTRA — ORDIN.

PARCHEMINS

CINQ — SOLS — QVIT — TANCE
NOT. ET — GREFF. — SIX — SOLS
NOT. ET — GREFFIER — DIX SOLS — 2 ROLLE
SIX — SOLS — CHANCE — LLERIE
PAP. ET — PARCH — EXTRA — ORDIN.

Les mêmes avec augmentation.

PAPIERS

1690
1ᵉʳ juin

SIX — DEN — LE — QVᵉ — AUGᵒⁿ 2. D.
PE. PA. — HVIT — DEN LE — FEVILLET — AUGᵒⁿ 2. D.
PETIT — PAPIER — VN SOL — LA FEVILLE — AUGᵒⁿ 4. D.
MOIEN — PAPIER — DIX HVIT D. — LA FEVILLE — AUGᵒⁿ 6. D.
GRAND — PAPIER — DEUX S — LA FEVILLE AUGᵒⁿ 8. D.
PAP. ET — PARCH — EXTRA — ORDIN — AUGᵒⁿ EXTRAᴮᴱ.

Sur les papiers à l'extraordinaire, la valeur est aussi portée suivant le format employé.

PARCHEMINS

CINQ — SOLS — QVIT — TANCE — AUGᵒⁿ 20 D.
NOT. ET — GREFF. — SIX — SOLS AUGᵒⁿ 2 S.
NOT. ET — GREFFIER — DIX SOLS — 2 ROLLE AUGᵒⁿ 3 S. 4 D.

PAP. ET = PARCH — EXTRA = ORDIN. AUG^{on} EXTRA^{re}
SIX = SOLS — CHANCE = LLERIE. AUG^{on} — 2 S.

Des demi-feuilles de petit papier à un sol avec augmentation de quatre deniers sont contremarquées du timbre de Bordeaux à dix deniers du 1er octobre 1695.

PAPIERS

HVIT DEN
DIX DEN
SEIZE DEN
DEVX SOLS
2 S. 8 DEN.
EXTRAORD.

PARCHEMINS

6 S. 8 DEN
HVIT SOLS
13 S. 4 DEN
EXTRAORDI

PAPIERS

HUIT DEN
DIX DEN
VN S. 4 D.
DEVX SOLS
DEVX S 8 D.
EXTRAO

PARCHEMINS

SIX S. 8 D
HVIT SOLS
13 S. 4 D
EXTRAO

Dans un cercle les armoiries mi-partie de France et de Navarre, et Béarn, entourées d'un double filet dans lequel est inscrite la légende en caractères blancs sur fond noir RESSOR^t DU PARLEMENT DE PAU, *à droite et à gauche la formule et la valeur en lettres ornées avec entourage de rinceaux.*

PARCHEMIN

P EXPEDITIONS = DES GREFFIERS — P DEUX ROOLES =
TREIZE SOLS 4 D.

N'ayant pas retrouvé de papiers de cette marque, il est à supposer qu'elle fut gravée d'une grandeur proportionnée à chaque format de papier, comme il fut fait pour la généralité de Bordeaux.

Le même parchemin contremarqué du timbre suivant.

1715

1" octobre

Au centre de ce timbre est placée une vache passante représentant les armes du Béarn qui avait Pau comme capitale.

PAPIERS	PARCHEMINS
HVIT DEN	. . . . . .
DIX DEN	HVIT SOLS
1 SOL 4 DEN	13 S 4 DEN,
DEUX SOLS	EXTRAORD
II SOL 8 DEN	
EXTRAORD.	.

1716

1" janvier

PAPIERS	PARCHEMINS
HVIT DENI	SIX S 8 D
DIX DEN	HVIT SOLS
UN S 4 DEN	13 S. 4 DE
DEUX. S.	EXTRAO
. . . . . .	
EXTRAO	

Les mêmes contremarqués du timbre d'Auch 1716, et Auch et Pau de 1719.

GÉNÉRALITÉ D'AUCH

Lors de la création de la généralité d'Auch, avril 1716, il fut émis un timbre spécial pour cette généralité, les papiers et parchemins de la généralité de Pau à laquelle elle fut réunie en furent contremarqués.

PAPIERS	PARCHEMINS
HVIT DENI	VI. S. VIII. D.
DIX DENI	HVIT. SOLS.
I SOL IV D.	XIII S. IV D.
II SOLS	EXTRAORD.
II S. VIII D	
EXTRAORD	

Les papiers et parchemins des généralités de Pau et Auch furent contremarqués d'un nouveau timbre portant AUCH ET PAU.

GÉNÉRALITÉ D'AUCH ET PAU

PAPIERS	PARCHEMINS
HUIT DEN.	VI S. VIII D.
DIX DEN	VIII SOLS
I SOL. IV D	XIII S. IV D.
II SOLS	EXTRAORD
II S VIII D	
EXTRAORD	

Les timbres de la généralité d'Auch de 1716 contremarqués du timbre suivant.

PAPIERS	PARCHEMINS
HUIT DEN. P QUART	SIX SOL. 8 DEN
DIX DENIERS LA FEUILL.	HUIT SOLS
UN S. 4 DEN LA FEUILLE	13 SOLS 4 DEN LA F.
DEUX SOLS LA FEUILLE	EXTRAORDINAIRE
DEUX SOLS HUIT D. LA F.	
EXTRAORDINAIRE	

Les mêmes contremarqués du timbre suivant.

PAPIERS	PARCHEMINS
HUIT DEN.	SIX S. 8 DEN
DIX DEN	HUIT SOLS
UN SOL 4 DEN	13 SOL 4 DEN
DEUX SOLS	EXTRAORDI
2 SOL 8 DEN.	
EXTRAORDI	

Les mêmes contremarqués des timbres suivants.

A partir de 1733, les timbres cessèrent d'être collectifs. La généralité d'Auch et celle de Pau eurent chacune des timbres spéciaux.

1733
1" janvier

PAPIERS

HUIT DENI	HUIT DENI.
DIX DENI	DIX DENI.
SEIZE DENI	SEIZE DENI.
DEUX SOLS	DEUX SOLS
2 SOLS 8 DENI	2 SOLS 8 DENI
EXTRAORDIN.	EXTRAORDI

PARCHEMINS

SIX S. 8 DENI	SIX S. 8 DENI
HUIT SOLS	HUIT SOLS
13 SOLS 4 DENI	13 SOLS 4 DENI
EXTRAORDIN	EXTRAORDIN.

Les mêmes contremarqués des timbres suivants.

1739
1" janvier

PAPIERS

HUIT DENI	HUIT DEN.
DIX DENI	DIX DEN.
UN SOL. 4 DEN	UN SOL 4 DEN
DEUX SOLS	DEUX SOLS
2 SOL 8 DEN	2 SOL 8 DEN
EXTRAORDIN.	EXTRAORDIN.

Sur les quittances des tailles de la généralité d'Auch et sur l'émission suivante de 1745, il a été placé au-dessous du timbre à l'extraordinaire une griffe d'une seule ligne portant en capitale QUITTANCES - DES - TAILLES.

PARCHEMINS

SIX S 8 DEN	SIX S 8 DEN
HUIT SOLS	HUIT SOLS
13 SOL 4 DEN.	13 SOL 4 DEN.
EXTRAORDIN	EXTRAORDIN

Les mêmes contremarqués des timbres suivants.

PAPIERS

HUIT DEN	HUIT DEN
DIX DEN	DIX DEN
UN S 4 DEN	UN S 4 DEN
DEUX SOLS	DEUX SOLS
2 SOL 8 DEN	2 SOL 8 DEN
EXTRAORD	EXTRAORD

PARCHEMINS

SIX S 8 DEN	SIX S 8 DEN
HUIT SOLS	HUIT SOLS
13 S. 4 DEN	13 S 4 DEN
EXTRAORD	EXTRAORD

Les mêmes papiers et parchemins contremarqués des timbres suivants.

PAPIERS

UN SOL	UN SOL
1 SOL 3 DEN	1 SOL 3 DEN.
DEUX SOLS	DEUX S.
TROIS S.	TROIS S.
QUATRE S.	QUATRE S.
EXTRAORDI	EXTRAORDI

PARCHEMINS

DIX SOLS	DIX SOLS.
DOUZE S.	DOUZE. S.
VINGT S.	VINGT S.
EXTRAORDI	EXTRAORDI

Les mêmes contremarqués du timbre suivant.

1757
1er janvier

PAPIERS

UN SOL.	UN SOL.
1 SOL, 3 DEN	1 SOL, 3 DEN
DEUX SOLS	DEUX SOLS
TROIS SOLS	TROIS SOLS
QUATRE SOLS	QUATRE SOLS
EXTRAORDIN	EXTRAORDIN.

PARCHEMINS

DIX SOLS	DIX SOLS
DOUZE SOLS	DOUZE SOLS
VINGT SOLS	VINGT SOLS
EXTRAORDIN	EXTRAORDIN.

EXPED DES FERMES DU ROY,
REGIST DES FERMES DU ROY
Q DES TAILLES UN SOL

1774
Mars

PARCHEMIN

Generalité d'Auch.
35 SOLS

Generalité de Pau
35 SOLS

Les papiers et parchemins de 1757 contremarqués des timbres suivants.

PAPIERS

Q. D. F. 1 SOL, 2 D
D. F. 1 SOL, 5 D½
P. P. 2 SOLS 4 D.
M. P. 3 SOLS 6 D.
G. P. 4 SOLS 8 D.
EXTRAORDI.
Q. D. TAI. 1 SOL, 2 D.

Q. D. F. 1 SOL, 2 D.
D. F. 1 SOL, 5 D½
P. P. 2 SOLS 4 D.
M. P. 3 SOLS 6 D.
G. P. 4 SOLS 8 D.
EXTRAORDI.
Q. D. TAI. 1 SOL, 2 D.

PARCHEMINS

Q 11 SOLS 8 D.
ROLLES 14 SOLS
F. D. P. 23 SOLS 4. D.
35 SOLS
EXTRAORDI.

Q 11 SOLS 8 D.
ROLLES 14 SOLS
F. D. P. 23 SOLS 4. D.
35 SOLS
EXTRAORDI

Timbres du même type pour les deux généralités.

EXP DES FERM DU ROY T. D. D.   EXP DES FERM DU ROY T. D. D.
REGIST DES FERM DU ROY T. D. D.   REGIST DES FERM DU ROY T. D. D.

RÉGIE GÉNÉRALE

Comme les timbres précédents des fermes du Roi, ceux de la Régie générale, de types uniformes pour toutes les généralités, furent en usage dans les généralités d'Auch et de Pau.

EXPÉDITIONS   **TIMB EXTRAORD.**

19

LANGUEDOC

Généralités de Toulouse et Montpellier. — Montauban.

Cette province se composait de deux généralités, Toulouse pour le Haut Languedoc et celle de Montpellier pour le Bas Languedoc, ayant chacune une sous-ferme distincte, mais ne formant qu'une seule intendance dont le siège était simultanément à Toulouse ou Montpellier, mais depuis 1682 il fut définitivement fixé à Montpellier.

La première marque, composée d'une bonne foi, surmontée d'une fleur de lis et d'une banderole portant comme légende PARL. DE TOULOUSE (Parlement de Toulouse) fut employée uniformément dans les deux généralités, pendant les quartiers de juillet et octobre 1673 et les premiers quartiers de 1674, concurremment au nouveau type émis au mois de janvier 1674 composé de deux L enlacés avec une fleur de lis au centre et surmontés d'un soleil. Mais alors les papiers et parchemins frappés pour la généralité de Toulouse portèrent dans le haut de la feuille et au milieu : Ressort du parlement de Toloze ; ceux employés dans la généralité de Montpellier : Généralité de Montpellier.

Dans la généralité de Montauban, les papiers et parchemins du premier type (Parlement de Toulouse) furent mis en cours de même que ceux du deuxième type (Ressort du parlement de Toulouse) ; en 1675 ils furent contremarqués du timbre de la généralité de Montauban ; vinrent ensuite les timbres de 1684 et 1685, avec la légende : TOULOUZE MONTAUBAN.

1673

Quartier de juillet

1" Type.

Pour servir

Huit deniers.

Quartier de juillet 1673.

d'Exploits.

Marque en tête, au milieu de la feuille, formule en romain dans le haut, de chaque côté de la marque, à gauche ; la valeur et l'indication du quartier en italique.

Pour les procédures — des Procureurs — Six deniers — Quartier de Juillet 1673
Pour servir   d'Exploit — Huit deniers. — Quartier de Juillet 1673
     »   d'Exploits —   »   —   »
Pour — expédition   des Greffiers — Huit deniers. — Quartier de Juillet 1673
   Feuille de Registre — Douze deniers. — Quartier de Juillet 1673
Pour contracts & actes des   Notaires & Tabellions — Douze deniers. — Quartier de
     Juillet 1673

2e **Type.** — *Marque à l'angle gauche, à sa droite la formule en romain, la valeur et le quartier en italique.*

1er Variété

PAPIERS

Pour servir d'Exploit. — Huit deniers. — Quartier de Juillet 1673
Pour Exploits. — Douze deniers. —   »   »

2e Variété

Papier des Notaires
De 12. deniers la feuille.
Quartier de Juillet 1673, après lequel non valable.

Marque à l'angle gauche; au-dessous, indication de la formule en italique, de la valeur en romain et du quartier en italique avec cette rédaction spéciale : Quartier de Juillet 1673, après lequel non valable.

PAPIERS

Papier des Notaires — De 12. deniers la feuille. — *Quartier de Juillet 1673, après lequel non valable.*
Minutte des Arrests — *&* Sentences, *&* expé — ditions du Greffe. — 12 deniers la Feuille. — *Quartier de Juillet* — 1673, après lequel non — valable.

3e Variété

Portant seulement : Quartier de Juillet 1673 ou 73.

PAPIERS

Pour servir de Quittance — 6. d. le quart de Feuille — *Quartier de Juillet.* 73
Quittances de Toille — six deniers le quart — de Feuille — *Quartier de Juillet 1673.*
Pour procès verbaux & Contraintes. — à 12. d. la feuille. — *Quartier de Juillet* 73
Pour les Huissiers — à 12. den. la feuille — *Quartier de Juillet* 73

4e Variété

Formule en gros romain. Valeur en italique, quartier de Juillet 1673 en gros romain.

PAPIER

Pour copies de Pieces. — 12 deniers la feuille — *Quartier de* — Juillet — 1673

3ᵉ Type

Ressort du Parlement de Tolose.

Marque à l'angle gauche. Formule, valeur et quartier en italique ; au milieu de la feuille, dans le haut, en grosse italique : Ressort du Parlement de Tolose.

PAPIER

Pour contracts & actes de Notaires — Vn sol. — Quart. de Juillet — 1673.

PARCHEMINS

Pour Expedition — des Greffes — Six sols. — Quart de Juillet — 1673.
Lettre de — Chancelerie — six sols.   "   "   — "
Pour expedition — de Greffe — Cinq sols. — le Rolle. — Dix sols — la feuille — Quart de Juillet — 1673.

1673
Quartier
d'octobre

1ʳᵉ Variété

Marque à gauche ; au-dessous, formule, valeur et quartier en caractère romain.

PAPIERS

quittance à 6. d. — le quart de feuil. — quartier d'Octo — bre 1673
Pour Certificats — & Extraits — 6 d. le quart d — quartier d'Octo — 1673

Billettes pour le — logement des — gens de Guerre. — 6. d. le quart de feuille. — Quart. d'Octo — bre 1673.
Pour promesses — 6. d. le quart de — feuille — Quartier d'Oct — 1673
Pour procedures — des Procureurs à — 8 d. la demy f — quart. d'Octobre — 1673
Pour servir aux — Notaires — à 8 d. la demy f. — Quartier d'Octo — bre 1673
   "   "   "   "   — Quartier d'Octo — 1673
   "   "   "   "   — Quart d'Octobre — 1673
Pour Actes — à 8. d. la demy f — Quartier d'O — ctobre 1673.
Pour servir de — publication & — affiche. — a 8. d. la demy f. — quartier d'Oct. — 1673
Pour servir aux — Notaires. — à vn sol la feuille — quartier d'Octo — bre 1673.
   "   "   "   "   — quartier d'octo —   "
Pour coppie de — piece vn sol la f. — quart. d'Octobre — 1673
Pour servir aux — Notaires. — à 12. d. la feuille — quartier d'Octo — bre 1673.

2ᵉˢ Variétés

Même genre. Le quartier indique : Qunt ou Qunti d'Octo 1673.

Pour servir aux — Huissiers — à 1 sol la feuille. — Qunt. d'Octo 1673.
pour les Greffiers — à 12 d la feuille — Qunti d'Octo 1673.

3me Variété

Formule, valeur et quartier en romain, avec indication du quartier en toutes lettres.

Pour quittance — 6 d le quart de *f* — quartier d'Octo. — mil six cens sep — tante-trois.

Pour procedures — des Procureurs — 6 d. le quart de *f* — quartier d'Octo — mil six cens sep — tante-trois.

Pour quittance — 8 d, la demy *f*. — quartier d'Octo. — mil six cens sep — tante-trois.

Pour Actes — vn sol la feuille — quartier d'Octo — bre mil six cens — septante-trois.

Pour Actes — vn sol la feuille — Quartier d'O — ctobre, mil six — cens septante — trois.

Pour Actes. — a vn sol la feuil. — quartier d'Octo — bre mil six cens — septante — trois.

Procedures des — procureurs — vn sol la feuille — quartier d'Octo — bre mil six cens — septante-trois.

Pour servir aux — Greffiers — à vn sol la feuil — quartier d'Octo — bre mil six cens — septante-trois.

4e Variété

Formule et valeur en romain avec indication du quartier en italique.

Billettes pour le — logement des — gens de Guerre. — 6. d. le quart de — feuille — *Quart. d'Octobre* — 1673.

5e Variété

Formule en italique et romain, valeur et quartier en romain.

Pour les Fermes — & droits du Roy — autres Fermes. — Etats, comunau — tez & villes. — à 8 d. la demy f. — Quartier d'Oct. — 1673.

6e Variété

Formule en romain, valeur en italique et quartier en romain.

Pour les actes — des Secretariats — des Archeves — ques & Evéques — *à 8. d. la demy f.* — quartier d'O — ctobre 1673.

Pour les Huissiers — *à 8 d. la demy feui.* — Quart. d'Oct. 1673.

Procedures pour — les Procureurs — *à 12. d. la feuille* — quartier d'Octo — bre 1673.

7e Variété

Formule et quartier en italique, la valeur indiquée en romain.

Quittance de partie — prenante — à 6. d. le quart de *— feuille — Quart d'Octobre — 1673.*

Pour les procedures des — procureurs. — 6. d. le quart de feuille *— Quartier d'Octobre — 1673.*

Pour les Greffes des — Cours. — A 8 d. la demy *— feuille — Quart d'Octobre — 1673.*

Pour les Fermes & — droits du Roy outres — Fermes estats, com — munautés & cilles. — à 12. d. la feuille. *— quartier d'Oct. — 1673.*

Pour servir aux No — taires — 12. d. la feuille *— Quartier d'Octobre — 1673.*

Pour les divers papiers et parchemins du quartier d'octobre 1673, qui n'eurent pas leur emploi durant cette période, les employés de la formule biffèrent d'un trait de plume l'indication du quartier, en ajoutant la mention : Bon pour 1674, avec leur paraphe.

1673-1674

Les registres furent frappés à l'angle gauche de la marque avec la mention de la formule et de la valeur en romain, mais le quartier ne fut pas indiqué.

1" Variété

PAPIERS

Feuille de — Registre — à 12. d. la feuille

2° Variété

Marque à l'angle gauche, formule en romain et la valeur en italique, dans le haut de la feuille : Ressort du Parlement de Toloze.

PAPIERS

Pour quit — tance. — six deniers.
Pour servir d'Exploit, — Huit deniers
Pour les Fer — mes & droicts — du Roy. — Vn sol la feuille
Pour Comptes, — Vn sol la feuille.
pour conctrats — & actes des — Notaires — Vn Sol — la feuille.
Pour Feuille — de Registre. — Vn sol — la feuille.
Pour Contrats — & actes des — Notaires, — Douze deniers
Pour expédi — tion des Gref — fiers, —   »   »
Pour Feuille — de Registre, —   »   »
Pour Requete — Douze deniers — la feuille,
Pour les Fer — mes & droicts — du Roy. — Douze deniers — la feuille.
»   »   »   douze deniers — la feuille.

3° Variété

Ressort du Parlement de Toloze.

Marque à gauche, formule et valeur en italique ; dans le haut de la feuille : Ressort du Parlement de Toloze en italique.

PAPIERS

Pour tou — te sorte de — coppie de pieces, — Huit Deniers.
Pour con — tracts & — Actes des — Notaires — Huit de — niers la demie — feuille
Pour — procedures — des procureurs — Huit — Deniers — R g D [1]
Pour — copie de — pieces — Un sol la — feuille.
Pour con — tracts & — Actes des — Notaires — Vn sol.
»   »   »   »   Un sol — la feuille.
Pour — Notaires — Un sol la — feuille
Pour tous — Actes. Un sol — la feuille.
Pour — Huissiers — Un sol la — feuille.

---

1. Les Lettres R g D. doivent probablement indiquer (Régie générale Domaines).

Pour — Registre, — un sol la — feuille.
Pour Re — gistre Un — sol la — feuille
Pour mi — nutes des — Sentences — Ordonnan — ces & — Appointe — mens, Un
— Sol la — feuille.
Pour con — tracts & ac — tes des — Notaires — douze de — niers
Pour feuil — le de Regi — stre — douze de — niers.
Pour — rapors — d'experts — douze deniers.

PARCHEMINS

Pour Ex — peditions — des Gref — fes — Six sols
Pour — Greffes — cinq sols le — Rolle & — dix sols la — feuille

4ᵉ Variété

*Même genre, sans Ressort du Parlement de Toloze dans le haut de
la feuille.*

PAPIERS

Quittance — six deniers — le quart de — feuille
Procureurs — six deniers — le quart de — feuille

5ᵉ Variété

*Marque à gauche. Formule en italique. Valeur en gros romain; dans le
haut de la feuille : Ressort du Parlement de Toloze en italique.*

PAPIER

Pour Billets — de Logemens — de Gens de — Guerre. — Six deniers

6ᵉ Variété

*Dans le haut de la feuille, en grosses lettres de capitales italique:
RESSORT DU PARLEMENT DE TOLOSE; au-dessous à gauche la
marque avec la formule et la valeur en italique.*

PAPIER

Pour pro — cedures de — procureurs — huit deniers.

GÉNÉRALITÉ DE TOULOUSE

Ressort du Parlement de Tolose

*Pour
Notai res
a huit de-
mens la de-
mie feuille*

*A l'angle gauche, la marque; au-dessous la formule et
la valeur en italique; dans le haut de la feuille, en même
caractères : Ressort du Parlement de Tolose.*

PAPIERS

Pour — Lettres de — Voiture — Six deniers — le quart de — feuille.

Pour — quittance — Six de — niers le — quart
Pour — Notaires — à huit de — niers la de — mie feuille
Pour — contrats — & Actes — des Notai — res. Huit — deniers le — feuillet
Pour — contracts — des Notai — res Huit — deniers le — feuillet
Pour tou — te sorte de — coppie de — pièces — Huit — Deniers
Pour — Tous actes — Un sol la — feuille
Pour — copie de — pièces — Un Sol — la feuille
Pour — Notaires — Un Sol — La feuille
Pour — Notaires — Un sol la — feuille
Pour Actes de — Notaires — Un sol la — feuille
Pour — contrats & — actes des — Notaires — Un sol la — feuille
Pour — con — tracts & — actes des — Notaires   »   »
Pour — procedures — des Procu — reurs — Un Sol — la feuille
Pour — proce — dures des — procureurs — Un sol la — feuille
Pour — expe — dition de — Greffe —   »   »
Pour — Huissiers — & Sergens —   »   »
Pour — Comptes — Un sol la — feuille
Pour — Procédures — de Juges — Un sol — la feuille
Pour — Registres — Seize de — niers la — feuille

PARCHEMINS

POUR — expédition de — Greffier — Six Sols
Pour — Notaires — Dix sols — La feuille

Même type. Variété avec lettres majuscules aux mots du et de dans :
Ressort Du Parlement De Tolose.

PAPIERS

Pour — quittan — ces — Six — deniers
Pour — feuille de — Registre — Un Sol — la feuille

Les mêmes contremarqués du timbre suivant, de même que des papiers
de 1673, réduits de formats.

1674
Octobre

Petit
un Sol

Papier
La feuille

Fleur de lis au centre d'un cartouche
portant : GENERALITE DE THOLOZE.
Inscription en deux lignes en italique
à droite et à gauche de la marque.

PAPIERS

Six ⸗ deniers — le quart ⸗ de feuille
Petit ⸗ Papier — Huit den ⸗. le feuillet
Petit ⸗ Papier — un Sol la feuille
Moyen ⸗ Papier — Neuf den ⸗ Le feuillet
Moyen ⸗ Papier — Dix huit den ⸗ La feuille
Grand ⸗ Papier — Deux Sols ⸗ La feuille

PARCHEMINS

Pour ⸗ Greffes — Six ⸗ sols

Pour = Chancellerie — Six = Sols
Pour = Notaires — Cinq sols = Le feuillet
Pour = Greffes — Dix = sols
Pour = Notaires — Dix = sols
Pour = Université — Dix = sous

Il existe une variété dans le petit papier à huit deniers, l'inscription est composée d'un mélange de capitale et italique et romain.

Petit = Papier — Huit = Deniers

Même type, avec inscriptions en caractères romains.

PAPIERS

petit = papier — vn = sol
Petit = Papier — Vn Sol = la feuille
grand = Papier — deux = Sols

Les papiers de l'émission du 1ᵉʳ janvier 1674 furent contremarqués du timbre suivant.

PAPIERS

six = deniers — le ¼ de = feuille
huit = deniers — la ½ = feuille
Petit = papier — 1 sol la = feuille
Moyen = papier — 18 d. la = feuille.
Grand = papier — 2 sols la = feuille.

Les parchemins ne furent frappés que de la marque; l'indication de la formule et de la valeur était manuscrite : pour quittance — cinq sols, greffe — six sols, etc.

Les mêmes contremarqués du timbre suivant. L'utilisation des anciens papiers a fait retrouver dans la généralité de Toulouse des papiers de la généralité de Bordeaux 1673-1674 contremarqués des timbres de Toulouse 1676 et 1678.

PAPIERS

SIX. D. LE QUART DE FEVILLE
HVIT D. LA DEMY FEVILLE
PE. PA. VN SOL LA FEVILLE
MO. PA. DIX HVIT D. LA FEVILLE
GR. PA DEUX SOLZ LA FEVILLE

PARCHEMINS

SIX. SOLZ. LE QVART
DIX SOLZ LES DEUX ROLLES

Les mêmes contremarqués du timbre suivant. Les généralités de Toulouse et Montauban dépendant d'une même sous-ferme; la généralité de Montauban qui avait dans sa dépendance le comté de Foix et Bigorre. Des timbres portant: généralité de Montauban, Foix et Bigorre, furent aussi contremarqués de ce même timbre de la généralité de Toulouse.

Marque composée de trois écussons placés en triangle, le premier chargé d'une croix vidée, cléchée, pommetée et alaisée, qui est de Languedoc, le deuxième de France à trois fleurs de lis et le troisième à la croix vidée, cléchée, pommetée et alaisée, soutenu d'une vergette d'argent; un agneau de même en pointe, la tête contournée, brochant sur la vergette; en chef deux tours donjonnées chacune de trois donjons, ceux de la tour à senestre couverts en clocher; au chef de France qui sont les armes de Toulouse.

1680
1er octobre

PAPIERS

SIX DEN
HVIT DEN
VN SOL.
DIX HVIT DEN
DEVX SOLS
EXTRAORDINAIRE

Les parchemins furent uniformément frappés d'un timbre portant dans le cartouche du bas PARCHEMIN, ou du timbre extraordinaire et sans autre indication manuscrite.

Papiers et parchemins eurent comme contremarque le timbre suivant employé dans les généralités de Toulouse et Montauban.

TOULOUSE - MONTAUBAN

1684
Janvier

PAPIERS   **PARCHEMINS**

SIX DENIERS
HVIT DENIERS
VN SOL
DIX HVIT DENIERS
DEVX SOLS

Le timbre des parchemins ne porte pas l'indication de la valeur qui est remplacée par le mot PARCHEMIN. Il est surmonté à droite et à gauche de deux chiffres enlacés.

T M.   C S P.

Les mêmes contremarqués du timbre suivant.

PAPIERS	PARCHEMINS
SIX DEN	*De même que pour le timbre*
HVIT DEN	*précédent, il n'existe qu'un seul*
VN SOL	*type pour les parchemins portant*
DIX HUIT DENIERS	**PARCHMIN.**
DEVX SOLS	

Les mêmes contremarqués du timbre suivant.

GÉNÉRALITÉ DE TOULOUSE

Les timbres des papiers à six deniers, huit deniers et un sol ont un chiffre de contrôle dans le fleuron placé dans le bas au milieu de l'indication de la valeur.

PAPIERS	PARCHEMINS
SIX DEN	CINQ SOLS
HVIT DEN	SIX SOLS
VN SOL	DIX SOLS
DIX HVIT DEN	EXTRAORDINA
DEVX SOLS	
EXTRAORDINA	

Les mêmes avec augmentation.

PAPIERS		PARCHEMINS	
SIX DEN	Auᵍᵗⁿ 2 D	CINQ SOLS	20 D
HVIT DEN	» 2 D	SIX SOLS	2 S
VN SOL	» 4 D	DIX SOLS	3 S 4 D.
DIX HVIT DEN	» 6 D		
DEVX SOLS	» 8 D		

Papiers et parchemins furent contremarqués du nouveau timbre qui, de même que les suivants, furent spécialement créés pour la généralité de Toulouse, l'augmentation suivant le nouveau tarif est placée de chaque côté du timbre.

1692

1" janvier

PAPIERS		PARCHEMINS	
SIX DEN	2 D	CINQ SOLS	20 D
HVIT DEN	2 D.	SIX SOLS	2 D.
VN SOL	4 D	DIX SOLS	13 S 4 D
DIX 8 DEN	6 D	EXTRAORD.	
DEUX SOLS	8 D		
EXTRAORD.			

Les mêmes contremarqués du timbre suivant:

1695

1" octobre

PAPIERS	PARCHEMINS
HVIT DEN	. . . . . .
DIX DEN.	HVIT SOLS
SEIZE DEN	13 S. 4 DEN.
DEVX SOLS	EXTRAO.
. . . .	
EXTRAO	

Les mêmes contremarqués du timbre suivant.

1698

1" janvier

PAPIERS	PARCHEMINS
HVIT DEN.	HVIT SOLS
DIX DEN.	CHANCELLERIE – HVIT SOLS — AFFIRMATIONS
VN SOL 4 DEN	13 S. 4 DEN.
DEVX SOLS	EXP. DES GREFFIERS — 13 S. 4 DEN —
. . . .	ARRESTS ET SENTAN.
EXTRAO	EXTRAO

Sur quelques parchemins, la formule fut ajoutée dans des cartouches placés dans le haut et au bas du timbre.

PAPIERS	PARCHEMINS
QUART DE FEUILLE 8. D	P EXPEDITIONS =
PETIT PAPIER LA DEMIE FEUILLE X D.	DES GREFFIERS — P DEUX
PETIT PAPIER UN SOL, 4 D FEUILLE	ROLLES TREIZE S. 4. D.
MOIEN PAPIER LA FEUILLE DEUX SOLS	

. . . .

Toutes les marques créées pour les papiers et parchemins sont de grandeurs différentes et proportionnées aux formats sur lesquels elles étaient employées.

———

PARCHEMINS

EXPED DES GREFFIERS ET LETTRES DE CHANCEL. 8 S.
EXPED DES GREFFIERS ET NOTAIRES TREIZE S. 4 D.

———

EXTRAORDINAIRE

PAPIERS	PARCHEMINS
SIX DEN	. . . .
DIX DEN	HVIT SOLS
VN S 4 DE	13. S. 4 D.
2. S.	. . . .
2 S 8 D.	
. . . .	

1716

1ᵉʳ janvier

PAPIERS

HUIT DEN
DIX DEN
VN S. 4 DE
DEVX SOLS

. . . .

PARCHEMINS

. . . .
HVIT SOLS
13 S. 4 DE.

. . . .

Les mêmes contremarqués du timbre suivant.

1717

1ᵉʳ octobre

PAPIERS

HVIT DEN
DIX DEN
I SOL. IV. D.
II SOLS

. . . .

PARCHEMINS

. . . .
VIII SOLS
XIII S. IV D

. . . .

Les mêmes contremarqués du timbre suivant.

1719

1ᵉʳ janvier

PAPIERS

HVIT DENI
DIX DENI
I SOL. IV D
II SOLS
II S VIII D

. . . .

PARCHEMINS

. . . .
VIII SOLS
XIII S. IV D

. . . .

De faux timbres ayant été mis en circulation au mois de janvier 1722,
le fermier fut autorisé à en émettre de nouveaux pour marquer les papiers
et parchemins à l'usage de la généralité de Toulouse. Il ne semble
cependant pas en avoir été mis en cours, car les timbres de 1719 sont
contremarqués de celui de 1723 et dont le type fut employé dans toutes les
généralités du royaume.

PAPIERS	PARCHEMINS
HUIT DEN. P. QUART	SIX SOL. 8 DEN
DIX DENIERS LE FEUILL.	HUIT SOLS
UN S. 4 D. LA FEUILLE	13 SOLS 4 DEN LA F.
DEUX SOLS LA FEUILLE	EXTRAORDINAIRE
DEUX SOLS HUIT D. LA F	
EXTRAORDINAIRE	

Les mêmes contremarqués du timbre suivant.

PAPIERS	PARCHEMINS
HUIT DEN	. . . .
DIX DEN	HUIT SOLS
UN SOL 4 DEN	13 SOL. 4 DEN.
DEUX SOLS	. . . .
2 SOL. 8 DEN	
. . . .	

PAPIERS	PARCHEMINS
HUIT DENI.	6 SOLS 8 DENI.
DIX DENI.	HUIT SOLS.
SEIZE DENI.	13 SOLS. 4 DENI.
DEUX SOLS	EXTRAORDIN
. . . .	
EXTRAORDIN.	

PAPIERS	PARCHEMINS
HUIT DEN.	SIX, S. 8 DEN.
DIX DEN	HUIT SOLS.
UN SOL, 4 DEN.	13 SOL. 4 DEN.
DEUX SOLS	EXTRAORDIN
. . . .	
EXTRAORDIN	

Les mêmes contremarqués du timbre suivant.

1745

1" janvier

PAPIERS	PARCHEMINS
HUIT DEN.	6 SOL. 8 DEN
DIX DEN.	HUIT SOLS
1. SOL. 4 DEN	13. S. 4. b.
DEUX SOLS	EXTRAORD
2 SOL. 8 DEN	
EXTAORD	

1751

1" janvier

PAPIERS	PARCHEMINS
UN SOL.	DIX SOLS
1 SOL. 3 DEN.	DOUZE S.
DEUX SOLS	VINGT S.
TROIS SOLS	EXTRAORDI
QUATRE SOLS	
EXTRAORDI	

Les parchemins sont frappés d'un paraphe à droite du timbre.

Timbre sans indication de valeur portant dans un écu rond trois fleurs de lis posées 2 et 1, et dans un bandeau au-dessus : EQUIVALENT. Ce timbre est frappé au revers des quittances de détail. L'équivalent était un droit au sixième du prix du vin vendu en détail, il était nommé équivalent parce qu'il équipollait en effet à l'imposition de l'aide, dont le Languedoc s'était racheté.

PAPIERS

UN SOL.
1 SOL. 3 DEN
DEUX SOLS
TROIS SOLS
QUATRE SOLS
EXTRAORDI

PARCHEMINS

DIX SOLS
DOUZE S.
VINGT S.
EXTRAORDI

EXPED DES FERMES DU ROY.
REGIST DES FERMES DU ROY.
Q DES TAILLES UN SOL.

PARCHEMIN   35 SOLS

Les papiers et parchemins de 1737 contremarqués du timbre suivant.

PAPIERS

Q. D. F 1 SOL. 2 D.
D. F. 1 SOL. 5 D ¼
P. P. 2 SOLS 4 D.
M. P. 3 SOLS 6 D.
G. P. 4 SOLS 8 D.
EXTRAORDI.
Q. D. TAL 1 SOL. 2 D.

PARCHEMINS

Q. 11 SOLS 8 D.
ROLLES 14 SOLS
F. D. P. 23 SOLS 4 D
35 SOLS.
EXTRAORDI.

EXPEDI DES FERM DU ROY. T. D. D.
REGIST DES FERM DU ROY T D. D.

RÉGIE GÉNÉRALE

GÉNÉRALITÉ DE MONTPELLIER

La première marque de Parlement de Toulouse eut cours dans la généralité de Montpellier pendant les années 1673-1674. Le 1er janvier 1674, lors de l'émission de la seconde, les feuilles portèrent dans le haut et au milieu : Généralité de Montpelier.

1674
1er janvier

Generalite de Montpelier

PAPIERS

quittance
six deniers
le quart de
feuille

quittance — six deniers — le quart de — feuille
Procureurs — six deniers — le quart de f.
fermes — & droits — six deniers — le quart de — feuille
fermes — & droits — six deniers — le quart de — f
fermes & — droits du — Roy & au — tres fermes — des estats — communaute. — & Villes — six den le — quart de f.
fermes & — droits du — Roy & — autres fermes — des estats — communaute: — & Villes — six deniers — le quart de f.
Promesse — six deniers — le quart de — feuille
Acte — huit deniers — Génerallité de Montpelier. 33 × 23 ½
Acte — huit deniers — la demi feuil. Généralite de Montpelier 27 × 17
Artes — huict denier — la demi feuil   »   »
Pour Artes — huict deniers — la demi feuil   »   »
Pour artes — huict denier — la demi feuil   »   »
quittance — huict denier — la demi feuil   »   »
Procureurs — huict deniers — la demy feuil   »   »
Procureurs — huict deniers — la demi feuil   »   »
Pour Huis — siers — huict deniers — la demy feuil   »   »
Pour Huis — siers — a huit den la — demy feuille. Généralite de Montpelier 27 × 17
Huissiers — huict deniers — la demy — feuille.   »   »
Huissiers — huict denier — la demi feuil   »   »
Pour servir — aux Notai — res. — huict denier — la demy feuil   »   29 × 21
Notaires — huict deniers — demi feuil   »   »
Notaires — huict deniers — la demi feuil   »   »
Greffiers — huict deniers — la demi feuil (placée verticalement)   »

Pour — Procédures — de Procureur — Un sol   27 × 17
Procureurs — Un sol — la feuille.   »
Huissiers — Un sol — la feuille   »
Pour — Huissiers — un sol la — feuille   »
»   »   »   » (sans Généralité de Montpellier)
Acte — un sol — la feuille   27 × 17 et 29 × 21
Actes — Un sol — la feuille   »
Acte — un sol — la feuille   »
»   »   » (avec l'm de Montpellier en minuscule)   29 × 21
Pour Actes — Un sol — la feuille   29 × 21
feuille de — Registre — Un sol   »
feuille — de Registre — Un sol   »
Pour Greffier — Un sol   »
Greffiers — Un sol — la feuille   »
»   »   » (placé verticalement à droite)   »
Notaires — un sol — la feuille   29 × 20½ et 31 × 20½
Notaires — Un sol — la feuille   29 × 21
Pour servir — aux Notai — res, Un sol   »
Pour fermes — & droits — Un sol   »
Affiche — Un sol — la feuille (feuille simple 41 × 29)
Registre — seize deniers — la feuille   31 × 22
feuille — de Registre — seize deniers.   36 × 31
feuille de — Registre — seize denier (feuille simple pour placard)   58½ × 41.

Les papiers du Parlement de Toulouse, quartier d'octobre 1673, réduits de format et les papiers du 1er janvier 1674 de la généralité de Montpellier furent contremarqués du timbre suivant.

PAPIERS

pour quart = de feuille — six : deniers.
Pour quart   de feuille — six ·· deniers
Pour quar' = de feuille — six ... deniers
Pour quart = de feuille — Six   deniers
Petit Papier = Huit deniers — la demy = feuille
Petit Papier = Huit deniers — la demye ... feuille
Petit papier = auit deniers — la demye = feuille
petit papier = huit deniers — la demye = feuille
petit papier = huit deniers — la demie = feuille.
pour demie = feuille — huit = deniers
Petit papier = un sol la feuille (en une seule ligne).
Petit papier = un sol la feuille   »
petit papier un = sol la feuille   »
petit papier = un sol la feuille   »

Petit ≡ un Sol — Papier ≡ La feuille (en deux lignes)
Petit ≡ Papier — un sol ≡ La feuille   »
Petit ≡ papier ≡ un sol — la ≡ feuille,   »
petit ≡ papier ≡ un sol — la ≡ feuille   »
petit papier ≡ à un sol — la ≡ feuille   »
papier moyen ≡ neuf deniers — la demie ≡ feuille,
papier moyen ≡ dix-huit — deniers ≡ la feuil
Papier moyen ≡ dix huit — deniers ≡ la feuille
Papier moyen ≡ dix huit deniers — la ≡ feuille
Papier Moyen ≡ deniers — dix huit ≡ La feuille
grand papier deux ≡ sols la feuille,
grand papier ≡ deux sols — la ≡ feuille
Grand ≡ deux sols — Papier ≡ la feuille
Grand Papier ≡ deux sols — La ≡ feuille.

PAPIERS A L'EXTRAORDINAIRE.

Les papiers à l'extraordinaire furent frappés de la marque seule ou d'un timbre portant : Papier à l'extraordinaire ≡ La feuille, laissant un blanc pour l'indication manuscrite de la valeur; ou bien encore le timbre complet avec la valeur indiquée.

Papier A ≡ Lextraordinaire — .. . ≡ La feuille
Papier A ≡ Lextraordinaire — un sol ≡ La feuille
»   ≡   »   — deux sols ≡ La feuille
»   ≡   »   — deux sols ≡ La feuille

PARCHEMINS

Les parchemins portent quelquefois la marque seule avec une inscription manuscrite: le plus souvent ils sont frappés d'un timbre ayant toute sa rédaction.

Quittance ≡ cinq sols
Pour greffes ≡ six sols
Pour ≡ Greffes — six ≡ sols.
Greffes ≡ dix sols

PAPIER

six deniers le $\frac{1}{4}$ de feuille
huit deniers la $\frac{1}{2}$ feuille
Petit papier 1 sol la feuille
Moyen papier 18 d la feuille
Grand papier 2 sols la feuille

1876
Janvier

Le papier extraordinaire ne porte que la marque. Il ne fut pas émis de timbres spéciaux pour le parchemin, la marque seule y fut apposée, avec les inscriptions manuscrites.

Les mêmes contremarqués du timbre suivant.

P. P. SIX DEN LE ¼ DE FEUILLE
P P HVIT D. LA ½ FEVILLE
VN SOL,
M. P. DIX HVIT D. LA FEVILLE
G. P. DEVX S. LA FEVILLE

Le papier à un sol porte GEN. DE (Generalité de) à l'intérieur du timbre, mais pour les autres valeurs, ces mots sont placés au-dessus de la fleur de lis.

Contremarqués du timbre suivant; on trouve aussi des feuilles de 1674 et de 1676 frappées de cette contremarque.

PAPIERS	PARCHEMINS
SIX DEN	POUR PARCHEMIN.
HVIT DEN	
VN SOL.	
DIX HVIT DEN	
DEVX SOLZ	
EXTRAORDINAIRE	

PARCHEMINS

POUR PARCHEMIN.

Le timbre des parchemins ne porte que cette réduction POUR PARCHEMIN avec l'indication manuscrite de son emploi et de sa valeur.

Les mêmes contremarqués du timbre suivant.

PAPIERS	PARCHEMINS
SIX DEN	CINQ SOLS
HVIT DEN	SIX SOLS
VN SOL	DIX SOLS
DIX HVIT DEN	EXTRAORDIN
DEVX SOLS	
EXTRAORDIN	

Les timbres à six deniers, huit deniers et un sol ont un numéro de contrôle dans le fleuron placé au milieu du cartouche indiquant la valeur.

Même timbre avec augmentation.

1678
janvier

1680
octobre

1688
janvier

1690
juin

1690
1er juin

PAPIERS			PARCHEMINS		
SIX DEN	AUG^on	2 D	CINQ SOLS	AUG^on	20 D
HVIT DEN	»	2 D	SIX SOLS	»	2 D
VN SOL	»	4 D	DIX SOLS	»	3 S. 4 D.
DIX HVIT DEN	»	6 D			
DEVX SOLS	»	8 D			

Pour les timbres Extraordinaire l'augmentation est indiquée selon le format employé.

Les mêmes contremarqués du timbre suivant.

1692
1er janvier

PAPIERS		PARCHEMINS	
SIX DEN	2 D.	CINQ SOLS	20 D.
HVIT DEN	2 D.	SIX SOLS.	2 S
VN SOL	4 D.	DIX SOLS	3 S. 4 D.
DIX 8 DEN	6 D.	EXTRAORD	
DEVX SOL	8 D.		
EXTRAORD			

Les mêmes contremarqués du timbre suivant.

Les feuilles de 1690 avec augmentation, contremarquées en 1692, sont à nouveau frappées du timbre de 1695.

1695
1er octobre

PAPIERS	PARCHEMINS
HVIT. DEN.	6 S. 8 DEN
DIX. DEN.	HVIT SOLS
SEIZE. DEN.	13 S. 4 DEN.
DEVX SOLS	EXTRAORD.
2 S. 8 DEN.	
EXTRAORD.	

En raison des changements successifs et très rapprochés des timbres, des feuilles timbrées de 1690 avec l'augmentation, 1692-1695, furent à nouveau contremarquées du timbre suivant, ce qui porta à quatre le nombre des timbres figurant sur ces feuilles.

1698 1ᵉʳ janvier — 1704 1ᵉʳ janvier — 1707 1ᵉʳ janvier — 1704-1713

PAPIERS

HVIT DEN
DIX DEN
UN S. 4 D.
DEUX SOLS

. . . .

EXTRAO

PARCHEMINS

SIX S. 8 D.
HVIT SOLS
13 S. 4 DEN
EXTRAO.

Les mêmes contremarqués du timbre suivant.

Marques de différentes grandeurs pour les papiers et parchemins, et proportionnées suivant les formats.

PAPIERS

QUART DE FEUILLE 8 D.
PETIT PAPIER FEUILLET DIX DEN
        »   UN SOL. 4 D FEUILLE
MOIEN PAPIER DEUX SOLS LA FEUILLE
GRAND PAPIER DEUX SOLS 8 D LA FEUILLE

PARCHEMINS

QUITTANCE. SIX SOLS 8. D
CONTRATS OU ACTES DES NOTTAIRES. HUIT. SOLS

. . . .

POUR EXPEDITIONS DES GREFFIERS P. DEUX ROOLES
TREIZE SOLS 4 D

Les mêmes contremarqués du timbre de 1713.

PARCHEMINS

EXPED. DES GREFFIERS — ET LETTRES - DE CHANCEL - 8 - S.

EXPED - DES GREFFIERS — ET - NOTAIRES - TREIZE - S - 4 - D.

TIMBRE EXTRAORDINAIRE

Les papiers et parchemins de toutes dimensions furent frappés du timbre extraordinaire spécial, ceux qui étaient employés pour l'intendance sont accompagnés d'un petit timbre frappé à droite, portant POUR LINTENDANCE. *Ils sont aussi contremarqués du timbre suivant.*

1713

1" janvier

PAPIERS	PARCHEMINS
HVIT DENI	SIX. S. HVIT D
DIX DENI	HVIT SOLS
VN. S. 4 DEN	. . . .
DEVX SOLS	EXTRAOR
. . . .	
EXTRAOR	

Les mêmes contremarqués du timbre suivant.

1716

1" janvier

PAPIERS	PARCHEMINS
HVIT - D -	SIX S. 8 D.
DIX - D -	HVIT. S
VN S. 4 D	. . . . . .
2 SOLS	EXTRAO
. . . . . .	
EXTRAO	

Les mêmes contremarqués du timbre suivant, des papiers de 1713 en sont également contretimbrés.

1717

1" octobre

PAPIERS	PARCHEMINS
HVIT DEN.	VI. S. VIII. D
DIX - DEN	VIII. SOLS
VN S 4 D	. . . .
II SOLS	EXTRAO
. . . . . .	
EXTRAO	

Les mêmes contremarqués du timbre suivant; il existe des feuilles contremarquées de 1712, 1716 et 1717 et retimbrées à nouveau; elles se trouvent ainsi frappées de 3 et 4 timbres successifs.

PAPIERS	PARCHEMINS
HVIT DENI	VI S. VIII D
DIX DENI	VIII SOLS
I SOL. IV D	XIII S. IV D.
II SOLS	EXTRAO
. . . .	
EXTRAO	

Les mêmes contremarqués du timbre suivant.

PAPIERS	PARCHEMINS
HUIT DEN P. QUART	SIX SOLS HUIT DEN
DIX DENIERS LE FEUILL	HUIT SOLS
UN S. 4 D. LA FEUILLE	13 SOLS 4 DEN. LA F.
DEUX SOLS LA FEUILLE	EXTRAORDINAIRE
DEUX SOLS HUIT D. LA F	
EXTRAORDINAIRE	

Les mêmes contremarqués du timbre suivant.

PAPIERS	PARCHEMINS
HUIT DEN.	SIX S 8 DEN
DIX DEN.	HVIT SOLS
UN SOL 4 DEN.	13 SOLS 4 DEN
DEUX SOLS	EXTRAORDIN.
2 SOL 8 DEN	
EXTRAORDIN.	

Les mêmes contremarqués du timbre suivant.

1733

1" janvier

PAPIERS

HUIT DEN.
DIX DEN.
SEIZE DEN.
DEUX SOLS
2 SOLS 8 DEN.
EXTRAORDIN

PARCHEMINS

SIX S 8 DEN
HUIT SOLS
13 SOLS 4 DENI
EXTRAORDIN.

Les mêmes contremarqués du timbre suivant.

1739

1" janvier

PAPIERS

HUIT DEN
DIX DEN
UN S 4 DEN
DEUX SOLS
. . . .
EXTRAORDIN.

PARCHEMINS

. . . . . .
HUIT SOLS
13 SOL. 4 DEN
EXTRAORDIN.

Les mêmes contremarqués du timbre suivant.

1745

1" janvier

PAPIERS

HUIT DEN
DIX DEN
UN SOL. 4 DEN.
DEUX SOLS
2 SOLS 8 DEN.
EXTRAORDIN

PARCHEMINS

. . . .
HUIT SOLS
13 SOL. 4 DEN.
EXTRAORDIN.

Les mêmes contremarqués du timbre extraordinaire suivant.

PAPIERS

UN SOL.
1. SOL. 3 DEN.
DEUX SOLS
TROIS S.
QUATRE S.
EXTRAORDI.

PARCHEMINS

DIX SOLS
DOUZE S.
VINGT S.
EXTRAORDI.

Les mêmes contremarqués du timbre extraordinaire suivant.

PAPIERS

UN SOL.
1 SOL. 3 DEN
DEUX SOLS
TROIS SOLS
QUATRE S.
EXTRAORDI

PARCHEMINS

DIX SOLS
DOUZE S.
VINGT S.
EXTRAORDI

PARCHEMIN 35 SOLS.

Les papiers et parchemins de 1757 contremarqués du timbre suivant.

PAPIERS

Q. D. F. 1 SOL 2 D
D. F. 1 SOL 5 D$\frac{1}{2}$
P. P. 2 SOLS 4 D.
M. P. 3 SOLS 6 D.
G. P. 6 SOLS 8 D
EXTRAORDI

PARCHEMINS

Q. 11 SOLS 8 D.
ROLLES 11 SOLS.
F. D. P 23 SOLS 4 D.
35 SOLS.
EXTRAORDI.

Timbre sans indication de valeur, frappé sur moyen papier, employé pour les actes du ministère public.

EXPEDT DES FERM DU ROY T. D. D.
REGIST DES FERM DU ROY T. D. D.

RÉGIE GÉNÉRALE

GÉNÉRALITÉ DE MONTAUBAN
COMTÉ DE FOIX ET BIGORRE

La généralité de Montauban connue sous le nom de Haute Guyenne comprenait le Querci et le Rouergue.

Le comté de Foix était dépendance de la généralité de Montauban et l'administration de la justice du ressort du Parlement de Toulouse, par un édit du mois d'avril 1716 il en fut distrait et attaché au département du comté de Roussillon, à cause de la proximité des lieux, et le comté de Bigorre qui dépendait de la généralité de Bordeaux fut incorporé dans la généralité d'Auch.

Les timbres du pays de Foix et Bigorre furent employés concurremment à ceux de la généralité de Montauban, ou ne forment parfois qu'un type unique avec la légende GÉNÉRALITÉ DE MONTAUBAN, FOIX ET BIGORRE.

GÉNÉRALITÉ DE MONTAUBAN

Les papiers et parchemins du Ressort du Parlement de Toulouse furent contremarqués du timbre suivant.

**Moyen
Dix-huit den.**

**Papier
la feuille.**

Marque au milieu de la feuille dans le haut, composée d'une fleur de lis entourée d'un ruban portant GENERA DE MONTAUBAN.
Inscription en deux lignes, caractères romains.

PAPIERS

Petit   Papier — Huit   Deniers
petit   papier — vn   sol
Petit   papier — Vn sol   La feuille
Moyen   Papier — Dis huit den.   la feuille.
grand   papier — deux   sols
grand   papier — Deux Sols   la feuille

PARCHEMINS

Pour   Quittance — cinq   Sols
Pour   Notaires — cinq sous   Le Feuillet.

Même type. Inscriptions en italique.

PAPIERS

Six   deniers — Le quart   de feuille
Petit   Papier — Huit Den   Le feuillet
»   »   — huit den   Le feuillet
Petit   Papier — un Sol   La feuille
Moyen   Papier — Neuf den   Le feuillet
Grand   Papier — Deux Sols   La Feuille

PARCHEMINS

Pour   Notaires — Cinq Sols   Le Feuillet

PAYS DE FOIX ET BIGORRE

Les papiers et parchemins de la généralité de Bordeaux furent contre-marqués du timbre suivant.

1675

Au milieu de la feuille dans le haut. Marque ronde portant au centre une fleur de lis; autour dans un double filet PAYS DE . FOIX . ET . BIGORRE . ; *à droite et à gauche en deux lignes, le format et la valeur en caractères romains.*

Petit   papier — six den   le quart
Petit   papier — huict den.   le feuillet
Petit   papier — vn sol   feuille.
petit   papier — vn sol   la feuille
Petit   papier — vn   sol
grand   papier — Deux Sols   la feuille
grand   papier — deux sols

PARCHEMIN

Pour ¨ Greffe — Six ¨. Sols

Même type. Inscription en italique,

PAPIERS

petit ¨ papier — Six den ¨ le quart
Six ¨ Deniers — Le Quart ¨ De Feuille
six ¨ deniers — le quart ¨ de feuille
Petit ¨ Papier — Huit den ¨ Le Feuillet
petit ¨ papier — un sol ¨ la feuille
Petit ¨ Papier — un Sol ¨ La Feuille
Petit ¨ Papier — Un Sol ¨ La Feuille
Un ¨ Sol — La ¨ Feuille

PARCHEMIN

Pour ¨ Notaires — Cinq Sols ¨ Le Feuillet.

MONTAUBAN

PAPIERS

Six deniers le $\frac{1}{4}$ de feuille
huit deniers la $\frac{1}{4}$ feuille
Petit papier 1 sol la feuille
Moyen papier 18 d. la feuille
Grand papier 2 sols la feuille

Les parchemins sont frappés de la marque seule, avec les inscriptions manuscrites.

Marque composée d'une fleur de lis ornée; autour, GENERALITÉ DE MONTAUBAN, *frappée à l'angle gauche des registres des fermes du roy; elle était employée comme timbre extraordinaire.*

Les timbres de 1675 de la généralité de Montauban sont contremarqués du timbre collectif: GEN DE MONTAUBAN FOIX ET BIGORRE.

Ceux du pays de Foix et Bigorre, d'une marque similaire, sans indication de valeur: PAIS DE FOIX ET BIGORRE.

PAPIERS
SIX DEN
HUIT DEN
UN SOL
DIX HUIT DEN.
DEUX SOLS
EXTRAORDINAIRE

PARCHEMINS

Les parchemins sont marqués du même timbre, le cartouche du bas renferme le mot PARCHEMIN ou EXTRAORDINAIRE, les autres inscriptions sont manuscrites.

Ils furent employés dans la généralité de Toulouse, qui faisait partie de la même sous-ferme. Le timbre de la généralité de Toulouse fut apposé à côté de celui de Montauban, Foix et Bigorre.

1684
Janvier

De nouveaux timbres émis en 1684 et 1685 portent comme légende TOULOUSE MONTAUBAN. (Décrits à la généralité de Toulouse).

1688
1er Janvier

Timbres spéciaux par généralité ou pays.

PAPIERS		PARCHEMINS
SIX DEN.		CINQ SOLS
HVIT DEN	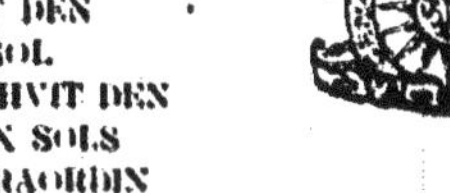	SIX SOLS
UN SOL		DIX SOLS
DIX HVIT DEN		EXTRAORDIN
DEUX SOLS		
EXTRAORDIN		

PAPIERS		PARCHEMINS
SIX DEN		CINQ SOLS
HVIT DEN		SIX SOLS
UN SOL.		DIX SOLS
DIX HVIT DEN		EXTRAORDIN
DEUX SOLS		
EXTRAORDIN		

1690
1er Juin

Les mêmes timbres avec augmentation.

PAPIERS			PAPIERS		
SIX DEN	Aug⁰ 2 D		SIX DEN	Aug⁰ 2 D	
HUIT DEN	» 2 D		HVIT DEN	» 2 D	
VN SOL	» 4 D		UN SOL	» 4 D	
DIX HVIT DEN	» 6 D		DIX HVIT DEN	» 6 D	
DEUX SOLS	» 8 D		DEVX SOLS	» 6 D	
PARCHEMINS			**PARCHEMINS**		
CINQ SOLS	Aug⁰ 20 D		CINQ SOLS	Aug⁰ 20 D	
SIX SOLS	» 2 D		SIX SOLS	» 2 D	
DIX SOLS	» 3 S. 4 D		DIX SOLS	» 3 S. 4 D.	

Aux timbres extraordinaires, l'augmentation est cotée suivant le format employé.

— 321 —

Il ne paraît pas y avoir eu d'autres émissions de timbres pour les pays de Foix et Bigorre ; ceux qui restèrent en magasin furent successivement contremarqués des timbres de la généralité de Montauban, et en 1716, ils étaient séparés.

Les mêmes timbres contremarqués du timbre suivant.

PAPIERS

HVIT DEN
DIX DEN
SEIZE DEN
DEVX SOLS
2 S. 8 DEN
EXTRAORD

PARCHEMINS

6 S 8 DEN
HVIT SOLS
13 S. 4 DEN
EXTRAORD

Les mêmes contremarqués du timbre suivant.

Des feuilles de 1690 avec augmentation de Montauban et de Foix et Bigorre en sont aussi contremarqués.

PAPIERS

HVIT DEN
DIX DEN
SEIZE DEN
DEVX SOLS
2 S 8 DEN
EXTRAORD

PARCHEMINS

SIX S 8 D.
HVIT SOLS
13 S. 4 DEN.
EXTRAORD.

Les mêmes contremarqués du timbre suivant.

Des papiers de 1690, de la généralité de Montauban, des pays de Foix et Bigorre, 1692-1695-Montauban, sont contremarqués de ce timbre, ce qui porte à quatre le nombre des timbres figurant sur ces feuilles.

PAPIERS

HVIT DEN
DIX DEN
UN S 4 DEN
DEVX SOLS
. . . .
EXTRAO

PARCHEMINS

SIX S. 8 D.
HVIT SOLS
13 S. 4 DEN
EXTRAO

*Les papiers et parchemins employés pour l'intendance portent au-dessous
du timbre une griffe* POUR L'INTENDANCE.

Les mêmes contremarqués du timbre suivant.

1704
1" janvier

PAPIERS

QUART DE FEUILLE 8 D
PETIT PAPIER FEUILLET DE X DEN
      »   LA FEUILLE VN SOL. 4 D
MOIEN PAPIER DEUX SOLS LA FEUILLE

. . . .

PARCHEMINS

QUITTANCE SIX SOLS 8 D.
P. CONTRATS OU ACTES DES NOTIVIRES HVIT SOLS

. . . .

Timbres de grandeurs différentes proportionnées aux formats.

TIMBRE EXTRAORDINAIRE

1704-1713

PARCHEMINS

1707
1" janvier

EXPED. DES. GREFFIERS. ET LETTRES DE CHANCEL 8. S.
EXPED. DES. GREFFIERS ET NOTAIRES. TREIZE. S. 4. D.

Les timbres de 1704 contremarqués du timbre suivant.

1713
1" janvier

PAPIERS	PARCHEMINS
HVIT DEN	SIX S HUIT D
DIX DEN	HUIT SOLS
UN S 4 DEN	13 S 4 DEN
DEUX SOLS	EXTRAO
DEUX. S. 8 D	
EXTRAO	

Les mêmes contremarqués du timbre suivant.

<table>
<tr><td>

PAPIERS

HVIT DEN
DIX DENI
UN S. 4 DEN
DEUX SOLS
DEUX. S. 8 D
EXTRAO

</td><td>

PARCHEMINS

SIX S. 8 DE
HUIT SOLS
13 S. 4 DEN
EXTRAO

</td></tr>
</table>

Les mêmes contremarqués du timbre suivant.

<table>
<tr><td>

PAPIERS

HVIT DEN
DIX DEN
I. S. IV. D.
DEUX SOLS
II S VIII D
EXTRAO

</td><td>

PARCHEMINS

VI S. VIII D.
VIII SOLS
XIII S IV D.
EXTRAO

</td></tr>
</table>

Les mêmes contremarqués du timbre suivant.

Des 1/2 feuilles des timbres de 1713, 1716, 1717 sont à nouveau contre-marquées.

<table>
<tr><td>

PAPIERS

HVIT DEN
DIX DENI
I SOL IV D
II SOLS
II S. VIII D
EXTRAOR

</td><td>

PARCHEMINS

VI S. VIII D.
HUIT SOLS
XIII S IV D
EXTRAOR

</td></tr>
</table>

Les mêmes contremarqués du timbre suivant.

Des parchemins sont contremarqués successivement depuis 1713, portant à cinq le nombre des timbres y figurant.

Les registres des fermes du Roy sont timbrés à l'extraordinaire avec la mention P. LA FERME, *placée au-dessous du timbre.*

1733
1er juillet

PAPIERS	**PARCHEMINS**
HUIT DEN. P QUART	SIX SOLS HUIT DEN.
DIX DEN LE FEUIL..	HUIT SOLS
UN S. 4 D LA FEUIL.	13 S. 4 D LA FEUIL
2 SOLS LA FEUIL.	EXTRAORDINAIRE
2 SOLS 8 D. LA F.	
EXTRAORDINAIRE	

Les mêmes contremarqués du timbre suivant.

1727
1er janvier

PAPIERS	**PARCHEMINS**
HUIT DEN.	SIX S. 8 DEN
DIX DEN.	HUIT SOLS
UN SOL 4 DEN.	13 S. 4 DEN.
DEUX SOLS	EXTRAORDIN.
. . . .	
EXTRAORDIN.	

Les mêmes contremarqués du timbre suivant.

1733
1er janvier

PAPIERS	**PARCHEMINS**
HUIT DEN	6 SOLS 8 DEN
DIX DEN	HUIT SOLS
SEIZE DEN	13 SOLS 4 DEN
DEUX SOLS	EXTRAORDIN
2 SOLS 8 DEN	
EXTRAORDIN	

Les quittances des tailles sont frappées du timbre extraordinaire et de même que dans les généralités de Moulins et Limoges, se trouve placé au-dessous, le petit timbre de quittance des tailles.

<table>
<tr><td>

PAPIERS

HUIT DEN
DIX DEN
UN SOL 4 DEN
DEUX SOLS
2 SOLS 8 DEN
EXTRAORDIN

</td><td>

PARCHEMINS

6 SOLS 8 DEN
HUIT SOLS
13 SOLS 4 DEN
EXTRAORDIN

</td></tr>
</table>

Ce timbre est aux armes de Montauban : au saule terrassé et étêté, ayant six branches sans feuilles, trois à dextre et trois à senestre ; avec trois fleurs de lis en chef.

Les quittances des tailles ont, comme pour le timbre précédent, le petit timbre de contremarque, mais placé sur le côté.

Les mêmes contremarqués du timbre suivant.

<table>
<tr><td>

PAPIERS

HUIT DEN
DIX DEN
UN SOL 4 DEN
DEUX SOLS
2 SOLS 8 DEN
EXTRAORDIN

</td><td>

PARCHEMINS

6 SOLS 8 DEN
HUIT SOLS
13 SOLS 4 DEN
EXTRAORDIN

</td></tr>
</table>

Comme celui de 1739, ce timbre est aux armes de Montauban, mais sans chef. Les quittances des tailles avec le timbre de contremarque.

Les mêmes contremarqués du timbre suivant.

<table>
<tr><td>

PAPIERS

UN SOL
1 SOL 3 DEN
DEUX SOLS
TROIS SOLS
QUATRE SOLS
EXTRAORDIN

</td><td>

PARCHEMINS

DIX SOLS
DOUZE SOLS
VINGT SOLS
EXTRAORDIN

</td></tr>
</table>

Les mêmes contremarqués du timbre suivant

1757
1" janvier

PAPIERS

UN SOL
1 SOL 3 DEN
DEUX SOLS
TROIS SOLS
QUATRE SOLS
EXTRAORDI.

PARCHEMINS

DIX SOLS
DOUZE S.
VINGT S
EXTRAORDI

REGISTRE DES FERM DU ROY
EXPED DES FERM DU ROY
Q DES TAILL UN SOL

1774
Mars

PARCHEMIN

35 SOLS

*Les papiers et parchemins de 1757 contremarqués
du timbre suivant.*

PAPIERS

Q. D. F. 1 SOL 2 D.
D. F 1 SOL 5 D $\frac{1}{7}$
P P 2 SOLS 4 D.
M P 3 SOLS 6 D.
G P 4 SOLS 8 D.
EXTRAORDI.
Q. D. TAI. 1 SOL 2 D.

PARCHEMINS

Q H SOL 6 D.
ROLLES 11 SOLS
F. D P. 23 SOLS 4 D.
35 SOLS
EXTRAORDI

EXP DES FERM DU ROY T. D. D.
REGIST DES FERM DU ROY. T. D D.

RÉGIE GÉNÉRALE

EXPEDITIONS

TIMB EXTRAORD.

GÉNÉRALITÉ DE LYON

La généralité de Lyon comprenait le Forez, le Beaujolais et le Lyonnais.

La première marque se compose d'un écu chargé d'un lion rampant qui sont les armes de la ville de Lyon, surmonté d'une grosse fleur de lis avec légende circulaire de droite à gauche GÉNÉRALITÉ DE LYON.

Le lion se trouve représenté sur la plupart des timbres de la généralité, soit comme pièce principale ou comme support, affrontés ou contournés, ou bien encore sur armes pleines, accolées aux écus de France, du Forez et du Beaujolais.

Marque à gauche dans le haut de la feuille, la valeur et le quartier au-dessous; la formule placée à droite de la marque, le tout en italique.

PAPIERS

Pour — Contrats — & actes — des No — taires. — Douze deniers pour — feuille.

Même type, sans indication du quartier.

PAPIERS

Pour — Exploits — Six deniers.
Pour — les proce — dures des — procureurs. — Six deniers —
Pour — lettres de — change —   »
Pour — quitances — Six deniers —
Pour — servir aux — Greffes — Huict deneniers pour — feuille.—
Pour — contrats — & actes — des No — taires — Huict deniers.—
   » — » — » — »   » — Huict deniers pour feuillet. —*
Pour — les proce — dures des — procureurs. — Huict deniers. —
Pour — Exploits. — Huict deniers. —
Pour — servir aux — Greffes. — Douze deniers pour — feuille. —
Pour — Contrats — & actes — des No — taires — Douze deniers pour — feuille. —

1674 *Même type. Formule et valeur au-dessous de la marque.*

PAPIERS

Six deniers.
Pour — Exploits. — Six deniers. —
Pour — Quittances. — Six deniers —
Pour servir au — Secrétariat de — l'Archevêché — Six deniers.
Pour les — Fermes et — Droits du Roy — Six deniers
Pour — Contrats — & actes — des No — taires — Huit deniers.
Pour les — procedures des — procureurs —   »
Pour — Actes sous — sein privé. —   »
Pour servir — aux Greffes, — Douze deniers pour — feuille —
Pour Contrats — & actes — des No — taires — Douze deniers — pour feuille.
Pour les — Gens du Roy —   »   —   »
Pour servir aux — Greffes, —   »   —   »
Pour servir — au procureur du — Roy des Bailliages, — Senéchaussée & — présidial.
— (sans indication de valeur).
Pour — Procez-Verbal. — Douze deniers — pour feuille. —
Pour — Exploits. — Douze deniers pour — feuille. —
Pour — Actes sous — Sein privé. — Douze deniers — pour feuille. —

PARCHEMIN

Dix sols pour — les deux Rôles.

1675  *Marque au milieu de la feuille: fleur de lis au centre, avec deux lions affrontés, au-dessus et au-dessous une banderole, portant généralité de Lyon en lettres blanches sur fond noir, au bas de la marque*

le mot Royal, qui semble être l'abréviation de timbre royal. La valeur à droite et à gauche de la marque, en une ou deux lignes.

PAPIERS

SIX · DENIERS
HVICT · DENIERS
PETIT · PAPIER — HVICT · DENIERS
DOUZE · DENIERS
DOUZE · DENIERS — POUR · FEUILLE
DOUZE DENIERS · POUR FEUILLE
PETIT · PAPIER — DOUZE · DENIERS — POUR · FEUILLE
NEUF · DENIERS
MOYEN · PAPIER — NEUF · DENIERS
DIX HVICT · DENIERS — POUR · FEUILLE

Il se trouve une variété du dix-huit deniers où le mot HVICT *est écrit* HICT.

Les mêmes contremarqués du timbre suivant. Les feuilles de papier de 1673 et 1674 qui n'avaient pas été employées ont été réduites au format régulier et frappées du même timbre.

Marque composée du chiffre L. L. enlacé et fleuronné, au centre un lion rampant surmonté d'une fleur de lis, de chaque côté GÉNÉRALITÉ = DE LION *en grosse italique ornée, au-dessous la valeur et le format en italique plus petite.*

Generalité   de Lion
douze deniers   pour feuille

PAPIERS

six = deniers
huit deniers = pour feuillet
douze deniers = pour feuille
neuf deniers = pour feuillet
dix huit deniers = pour feuille
deux sols = pour feuille

PARCHEMINS

cinq = sols
. . . . . .
. . . .
. . . . . .

Même type, avec l'indication de la valeur et du format en petite capitale penchée.

PAPIERS

SIX   DENIERS
HUICT DENIERS = POUR FEUILLET
DOUZE DENIERS = POUR FEUILLE
DIX HUICT DENIERS = POUR FEUILLE

. . . .

Les mêmes contremarqués de la marque du timbre suivant.

Fleur de lis surmontée de la couronne royale, brochant sur un sceptre et une main de justice posés en sautoir, au-dessus, dans une banderole, GNALITÉ DE LYON; *dans la partie inférieure deux palmes.*

Petit   Papier
Douze deniers   la feuille

PAPIERS

Petit = Papier — Six deniers = le quart
  » = » — Huit deniers = pour feuillet
  » = » — Douze deniers = la feuille

. . . .
Moyen = Papier — dix huit deniers = la feuille

. . . .

PARCHEMINS

Cinq Sols = le quart
. . . .
Dix sols = la feuille

Les mêmes contremarqués du timbre suivant.

Ce timbre se compose de trois écussons accolés, au centre: le Lyonnais, de gueules au lion d'argent; au chef d'azur chargé de trois fleurs de lis d'or.

A gauche : le Forez, de gueules, au dauphin courbé d'or, et à droite le Beaujolais : d'or au lion de sable armé et lampassé de gueules avec un lambel de cinq pendants brochant pour brisures.

PAPIERS	PARCHEMINS
SIX DEN	CINQ SOLS
HVIT DEN	SIX SOLS
VN SOL.	DIX SOLS
DIX HVIT DEN	EXTRAORDINAIRE
DEUX SOLS	
EXTRAORDINAIRE	

Les mêmes contremarqués du timbre suivant.

Écu portant une fleur de lis, avec support de lions sur lesquels chevauchent des enfants soutenant l'écusson et tenant une banderole avec légende GEN DE LYON, la valeur indiquée sur l'embase.

1688

1er Janvier

PAPIERS	PARCHEMINS
SIX DEN	CINQ SOLS
HVIT DEN	SIX SOLS
UN SOL.	DIX SOLS
DIX HVIT DEN	EXTRAORDIN
DEUX SOLS	
EXTRAORDIN	

Les papiers à SIX DEN, HVIT DEN et UN SOL. portent un numéro de contrôle dans l'embase après l'indication de la valeur.

1690

1er juin

Les mêmes timbres avec augmentation placée au-dessous du timbre.

PAPIERS		PARCHEMINS	
SIX DEN.	AUG^ns 2 D	CINQ SOLS	AUG^on 20 D.
HVIT DEN.	» 2 D	SIX SOLS	» 2 S.
VN SOL	» 4 D	DIX SOLS	» 3 S. 4 D.
DIX HVIT DEN	» 6 D	EXTRAORDIN AVMANTATION.	
DEUX SOLS	» 8 D		
EXTRAORDIN AVMANTATION			

Un ruban a été ajouté au-dessous du timbre extraordinaire pour y faire figurer l'augmentation qui se réglait selon le format du papier ou du parchemin employé.

Les mêmes contremarqués du timbre suivant.

Les timbres de six deniers et huit deniers ont à l'angle gauche, dans le bas du timbre un numéro de contrôle.

PAPIERS		PARCHEMINS	
SIX DEN.	2 D.	CINQ SOLS.	20 D.
HVIT DEN.	2 D.	SIX SOLS.	2 S.
VN SOL.	4 D.	DIX SOLS.	3 S. 4 D.
DIX HVIT DEN.	6 D.	EXTRAORDINAIRE	
DEUX SOLS.	8 D.		
EXTRAORDINAIRE			

Les mêmes contremarqués du timbre suivant.

PAPIERS		PARCHEMINS	
SIX DEN.	2 D.	CINQ SOLS.	20 D.
HVIT DEN.	2 D.	SIX SOLS.	2 S.
UN SOL.	4 D.	DIX SOLS	3 S. 4 D.
DIX HVIT DEN.	6 D.	EXTRAORDINAIRE.	
DEUX SOLS.	8 D.		
EXTRAORDINAIRE.			

Les mêmes contremarqués du timbre suivant.

PAPIERS	PARCHEMINS
HVIT DEN	CINQ SOLS
DIX DEN	SIX SOLS
VN S. 4 D.	HUIT SOLS
DEVX SOLS	13 S. 4 D.
. . . .	
. . . .	

1700

1er janvier

<table>
<tr><td colspan="2">PAPIERS</td><td colspan="2">PARCHEMINS</td></tr>
<tr><td>SIX. DEN.</td><td>2 D</td><td>CINQ SOLS</td><td>20 D</td></tr>
<tr><td>HVIT DEN</td><td>2 D</td><td>SIX SOLS</td><td>2 S</td></tr>
<tr><td>VN SOL.</td><td>4 D</td><td>DIX SOLS</td><td>3 S. 4 D.</td></tr>
<tr><td>DIX HVIT DEN</td><td>6 D</td><td>EXTRAOR</td><td></td></tr>
<tr><td>DEUX SOLS</td><td>8 D</td><td></td><td></td></tr>
<tr><td>EXTRAOR</td><td></td><td></td><td></td></tr>
</table>

Les mêmes contremarqués du timbre suivant.

1704

1er janvier

PAPIERS	PARCHEMINS

HVIT DENIERS POUR QUART
PETIT PAP. X DEN. LE FEUILLET
PETIT PAP. I SOL IV DEN LA F
MOIEN PAP. II SOLS LA FEUILLE
GRAND PAP II SOLS VIII. D LA F.
EXTRAORDINAIRE

1707

1er janvier

PAPIERS

QVART F. 8 D.
DEM. F 10. D.
FEVI. I S 4 D.
FEVI A 2 S.
FEVI 2 S 8 D.
POUR IMPR. ET REG A CONT

PARCHEMINS

QUIT 6 S. 8 D.

. . . .

FEVI. 13 S 4 D.

. . . .

Le timbre à l'extraordinaire fut remplacé par un autre timbre apposé sur tous les formats, ayant comme légende : POUR IMPR ET REG A CONT *pour impressions et registres à comptes.*

1713

1er janvier

PAPIERS

HVIT DENIE
DIX DENIE
VN. S. 4 DEN
DEVX SOLS
DEVX S. 8 DEN
EXTRAORDIN

PARCHEMINS

SIX S 8 DEN
HVIT SOLS
13 SOLS 4 DEN
EXTRAORDIN

Les mêmes contremarqués du timbre suivant.

PAPIERS	PARCHEMINS
HVIT DEN	SIX S 8 DEN
DIX DEN	HVIT SOLS
UN S. 4 DEN	13 S. 4 DEN
DEVX SOLS	EXTRAORDI
DEUX S 8 DEN	
EXTRAORDI	

Les mêmes contremarqués du timbre suivant.

PAPIERS	PARCHEMINS
HUIT DEN. P QUART	SIX SOLS 8 DEN
DIX DENIERS LE FEUILL.	HUIT SOLS
UN S. 4 DEN. LA FEUILLE	13 SOLS 4 DEN. LA F
DEUX SOLS LA FEUILLE	EXTRAORDINAIRE
DEUX SOLS HUIT D. LA F.	
EXTRAORDINAIRE	

Les mêmes contremarqués du timbre suivant.

PAPIERS	PARCHEMINS
HVIT DEN	SIX S. 8 DEN.
DIX DEN	HUIT SOLS
UN S 4. DEN	13 SOL 4 DEN.
DEVX SOLS	EXTRAORDIN
2 SOLS 8 DEN	
EXTRAORDIN	

Les mêmes contremarqués du timbre suivant.

1739

1ᵉʳ janvier

<table>
<tr><td>

PAPIERS

HVIT DEN
DIX DEN
UN SOL. 4 DEN
DEUX SOLS
2 SOLS 8 DEN
EXTRAORDIN

</td><td>

PARCHEMINS

SIX S 8 DEN
HUIT SOLS
13 SOL. 4 DEN
EXTRAORDIN

</td></tr>
</table>

Les mêmes contremarqués du timbre suivant.

1745

1ᵉʳ janvier

<table>
<tr><td>

PAPIERS

HVIT DEN
DIX DEN
UN S. 4. DEN
DEUX SOLS
2 SOLS 8 DEN
EXTRAORDIN

</td><td>

PARCHEMINS

SIX S 8 DEN
HUIT SOLS
13 SOL. 4 DEN
EXTRAORDIN

</td></tr>
</table>

1751

1ᵉʳ janvier

<table>
<tr><td>

PAPIERS

DIX DEN.
12. DEN. $\frac{1}{2}$
1. SOL 8. D.
2. SOLS 6 D.
3 SOLS 4 D.
EXTRAORD.

</td><td>

PARCHEMINS

8. SOLS 4. D.
DIX SOLS
16 SOLS 8. D.
EXTRAORD.

</td></tr>
</table>

Les mêmes contremarqués du timbre suivant.

QUITT. DES TAILLES.

1757
janvier

PAPIERS	PARCHEMINS
UN SOL.	DIX SOLS
1. SOL. 3 DEN	DOUZE SOLS
DEUX SOLS	VINGT SOLS
TROIS SOLS	EXTRAORDI
QUATRE SOLS	
EXTRAORDI	

FERMES DU ROY.
—
EXPED DES FERMES DU ROY
REGIST DES FERMES DU ROY.
Q. DES TAILL. UN SOL.

1774
mars

PARCHEMIN
35 SOLS

Papiers et parchemins de 1757 contremarqués du timbre suivant.

1781
janvier

PAPIERS	PARCHEMINS
Q. D. F 1 SOL 2 D.	Q 11 SOLS 8 D.
D. F. 1 SOL 5 D$\frac{1}{2}$	ROLLES 14 SOLS
P. P. 2 SOLS 4 D.	F. D. P. 23 SOLS 4 D.
M. P. 3 SOLS 6 D.	35 SOLS.
G. P. 6 SOLS 8 D	EXTRAORDI.
Q. D. TAILLE 1 S 2 D.	
EXTRAORDI	

EXP DES FERM. DU ROY. T. D. D.
REGIST DES FERM DU ROY T. D. D.

RÉGIE GÉNÉRALE

EXPEDITIONS

TIMB. EXTRAORD.

GÉNÉRALITÉ DE DAUPHINÉ

Généralité de Grenoble — Dauphiné — Grenoble

La généralité de Grenoble comprenait la principauté d'Orange et la province de Dauphiné.

La principauté d'Orange fut réunie au Dauphiné par un édit du mois de décembre 1714. Par lettres patentes du mois de juillet 1718 le Roi avait ordonné que M. le Prince de Conty continuerait à jouir en toute propriété des droits et revenus dépendant de cette principauté ; mais par un contrat d'échange du 23 avril 1731 Sa Majesté rentrait en possession des domaines et revenus.

Par arrêt et lettres patentes du 29 mai 1731 et résultat du Conseil du même jour, il accepta les offres des cautions de Pierre Carlier et Nicolas Deboves, adjudicataires des fermes unies ; en conséquence il leur fit bail des droits qui se percevaient dans la principauté, parmi lesquels celui du timbre sur les papiers et parchemins.

La Provence, le Dauphiné et le Lyonnais faisant partie d'une même sous-ferme, leurs premiers timbres furent exécutés sur un même type, sauf pour les armoiries qui étaient spéciales à chaque province ; n'ayant pas retrouvé de pièces du quartier de juillet dans le Dauphiné et la Provence, je crois cependant qu'elles ont dû y avoir cours.

Le quartier d'octobre fut émis en Dauphiné et très probablement dans les deux autres provinces.

La marque placée à gauche dans le haut de la feuille est composée d'un écu chargé d'un dauphin qui sont les armes du Dauphiné : D'or au dauphin d'azur, barbé, crêté et oreillé de gueules, surmonté d'une grosse fleur de lis avec légende circulaire de droite à gauche. GÉNÉRALITÉ

DE DAUPHINÉ. *La formule à droite de la marque, le format, la valeur et le quartier placés au-dessous, le tout en italique.*

Le dauphin figure dans la plupart des timbres de cette généralité comme pièce principale ou comme support, dans un écu accolé aux armes de France, quelquefois écartelé aux 1 et 4 de France, aux 2 et 3 d'or à un dauphin d'azur, qui sont encore les armes du Dauphiné.

1673
Quartier d'oct.

PAPIERS

Pour — Contrats — & actes — des No — taires —
Huit deniers pour — feuillet — quartier d'octobre 1673.

Même type. Formule et valeur au-dessous de la marque.

PAPIERS

1674

Pour — Quittance. — Six deniers —
Pour — Quittance. — Six deniers le — quart de feuille
Pour — Expédition des Greffiers — Six denier_s —
Pour — Les Fermes — & Droits du — Roy — Six deniers pour — quart
  de feuil — le —
Pour — Exploit — Huit deniers le — feuillet —
Pour — copie de — pièces. —   »   —   »   —
Pour — copie de piè — ces — Huit deniers le — feuillet —
Pour — servir aux Procu — reurs des Cours — Huit deniers le — feuillet —
Pour — expédition des — Greffiers — Huit deniers pour — feuillet —
Pour — Exploit — Huit deniers pour — feuillet —
Feuille pour — Copies de — pièces — Douze deniers la — feuille —
Pour — les procedures — des Procureurs. — Douze deniers pour — feuille —
Pour — Exploit. — Douze deniers la — feuille. —
Pour — Facille de Regre — Douze deniers la — feuille. —
Pour — Contrats & — Actes des — Notaires. — Douze deniers — la feuille —
*   »   —   »   —   »   —   »   — douze deniers pour — feuille —*
Pour — Les Procédu — res des Pro — cureurs. — Douze deniers par — feuille —
Pour — Les procedures — des Procureurs. — Douze deniers pour — feuille. —
Pour — Servir aux Pro — cureurs des Cours. — Douze deniers la — feuille —
Pour — Expéditions des — Greffiers. — Douze deniers la — feuille —
Pour — Compte de — tutelle & cu — ratelle. — Douze deniers la — feuille —
Pour — Expédition de — la Chambre des — Comptes. — Seize deniers pour — feuille —.

PARCHEMIN

Pour — Expédition des — Greffiers du Par — lement. — Six sols —

Les mêmes contremarqués du timbre suivant.

*Marque dans le haut de la feuille, au milieu :
fleur de lis entourée d'un ruban portant* GENERA
DE GRENOBLE. *Format à gauche, en romain.
Valeur à droite en italique, en deux lignes.*

PAPIER

Petit — papier = huit — deniers le — feuillet.
Petit — papier = Vn sol la — feuille

Même type, avec inscription entièrement en italique en deux lignes.

PAPIERS

Petit — papier = un sol la — feuille
Petit — papier = un Sol la — feuille
Papier — Moyen = Neuf — den le — feuillet.
Papier — moyen = dix huit — deniers — la feuille.

*Même type, marque à l'angle gauche, le format et la valeur placés en
dessous ; le format indiqué en caractères romains et la valeur en italique,
fut employé pour contremarquer les papiers de 1673.*

PAPIERS

Petit papier — huit deniers le — feuillet
Petit papier — Vn sol la feuille
Papier moyen — Six deniers le — quart
»   »   — dix huit deniers — la feuille.

*Même type, placé à l'angle gauche de la feuille, avec indication du
format et de la valeur en italique.*

PAPIERS

Six deniers le — quart.
Petit papier — Huit deniers le — feuillet.
»   »   — Vn sol la feuille.
Papier moyen — Six deniers le quart — de feuille.
Papier moyen — Neuf deniers le — feuillet.
»   »   — Dix huit deniers — la feuille.
»   »   — dix huit deniers la — feuille

PAPIERS

Six deniers le $\frac{1}{4}$ de feuille
Huit deniers la $\frac{1}{2}$ feuille
Petit papier 1 sol la feuille
Moyen papier 18 d la feuille
Grand papier 2 sols la feuille.

*Les grands placards sont frappés de la marque seulement avec inscrip-
tion manuscrite Deux sols et paraphe.*

PARCHEMIN

Parchemin frappé de la marque à l'angle gauche; au-dessous, la formule et la valeur en romain.

Pour expédition de — Greffe six sols.

Les mêmes contremarqués du timbre suivant. La Provence faisant partie de la même sous-ferme, quelques papiers se trouvent parfois contremarqués du timbre de la généralité d'Aix.

1680

1" octobre

PAPIERS

SIX DEN
HVIT DEN
VN SOL.
DIX HVIT DEN
DEUX SOLS
EXTRAORDINAIRE

PARCHEMINS

Les parchemins ne portent que la désignation PARCHEMINS *sans indication de valeur.*

Les mêmes contremarqués du timbre suivant.

1688

1" janvier

PAPIERS

SIX DEN
HVIT DEN
VN SOL
DIX HVIT DEN
DEVX SOLS
EXTRAORDIN

PARCHEMINS

CINQ SOLS
SIX SOLS
DIX SOLS
EXTRAORDIN

Les timbres de six et huit deniers portent des numéros de contrôle sur le fleuron placé après l'indication de la valeur. Le un sol présente plusieurs variétés dans la disposition de ces fleurons.

1690

1" juin

Les mêmes timbres avec augmentation.

PAPIERS

SIX DEN	AUG⁰ⁿ	2 D
HVIT DEN	»	2 D
VN SOL	»	4 D
DIX HVIT DEN	»	6 D
DEVX SOLS	»	8 D
ETRAORDIN	»	EXT

PARCHEMINS

CINQ SOLS	AUG⁰ⁿ	20 D.
SIX SOLS	»	2 S.
DIX SOLS	»	3 S. 4 D.
EXTRAORDIN	»	EXT.

Les mêmes contremarqués du timbre suivant. Des feuilles de registre,
marquées des timbres de 1676, 1680 et 1688, en sont aussi contremarquées.

1698
janvier

<table>
<tr><td>PAPIERS</td><td>PARCHEMINS</td></tr>
<tr><td>HVIT DEN</td><td>SIX S 8 D.</td></tr>
<tr><td>DIX DEN</td><td>HVIT SOLS</td></tr>
<tr><td>VN S 4 DEN</td><td>13 S. 4 DEN.</td></tr>
<tr><td>DRVX SOLS</td><td>EXTRAO,</td></tr>
<tr><td>DEVX S 8 DEN</td><td></td></tr>
<tr><td>EXTRAO</td><td></td></tr>
</table>

1704
janvier

<table>
<tr><td>PAPIERS</td><td>PARCHEMINS</td></tr>
<tr><td>HVIT DENIERS POUR QVART</td><td>. . . . .</td></tr>
<tr><td>PETIT PAP. X DEN LE FEUILLET</td><td>. . . . .</td></tr>
<tr><td>PETIT PAP. I SOL IV DEN LA FEVI</td><td>. . . . .</td></tr>
<tr><td>MOYEN PAP. II SOLS LA FEUILLE</td><td>EXTRAORDINAIRE</td></tr>
<tr><td>GRAND PAP II S VIII D LA FEVI</td><td>LETTRES DE CHANCEL. VIII SOLS</td></tr>
<tr><td>EXTRAORDINAIRE</td><td></td></tr>
</table>

1705
janvier

<table>
<tr><td>PAPIERS</td><td>PARCHEMINS</td></tr>
<tr><td>HUIT DENIERS POUR QUART</td><td>. . . . .</td></tr>
<tr><td>PETIT PAP. X. DEN. LE FEUILLET</td><td>PARCHEMIN XIII. SOLS IV. DEN.</td></tr>
<tr><td>PETIT PAP. I SOL IV DEN. LA F.</td><td>EXTRAORDINAIRE</td></tr>
<tr><td>MOIEN PAP. II SOLS LA FEUIL</td><td></td></tr>
<tr><td>. . . . .</td><td></td></tr>
<tr><td>EXTRAORDINAIRE</td><td></td></tr>
</table>

Les mêmes contremarqués du timbre suivant.

1707
1" janvier

PAPIERS	PARCHEMINS
HUIT DENIERS POUR QUART	. . . .
. . . .	PARCHEMIN XIII. SOLS IV. DEN
PETIT PAP. I SOL IV. DEN. LA F.	EXTRAORDINAIRE
. . . .	LETTRES DE CHANC. VIII SOLS
. . . .	
EXTRAORDINAIRE	

Quelques parchemins sont accompagnés à droite ou à gauche du mot paraphe : disposé en cercle avec une fleur de lis au centre et une étoile au-dessous comme séparation.

1712
1" octobre

PAPIERS	PARCHEMINS
HUIT DENIERS POUR QUART	. . . .
PETIT PAP. X DEN LE FEUIL.	PARCHEMIN XIII SOLS IV DEN
PETIT PAP. I SOL IV. DEN LA F	EXTRAORDINAIRE.
MOIEN PAP. II. SOLS LA FEUIL.	
. . . .	
EXTRAORDINAIRE.	

Les mêmes contremarqués du timbre suivant.

1716
1" janvier

PAPIERS	PARCHEMINS
HUIT DEN.	. . . . . .
DIX DEN	. . . . . .
VN S. 4 D	13 S. 4 D.
DEUX SOLS	EXTRAO
. . . . . .	
EXTRAO	

Les mêmes contremarqués du timbre suivant.

1717
octobre

PAPIERS	**PARCHEMINS**
HUIT DEN	. . . . . .
DIX DEN	. . . . . .
I SOL. IV D.	. . . . . .
II. SOLS	EXTRAO.
. . . . . .	
EXTRAO.	

Les papiers et parchemins de 1716 contremarqués du timbre de 1717 furent à nouveau contremarqués du timbre suivant.

1719
janvier

PAPIERS	**PARCHEMINS**
HVIT DENI	VI S. VIII D.
I SOL. IV D.	VIII. SOLS
II SOLS	XIII S IV D
II S. VIII D.	EXTRAOR
EXTRAOR	

Les mêmes contremarqués du timbre suivant.

1723
juillet

PAPIERS	**PARCHEMINS**
HUIT DEN. P QUART	SIX SOLS HUIT DEN
DIX DEN. LE FEUIL.	HUIT SOLS
UN S 4 D LA FEUIL.	13 S. 4 D. LA FEUIL.
2 SOLS LA FEUIL.	EXTRAORDINAIRE
2 SOLS 8 D. LA F.	
EXTRAORDINAIRE	

Les mêmes contremarqués du timbre suivant.

1737

1" janvier

PAPIERS	PARCHEMINS
HVIT DEN	SIX S 8 DEN
DIX DEN	HVIT SOLS
UN SOL 4 DEN	13 SOLS 4 DEN
DEUX SOLS	EXTRAORDIN
2 SOL, 8 DEN	
EXTRAORDIN	

Les mêmes contremarqués du timbre suivant.

1738

1" janvier

PAPIERS	PARCHEMINS
HVIT DENI	SIX S 8 DEN
DIX DEN	HVIT SOLS
SEIZE DENI	. . . . . .
DEUX SOLS	EXTRAORDIN
. . . . . .	
EXTRAORDIN	

Les mêmes contremarqués du timbre suivant.

1739

1" janvier

PAPIERS	PARCHEMINS
HUIT DEN	6 S. 8 D.
DIX DEN	HUIT SOLS
UN S 4 D.	13 S 4 D.
DEUX SOLS	EXTRAORDIN
2 S. 8 D.	
EXTRAORDIN.	

Les parchemins sont frappés sur le côté droit d'un paraphe signature.

Les mêmes contremarqués du timbre suivant.

PAPIERS	PARCHEMINS
HUIT DEN.	6 SOLS 8 DEN.
DIX. DEN.	HUIT SOLS
1. SOL., 4. DEN	13 SOLS 4. DEN.
DEUX SOLS	EXTRAORDIN
2 SOL. 8 DEN	
EXTRAORDIN.	

Comme les précédents, les parchemins sont frappés d'un paraphe.

Les mêmes contremarqués du timbre suivant.

PAPIERS	PARCHEMINS
UN SOL	DIX SOLS
1 SOL. 3 DEN	DOUZE SOLS
DEUX SOLS	VINGT SOLS
TROIS SOLS	EXTRAORDI
QUATRE SOLS	
EXTRAORDI	

Le même paraphe employé pour les parchemins.

Les mêmes contremarqués du timbre suivant.

PAPIERS	PARCHEMINS
UN SOL	DIX SOLS
1 SOL 3 DEN	DOUZE S.
DEUX SOLS	VINGT S.
TROIS SOLS	EXTRAORDI
QUATRE. S	
EXTRAORDI	

Les parchemins sont toujours frappés du même paraphe.

FERMES DU ROY.

Q. DES TAILL. UN SOL.
EXP. DES FERM. DU ROY

PARCHEMINS

35 SOLS

1774
Mars

*Les papiers et parchemins de 1757 contremarqués
du timbre suivant.*

1781
1ᵉʳ janvier

PAPIERS

Q. D. F. 1 SOL. 2 D.
D. F. 1 SOL. 5 D. ½
P. P. 2 SOLS 4 D
M. P. 3 SOLS 6 D.
G. P. 4 SOLS 8 D
EXTRAORDI
Q. D. TAI. 1 S. 2 D.

PARCHEMINS

Q 11 SOLS 8 D.
ROLLES 14 SOLS
F. D. P. 23 SOLS 4 D.
35 SOLS.
EXTRAORDI.

EXP DES FERM DU ROY. T. D. D.
REGIST. DES FERM. DU ROY T. D. D.

RÉGIE GÉNÉRALE

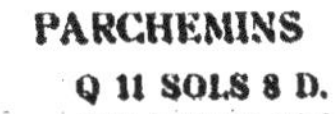

EXPEDITIONS   TIMB. EXTRAORD.

GÉNÉRALITÉ DE PROVENCE

GÉNÉRALITÉ D'AIX-PROVENCE

Cette généralité comprenait toute la Provence et la vallée de Barcelonnette et dépendances, réunie au pays et comté de Provence par déclaration du Roi du 30 décembre 1714.

Placée à l'angle gauche dans le haut de la feuille, la marque est composée d'un écu aux armes de Provence : D'azur à une fleur de lis d'or, surmontée d'un lambel de trois pendants de gueules; l'écu lui-même surmonté d'une grosse fleur de lis, avec légende circulaire de droite à gauche, GÉNÉRALITÉ DE PROVENCE, la formule et la valeur en italique placées au dessous de la marque.

Les armes de Provence sont reproduites sur plusieurs timbres de cette généralité et quelquefois accolées aux armes de France.

PAPIERS

Pour — *Quittance six — deniers —*
Pour — *Quittances, — six deniers —*
Pour — *Procedures des - Procureurs, — six deniers —*
Pour — *Procedures des — Procureurs — huit — deniers —*
Pour — *Minutte de — Notaire, douze — deniers la feuil — le —*
Pour — *Minute de — Notaire, douze — deniers. —*
Pour — *contrats & — Actes des No — taires douze — deniers —*
Pour — *contrats & — Actes des — Notaires — douze — deniers —*
Pour - *Expedition de — Greffe, douze — deniers. —*
Pour — *Expedition des — Greffes, dou — ze deniers. —*
Pour — *Procedures - des Procureurs — douze deniers — pour feuille —*
Pour — *Proces verbal. — Douze deniers — la feuille —*
Pour — *Procedures des — Procureurs — douze deniers. —*

PARCHEMIN

Pour — Quittances cinq — sols —

Même type, avec inscription en romain.

Pour — servir aux — copies des — comptes des — Registres — huit deniers —

Même type. Marque au milieu de la feuille dans le haut, valeur à droite et à gauche en italique.

PAPIER

douze deniers ⁓ la feuille —

Les mêmes contremarqués du timbre suivant.

1675

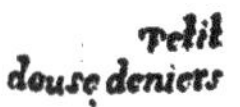

Marque au milieu de la feuille, fleur de lis renfermée dans un cartouche, en forme de cœur, avec l'inscription GENERALITÉ D'AIX

le format et la valeur en italique placés à droite et à gauche en deux lignes.

PAPIERS

Petit — Papier — douze deniers — la feuille.
Petit — Papier — douze deniers — la feuille

PARCHEMINS

Pour servir — aux Chancel — leries — six sols
Pour Expedi — de Greffe — dix — sols

Même type : La première ligne indiquant le format en capitale penchée.

PAPIER

PETIT — PAPIER — douze deniers — la feuille.

1676
1ᵉʳ janvier

Six deniers le $\frac{1}{4}$ de feuille
Six deniers le $\frac{1}{4}$ de feuill
huit deniers la $\frac{1}{2}$ feuille
Petit papier 1 sol la feuille
Moyen papier 18 d la feuille
Grand papier 2 sols la feuille

Les parchemins ne portent que la marque, la formule et la valeur sont manuscrites. Cette marque de gravures différentes offre des variétés dans la largeur du cercle contenant la légende, et dans l'ornementation de la fleur de lis placée au centre.

Les mêmes contremarqués du timbre suivant.

PAPIERS	**PARCHEMINS**

SIX DEN

HVIT DEN

VN SOL.

DIX HVIT DEN

DEUX SOLS

EXTRAORDINAIRE

Les parchemins ne portent que le mot PARCHEMIN dans le cartouche de droite, l'indication de la formule et la valeur est manuscrite.

Les mêmes contremarqués du timbre suivant.

Ce timbre porte au centre dans un cartouche une barque ou navire antique emblème du commerce de cette province.

PAPIERS

SIX DEN

HVIT DEN

VN SOLS

DIX HVIT DEN

DEUX SOLS

EXTRAORDIN

PARCHEMINS

CINQ SOLS

SIX SOLS

DIX SOLS

EXTRAORDIN

Les timbres à six deniers, huit deniers et un sol portent un fleuron avec numéro de contrôle dans le cartouche où la valeur se trouve indiquée.

Les mêmes timbres avec augmentation.

PAPIERS

SIX DEN	Aug.on 2 D.
HVIT DEN	» 2 D.
VN SOL	» 4 D.
DIX HVIT DEN	» 6 D.
DEVX SOLS	» 8 D.
EXTRAORDIN	EXT.

PARCHEMINS

CINQ SOLS	Aug.on 20 D.
SIX SOLS	» 2 S.
DIX SOLS	» 3 S. 4 D.
EXTRAORDIN	» EXT.

1695
1" octobre

PAPIERS		PARCHEMINS	
SIX DEN	2 D.	CINQ SOLS	20 D.
HVIT DEN	2 D.	SIX SOLS	2 D.
UN SOL	4 D.	DIX SOLS	3 S 4 D.
DIX 8 DEN.	6 D.	EXTRAOR.	
DEUX SOLS	8 D.		
EXTRAOR			

1698
1" janvier

PAPIERS	PARCHEMINS
HVIT DEN.	SIX S 8 D.
DIX DEN.	HVIT SOLS.
VN SOL 4 D.	13 SOL 4 D.
DEVX SOLS.	EXTRAO.
DEVX S 8 D.	
EXTRAO.	

1704
1" janvier

PAPIERS	PARCHEMINS
HUIT DENIERS POUR. QUART	QUITTANCES VI SOLS VIII DEN.
PETIT PAP X DEN LE FEUILLET	LETTRES DE CHANC. VIII SOLS
PETIT PAP. I. SOL IV DEN. LA FEUI	PARCHEMIN XIII SOLS IV DENIERS
MOYEN PAP II SOLS LA FEUILLE	EXTRAORDINAIRE
GRAND PAP II. S. VIII D. LA FEUI	*Les parchemins portent un paraphe*
EXTRAORDINAIRE	*à droite.*

1707
1" janvier

PAPIERS	PARCHEMINS
HUIT DENIERS POUR QUART	. . . .
PETIT PAP X DEN. LE FEUILLET	LETTRES DE CHANC VIII SOLS
PETIT PAP. I. SOL. IV. DEN LA F.	PARCHEMIN XIII. SOLS IV. DEN
MOYEN PAP II SOLS LA FEUL.	EXTRAORDINAIRE
GRAND PAP II SOLS VIII. D. LA F.	*Les parchemins paraphés comme le*
EXTRAORDINAIRE	*timbre précédent.*

PAPIERS

HUIT DENIERS POUR QUART
PETIT PAP. X. DEN. LE FEUILLET
PETIT PAP. I. SOL IV. DEN. LA F.
MOYEN PAP. II SOLS LA FEUIL.
GRAND PAP. II S. VIII. D. LA F.
EXTRAORDINAIRE

PARCHEMINS

. . . .
LETTRES DE CHANC VIII SOLS
PARCHEMIN XIII. SOLS IV. DEN.
EXTRAORDINAIRE
Les parchemins avec paraphe à droite.

Les mêmes contremarqués du timbre suivant.

PAPIERS

HUIT DEN
DIX DEN
VN S. 4 DE.
DEVX SOLS
. . . . . .
EXTRAO

PARCHEMINS

. . . .
CHANC. 8 S
. . . .
EXTRAO

Les mêmes contremarqués du timbre suivant.

PAPIERS

HUIT DEN.
DIX DEN.
I SOL IV D.
IL SOLS
II S. VIII D.
EXTRAOR

PARCHEMINS

VI S. VIII D.
HVIT SOLS
XIII S. IV D.
EXTRAOR.

Les mêmes contremarqués du timbre suivant.

1719
1ᵉʳ janvier

PAPIERS

HVIT DENI
DIX DENI
I SOLS IV D.
II SOLS
II S. VIII D.
EXTRAORD

PARCHEMINS

. . . . . .
VIII SOLS
XIII S IV D.
EXTRAORD.

1721
1ᵉʳ janvier

PAPIERS

HVIT DENIER
DIX DENIER
VN. SOL 4. DEN.
DEUX SOLS
2 SOL 8 DEN
EXTRAORDIN

PARCHEMINS

SIX S 8 DEN
HVIT SOLS
. . . . . .
EXTRAORDIN

Les mêmes contremarqués du timbre suivant.

1723
1ᵉʳ juillet

PAPIERS

HUIT DEN LE. QUART
DIX DENIERS LE FEUILL
UN S. 4 DEN LA FEUILLE
DEUX SOLS LA FEUILLE
DEUX SOLS HUIT D LA F.
EXTRAORDINAIRE

PARCHEMINS

SIX SOLS 8 DEN
HVIT SOLS
13 S 4 DEN LA F
EXTRAORDINAIRE
*Les parchemins avec
paraphe à droite.*

Les mêmes contremarqués du timbre suivant.

1727
1ᵉʳ janvier

PAPIERS

HUIT DEN.
DIX DEN
UN SOL 4 DEN.
DEUX SOLS
2 SOL 8 DEN
EXTRAORDI

PARCHEMINS

SIX S 8 DEN
HUIT SOLS
13 SOLS 4 DEN.
EXTRAORDI
*Les parchemins avec le même
paraphe que le timbre précédent.*

Les mêmes contremarqués du timbre suivant.

<table>
<tr><td>

PAPIERS

HUIT DEN
DIX DEN
UN SOL 4 DEN
DEUX SOLS
2 SOLS 8 DEN
EXTRAORDIN

</td><td>

PARCHEMINS

SIX S 8 DEN
HUIT SOLS
13 SOLS 4 DEN
EXTRAORDIN

*Les parchemins avec le paraphe de 1723
et 1727 ou un nouveau paraphe.*

</td></tr>
</table>

Les mêmes contremarqués du timbre suivant.

<table>
<tr><td>

PAPIERS

HUIT DEN
DIX DEN
UN SOL 4 DEN
DEUX SOLS
2 SOL 8 DEN
EXTRAORDIN

</td><td>

PARCHEMINS

· · · · · ·
HUIT SOLS
13 SOL 4 DEN
EXTRAORDIN.

*Les parchemins sont paraphés à droite
du nouveau paraphe de 1733.*

</td></tr>
</table>

Les mêmes contremarqués du timbre suivant.

<table>
<tr><td>

PAPIERS

HUIT DEN
DIX DEN
I. SOL 4 DEN
DEUX SOLS
EXTRAORD

</td><td>

PARCHEMINS

· · · · · ·
HUIT SOLS
13. S. 4. DEN
EXTRAORD

Les parchemins avec paraphe à droite.

</td></tr>
</table>

Les mêmes contremarqués du timbre suivant.

<table>
<tr><td>

PAPIERS

UN SOL
1 SOL 3 DEN.
DEUX S.
TROIS S.
QUATRE S.
EXTRAORDI.

</td><td>

PARCHEMINS

DIX SOLS
DOUZE S.
VINGT S.
EXTRAORDI.

*Avec le même paraphe que le timbre
précédent.*

</td></tr>
</table>

Les mêmes contremarqués du timbre suivant.

1757
1" janvier

PAPIERS

UN SOL
1 SOL 8 DEN
DEUX SOLS
TROIS SOLS
. . . . . .
EXTRAORDI

PARCHEMINS

. . . . . .
DOUZE S.
VINGT S.
EXTRAORDI

Les parchemins frappés à droite du paraphe de 1745 et 1751.

EXPED DES FERM DU ROY.

LETTRES DE CHANCELLERIE

35 SOLS

1774
Mars

Les papiers et parchemins de 1757 contremarqués du timbre suivant.

PAPIERS

Q DE F. 1 SOL 2 D.
D. F. 1 SOL 5 D ½
P. P. 2 SOLS 1 D.
M. P. 3 SOLS 6 D.
G. P. 6 SOLS 8 D.
EXTRAORDI
Q. D. TAI. 1 SOL 2 D.

PARCHEMINS

Q II SOLS 8 D.
ROLLES 11 SOLS
F. D. P. 23 SOLS 4 D.
35 SOLS
EXTRAORDI.

Les parchemins sans paraphe ou avec le paraphe précédent.

1781
1" janv.er

EXPEDI. DES FERM. DU ROY T. D. D.

REGIST. DES FERM. DU ROY T. D D.

RÉGIE GÉNÉRALE

EXPEDITIONS

OCTROIS TARIFS & TIMB EXTRAORD.

ROUSSILLON

Le Roussillon, pays d'État, composait avec le pays de Foix une intendance, il était exempt de la formule. Le roi, par une déclaration du 1er juin 1771, ordonna l'exécution de l'ordonnance du mois de juin 1680, en ce qui concerne la formule des papiers et parchemins timbrés, et par arrêt du Conseil d'État du 19 janvier 1772 voulant pourvoir à ce qu'exige provisoirement la vente et distribution des papiers et parchemins dans la province de Roussillon et dépendances, ressortissant du Conseil supérieur de Perpignan, autorisa Julien Alaterre, adjudicataire des Fermes générales, à se servir pour marquer les papiers et parchemins de formule qui seront employés, des timbres usités dans l'étendue de la Généralité de Toulouse, dont les produits seraient comptés en sus du produit de son bail.

Il ne fut créé de timbres spéciaux qu'en 1775, lors de la prise en possession du nouveau bail des fermes.

1775
janvier

PAPIERS

UN SOL.
1 SOL 3 DEN
DEUX SOLS
TROIS SOLS
QUATRE SOLS
EXTRAORDI

PARCHEMINS

DIX SOLS
DOUZE SOLS
VINGT SOLS
EXTRAORDI

1781
janvier

PAPIERS

Q. D. F 1 SOL 2 D.
D. F. 1 SOL 6 D $\frac{1}{2}$
P. P. 2 SOLS 4 D.
M. P. 3 SOLS 6 D
G. P. 4 SOLS 8 D.
EXTRAORDI

PARCHEMINS

Q. 11 SOLS 8 D.
ROLLES 11 SOLS
F. D. P. 23 SOLS 4 D.
35 SOLS.
EXTRAORDI

EXPÉDI. DES FERM DU ROY T. D. D.
REGIST DES FERM. DU ROY T. D. D.

RÉGIE GÉNÉRALE

EXPÉDITIONS

OCTROIS TARIFS & TIMB EXTRAORD.

CORSE

L'Ile de Corse, cédée à la France par la République de Gênes, y fut réunie par un traité du 15 mai 1768.

La quotité des droits et la base de perception étant de beaucoup inférieure à celles fixées sur le continent, en l'absence de documents précis je ne puis que donner la nomenclature des pièces recueillies.

Dans un cartouche les armes de France, trois fleurs de lis, au-dessus Isle de Corse, au-dessous la valeur, dans le fronton une tête de Maure : Armoiries de la Corse.

1773-1795

PAPIERS

Feuille double de 18 × 24, frappée de 4 épreuves renversées haut & bas du timbre à trois deniers, pouvant former des quarts ou des demi feuilles.

Feuille double 16 × 21, quatre épreuves de même, six deniers.

Feuille double 18 × 24, 1 épreuve par demi feuille dans le haut au milieu, six deniers.

Demi feuille 18 × 24, frappée à l'angle gauche, six deniers.

Feuille double 18 × 25, quatre épreuves frappées au centre de la feuille déployée.

Demi feuille 18 × 24, six deniers & contremarquée neuf deniers.

Feuille double 18 × 24, marquée sur les pages 1 & 3   »   »

Feuille double 18 × 24, frappée du timbre neuf deniers par feuillet.

Feuille double 18 × 24, avec timbre de neuf deniers sur le 1er feuillet.

Feuille double 18 × 24, avec timbre de neuf deniers et contremarquée du timbre à un sol.

Feuilles doubles 18 × 24 & 18 × 25, frappées du timbre à un sol.

Feuille double 18 × 25, frappée par erreur du timbre à deux sols, biffé et contre-marqué du timbre à un sol.

Feuillet de Registre pour le contrôle des exploits 21 × 34 ½, frappé du timbre à neuf deniers.

Feuillet de Registre pour le contrôle des actes 24 × 34 ½, frappé du timbre à deux sols.

Feuillet 21 × 32, frappé face et revers à gauche du timbre à neuf deniers, & dans le haut d'un timbre de dix-huit den, contremarqué du timbre à deux sols.

Feuille double 21 × 32, frappée du timbre à dix-huit den.

Feuille double, frappée à dix-huit den. & contremarquée du timbre à deux sols.

Feuille double 21 × 32, frappée du timbre à deux sols.

PARCHEMIN

Feuille de parchemin 18 × 24, frappée du timbre à neuf sols.

PAYS OCCUPÉS

SAVOIE

En 1703 à la défection du duc de Savoie, M. de la Feuillade avait soumis le pays qui resta sous la domination de la France jusqu'au traité d'Utrecht 1713. Durant cette période les papiers furent frappés de timbres aux armes de France.

PAPIERS

Feuillet 17 × 27, frappé du timbre à six deniers.

Feuille double 17 × 27, frappée aux feuilles 1 et 3 du timbre à six deniers.

Feuillet 27 × 34, marqué d'un timbre à un sol.

Feuille double 27 × 34, »　　　　»　　à un sol.

Les mêmes contremarqués d'un nouveau timbre.

Feuillet 17 × 27, frappé en tête au milieu du timbre à six deniers.

Feuille double 17 × 27, frappée à l'angle gauche du timbre à un sol.

Feuillet 26 × 34, frappé au milieu de la feuille du timbre à un sol.

Feuille double 27 × 35, frappée au milieu de la feuille du timbre à un sol.

PAYS-BAS AUTRICHIENS

Pendant la période d'occupation des Pays-Bas Autrichiens, de 1745 jusqu'à la paix d'Aix-la-Chapelle 1748, les papiers timbrés furent marqués aux armes de France : Écu surmonté de la couronne royale et entouré des colliers des ordres de Saint-Michel et du Saint-Esprit, renfermé dans un cercle de six centimètres avec ornementation extérieure.

1746

PAPIERS

Deux patars
Quatre patars
Six patars

Armoiries dans le même genre plus fortes, dans un cercle plus petit, cinq centimètres, dentelé à l'intérieur.

1747

PAPIERS

Deux patars
Trois patars
Quatre patars
Six patars

1747-1748

Armes de France, entourées de palmes et renfermées dans un cartouche trilobé, surmonté de la couronne royale, le cartouche entouré d'un filet elliptique renfermant la valeur, à l'extérieur la légende ATH BAUM. ET CHIM. (Ath Baum et Chimay) au-dessous le millésime 1747 ou 1748.

PAPIERS

DEUX PATARS
QUATRE PATARS.

TIMBRES D'ESSAI

Il ne me reste à signaler que les quelques timbres d'essai que j'ai pu recueillir ; quoique n'ayant pas en cours, je crois cependant intéressant de les faire connaître.

Dans la généralité de Riom, un timbre d'un sol essentiellement composé de rinceaux avec une fleur de lis au centre.

Pour la généralité de Paris, deux timbres d'une plus belle composition par le graveur en médailles Jean-Pierre Droz.

Sur le premier un bouclier avec un caducée soutenu de deux palmes enlacées, surmonté d'une fleur de lis entourée d'une gloire, au-dessus dans un ruban GENER. DE PARIS ; dans le bas du bouclier la valeur PAP. CINQ SOLS.

Sur le second (gravure en relief) dans un octogone irrégulier les armes de France surmontées de la couronne royale ayant comme support une palme et une branche de laurier, dans le bas, une chouette sous un cartouche gravé en timbre avec l'inscription : GEN. DE PARIS. PA 10 S.

C'est le premier essai de timbre en relief dont l'usage ne commença à s'introduire en France que par la loi du 5 floréal an V (24 avril 1797) pour les effets de commerce avec les timbres gravés par Gatteaux.

Fermes et Sous-Fermes
des Papiers et Parchemins timbrés[1].

L'État jugeant préférable, en matière d'impôt indirect, de ne pas entrer en contact immédiat avec le contribuable (évitant ainsi les préoccupations des détails, les difficultés de la réception) et en même temps de s'assurer un revenu fixe, en affermait les droits.

Au début ces fermes étaient limitées à l'exploitation d'une seule nature de taxe ou d'un seul revenu. Mais il fut reconnu au point de vue économique que leur groupement donnait un meilleur résultat, les mêmes commis pouvant être chargés de la perception de plusieurs droits.

L'adjudicataire de ces fermes n'était qu'un prête-nom, le plus souvent un commis de la ferme qui rétrocédait, sitôt le bail signé, tous ces droits à la Compagnie des fermiers, ses cautions, et, en retour, recevait d'elle un traitement de 6.000 livres.

Ce salaire était ensuite réduit de moitié pendant six autres années, à partir de 1780, cet adjudicataire n'eut plus que 4.000 livres par an.

Si le fermier changeait à chaque renouvellement de bail, il n'en était pas de même pour les cautions qui répondaient pour l'adjudicataire nouveau, car les personnes pourvues par le roi du brevet de fermier général pouvaient seules faire partie de la Compagnie.

Le premier bail de la formule fut consenti à Michel de Praly, le 6 mai 1673, moyennant la somme de 2.750.000 livres pour la première année, 3.150.000 livres pour la seconde et 4.300.000 livres pour chacune des quatre autres. Le bail commençait le 1er juillet 1673 ; il devait finir le 30 septembre 1679 (fig. 1).

Les difficultés qui surgirent pour l'application des droits firent que ce bail n'eut pas son entière exécution et se termina au 30 septembre 1674.

Ces droits furent alors compris au bail de la Ferme générale des aides et entrées, fait à Martin du Fresnoy pour six années, à commencer du 1er octobre 1674.

Claude Boulet lui succéda avec le bail des Fermes générales, gabelles, aides et cinq grosses fermes, à partir du 1er octobre 1680. Jean Fauconnet lui fut subrogé le 1er octobre 1681 par le bail des domaines et de toutes les fermes de France. Ce bail marque l'entrée en scène des fermiers généraux, véritables cautions et administrateurs de la ferme (fig. 2).

Dans ce bail, comme dans ceux qui suivent, l'entrée en jouissance commençait pour les fermes le 1er octobre et pour les domaines le 1er janvier suivant.

Bénéficiaires : Christophe Charrière, 1er octobre 1687 ; Pierre Pointeau, 1er octobre 1691, Thomas Templier, 1er octobre 1697 ; Charles Ferreau pour trois années, 1er octobre 1703 avec prolongation d'une année, 1er octobre 1707.

---

1. Nous avons fait suivre ces renseignements de reproductions de fragments de quelques-uns des baux originaux, extraits de notre collection particulière.

Ensuite et jusqu'en 1726, les différentes fermes comprises dans le bail des Fermes générales furent souvent remaniées ou mises en régie.

Les revers et la détresse publique qui marquèrent la fin du règne de Louis XIV firent que personne n'osa se charger d'un long bail de la Ferme générale.

Charles Ysambert est chargé des fermes mises en régie le 1er octobre 1708; son bail est prorogé d'année en année, jusqu'en décembre 1713, date de sa mort.

Louis-François de Nerville fut commis pour continuer la régie jusqu'au 30 septembre 1715; il lui fut ensuite fait bail pour six années ainsi qu'à Edme de Bonne, mais ces deux baux ne furent pas exécutés.

Paul Manis prit possession des fermes le 5 octobre 1715; ce bail fut résilié le 18 juin 1718.

Aymard Lambert, bail pour six années, à commencer du 1er octobre 1718. Puis la Compagnie, constituée au capital de 100 millions, divisée en actions de 1,000 livres, prit la Ferme générale pour 48,500 000 livres; mais la Compagnie des Indes ayant offert une augmentation de 1,500,000 livres sur ce prix plus un prêt de 1,200 millions à 3 %, le roi agréa ses propositions. Le bail d'Aymard Lambert fut résilié le 27 août 1719 par arrêt du Conseil qui nomma ensuite Armand Pilavoine, pour la Compagnie des Indes, et lui accorda le bail pour neuf années.

L'écroulement du système de Law et la faillite de la Compagnie amenèrent le gouvernement à constituer une nouvelle régie. Par arrêt du Conseil, Charles Cordier fut nommé adjudicataire général le 11 janvier 1721. Son bail fut prolongé d'année en année jusqu'au 1er octobre 1726.

La Ferme générale fut rétablie par le cardinal Fleury (déclaration du 9 juillet). Le nouveau bail fut passé, au nom de Pierre Carlier, pour six années le 1er octobre 1726.

Depuis cette époque, et jusqu'en 1780, le bail de la Ferme générale fut toujours l'objet d'une adjudication sous les noms de: Nicolas Deboves, 1732; Jacques Forceville, 1738 (fig. 3); Thibault La Rue, 1744; Jean Girardin, 1750 (fig. 4); ce dernier étant mort, on lui subrogea Jean-Baptiste Bocquillon, 6 mai 1751; avec Pierre Henriet, en 1756, le bail est consenti au profit de tous les sous-fermiers. Ils forment alors une seule compagnie. Le nombre des participants, de quarante membres fut alors porté à soixante, pour revenir au chiffre primitif en 1780.

Le prête-nom de 1762 fut Jean-Jacques Prevost. Sur la dernière feuille du bail (fig. 5) figurent les signatures des intéressés: François Baudon; André-Gabriel Le Subtil de Boisemont; Jean de Haran; Jean-Baptiste Bouilhac; Philippe-Guillaume Tavernier-Boullongne de Preninville, en son nom & aussi se portant fort pour le sieur Isaac Jogues de Martinville; Étienne-Michel Bouret; Antoine-François Bouret de Valeroche; Geoffroy Chalut; sieur de Verin; Laurent Charron; François-Balthazar Dangé; Jean-Baptiste d'Arnay; Claude-Godard d'Aucour; Alexandre-Marc-René Étienne; sieur d'Augny; Philippes Cuisy; Clément de Lâage; Charles Marin de la Haye; François Bouret; Jean-Jacques Papillon de Fontpertuis; Gabriel Dejors de Fribois; Jean-Joseph de la Borde; Léonard du Cluzel; Nicolas Dedelav de la Garde; Louis-Antoine Mirleau

de Neuville; Alexis-Emmanuel Menage de Pressigny; Jacques Verdelhau Des-
fourniel; Claude Douet; Claude Dupin; Pierre Faventines; François Fontaine;
Jean-Baptiste-Louis Fournier; Edme Gauthier des Preaux; Étienne-Pascal
Gigault Desmarches de Crisenoy; Laurent Grimond de la Reynière; Hector
Grossard de Virly; André Haudry et André Haudry de Soucy son fils, adjoint;
Louis-Dominique Le Bas de Courmont; Philippe-Charles Le Gendre de Ville-
morien; Charles-Guillaume Le Normant; Pierre-Isaac Marquet de Peyre;
Charles Mazière; Louis Mercier de Montplan; Philibert Perseval; Jean-Baptiste-
Jacques Pelletier; Étienne Perrinet; Adrien-Jacques Puissant; Philippe Poujaud,
subrogé au lieu et place de M. Hocquart; Brice Richard de Pichon; Jean-Baptiste-
Paulin-Hector-Edme Roslin; Claude-François Rougeot; Jacques-Jérémie Roussel,
tant pour lui que se faisant et portant fort pour Antoine Alliot; Alexandre-Victor
de Saint-Amand; Jean-Hyacinthe d'Avasse de Saint-Amarand; Marie-Joseph
Savalette de Buchelay; Jean Senac; Christophe-Jacques Tessier; Jean-Robert
Tronchin; Louis Varanchon & Jean-François Verdun de Montchiroux.

À la signature de l'acte de société concouraient, indépendamment des soixante
fermiers titulaires, certaines personnes admises par le roi et sur la demande des
cautions, à faire partie de la Ferme générale, avec le titre d'adjoint.

L'adjoint remplaçait le titulaire de plein droit, en cas d'absence ou de maladie.
Il pouvait être désigné pour certains travaux, mais il n'avait droit à aucun
émolument. Il était seulement certain de succéder à son titulaire en cas de mort ou
de démission. La plupart de ces adjoints étaient fils ou neveux des fermiers
titulaires. Quelques-uns étaient admis en qualité de bailleurs de fonds.

Julien Alaterre, 1768. Dans ce bail figurent treize adjoints. Leur nombre fut
porté à vingt-sept dans le bail suivant, passé à Laurent David, 1774, et qui prit fin
le 1er octobre 1780. Necker qui était alors directeur des finances, profita du renouvellement du bail pour modifier la Ferme générale, dont les abus et les vexations
étaient chaque jour signalés par les philosophes et les économistes.

La perception des droits fut alors partagée entre trois compagnies qui eurent
chacune un adjudicataire; c'étaient: Nicolas Salzard, 1er octobre 1780, pour les
Fermes générales, avec quarante intéressés; Jean-Vincent René, pour la Ferme
des domaines, avec vingt-cinq intéressés et Henri Clavel, pour la Régie des droits
d'aides, également avec vingt-cinq intéressés.

François Mellin fut subrogé à Jean-Vincent René, le 24 décembre 1784.

Le 1er janvier 1787, il fut fait de nouveaux baux à Jean-Baptiste Mager, pour
les Fermes générales, à Jean-Basile Poinsignon, pour la Ferme des domaines et à
Jean-François Kalandrin, pour la Régie des droits d'aides.

Ces derniers baux, devant expirer le 30 décembre 1792, n'eurent pas leur
entière exécution. Un décret de l'Assemblée nationale, en effet, abolit (7 février
1791) la Formule à compter du 1er avril suivant.

Sous-Fermes.

Antérieurement à 1756, la Compagnie des fermiers généraux donnait en adjudication par sous-fermes, comprenant une ou plusieurs généralités, les différents droits compris dans le bail des fermes. Ces sous-fermes étaient, comme la Ferme générale, régies par une société d'intéressés ou cautions auxquels il était interdit de faire des arrières-baux. Ils devaient, en effet, en faire l'exercice par eux ou par leurs commis.

Une expédition de l'acte de Société était remise à chaque associé après la signature.

Bail de Thibault la Rue 1743. Ferme des Devoirs, Impôts, Billots et Formule de la province de Bretagne.

Acte de société, Bail de Louis Thienot, années 1745 et 1746 (fig. 6).

Signature des trente-deux associés : Louis-Paul Bourgevin de Norville ; François-Jérôme Chaban de la Borie ; Chalet père ; Nicolas Cuisy du Fay ; Marc-Antoine de la Haye de Bazinville ; Salomon de la Haye des Fosses ; Charles-Marie du Chauffour ; Gabriel de Jort de Fribois ; Jean d'Echevery ; Jean de Haran de Borda ; Clément-Nicolas de Charmoy ; Antoine Duret ; Michel de S.-Cristau ; Claude-Antoine le Texier, Joseph-Philippe Narcis ; Jérôme Brochet du Jarrier ; Hyacinthe Esmangard, représenté par M. Cuisy du Fey ; Charles Fougeret de Monpreuil ; René-Aguan-Victor Goury ; Charles Guenin, représenté par M. de la Haye de Bazinville ; Pierre-Hector-Étienne le Breton d'Evres ; Jean-Baptiste-Adrien le Roy ; Jean-Baptiste Marchaud de l'Epinerie ; Antoine Pasquier ; Pierre-Louis-Paul Randon de Boisset ; Jean-Louis Randon de Malboissière ; Jean Roy ; François Tribolet ; Nicolas-Louis Thoré ; Jean Vaultier du Seuil ; Antoine Ralet de Chalet ; Claude-François Guerin de Corbeille ; et Dominique-Antoine Telles Dacosta.

Ferme générale de Lorraine et Barrois (fig. 7).

Bail à Jean Dumesnil, à Lunéville, pour six années, à commencer du 1er octobre 1744 (fig. 8).

Fait et passé au nombre de quarante & un en l'Hôtel des Fermes, rue de Grenelle, paroisse Saint-Eustache, le 13 avril 1744.

Signé de MM. Pierre-François Bergeret ; Étienne-Michel Bouret ; Jacques Brissart ; Anne-Nicolas-Robert de Caze ; Philibert-Antoine Chevalier ; Philippe Cuisy ; François-Baltazard Dangé ; André-Guillaume Dartus ; Alexandre-Marc-René Étienne ; sieur Danguy ; François de Beaumont ; Jean-François de la Borde ; Charles-François Gaillard de la Bouxière ; Léonard du Cluzel ; sieur de la Chabrerie ; Pierre Delay de la Garde ; Marin de la Haye ; Louis-Antoine-Pierre Mirleau de Neuville ; Alexis Roland Fillion de Villemur ; Claude Dupin ; sieur de Chenonceau ; Charles-Claude Auge Dupleix de Bacquencourt ; Pierre Durey d'Hernoncourt ; Pierre-Philbert Fontaine ; Gaspard Grimod de la Reynière ;

Pierre Grimod Dufort ; René Hatte ; André Haudry ; Claude Helvétius ; Jean-Hyacinthe Hocquart ; Louis Denis de la Live de Bellegarde ; Joseph de la Live d'Épinay, adjoint ; Michel-Joseph-Hyacinthe Lallemant de Betz ; Charles-Étienne-Félix Lallemant de Nantouillet ; Thomas Lemonnier ; Charles-François-Paul Lenormant ; Alexandre Le Riche de la Poupelinière ; Joseph Mazade de Baubigny ; Étienne Perinet ; Pierre-François Rolland de Forelfevière, Edme-Joseph Roslin ; Jacques-Jérémie Roussel ; Charles Savalète et Barthélemy Toinard.

Les fermiers ou sous-fermiers étaient dans l'obligation de déposer au greffe de chaque Élection une épreuve de leurs marques, pour y avoir recours en cas de falsification. La reproduction ci-jointe (fig. 9) d'une de ces feuilles de la Généralité d'Orléans, pendant l'administration de Jean-Vincent René, est un document précieux indiquant le nombre exact des timbres employés, avec la disposition des timbres pour les quarts et demi-feuilles de petit papier permettant de produire deux épreuves.

A. DEVAUX.

6. May 1673.

B A I L
DES DROITS
DES FORMULES

GREFFIERS DES ENREGISTREMENS
des Oppofitions pour conferver la preference
aux Hypotecques fur les Immeubles , & des
Greffiers confervateurs des Hypotecques des
Rentes conftituées , ou qui le feront cy-aprés
fur les Domaines, Tailles, Gabelles, Entrées,
Decimes, Clergé, Dons gratuits , & autres revenus du Roy. Fait par Sa Majefté à Mᵉ Michel
de Praly Bourgeois de Paris, pour fix années
trois mois, à commencer au premier Juillet 1673.
qui finiront au dernier Septembre 1679.

6 may 1673

A P A R I S,
Par les Imprimeurs des Formules.

M. DC. LXXIII.
AVEC PRIVILEGE DU ROY.

Titre du premier bail de la Formule (fig. 1).

DE PAR LE ROY.

ON fait à sçavoir à tous qu'il appartiendra, que suivant l'Arrest du Conseil Royal des Finances du premier de ce mois, il sera procedé au Conseil qui se tiendra en la Chancelerie proche du Chasteau de Versailles le Samedy   dudit present mois, au Bail & Adjudication au plus offrant & dernier Encherisseur en la maniere accoustumée, des Fermes Générales des Gabelles, Cinq Grosses Fermes, Aydes, Entrées, Tabac, & autres unies.

Et de la Ferme Générale des Domaines pour six années, qui commenceront pour lesdites Gabelles, Cinq Grosses Fermes, Aydes, Entrées, Tabac, & autres unies, au premier jour d'Octobre prochain, & finiront au dernier Septembre mil six cens quatre-vingts-sept, & pour lesdits Domaines commenceront au premier jour de Janvier de l'année prochaine mil six cens quatre-vingts-deux, & finiront au dernier Décembre audit an mil six cens quatre-vingts-sept: desquelles Fermes il a esté cy-devant fait Bail, sçavoir desdites Fermes-Unies à Me Claude Bouret le vingt-septiéme Juin mil six cens quatre-vingts, & desdits Domaines à Me Jacques Buisson le dernier Décembre mil six cens soixante-quinze.

Pour en jouïr par l'Adjudicataire, sçavoir desdites Fermes des Gabelles, Cinq Grosses Fermes, Aydes & Entrées, ainsi que Mrs Nicolas Saunier & Martin du Fresnoy en ont cy-devant jouï sans augmentation, & conformément aux Ordonnances, Réglemens & Arrests du Conseil donnez pour la régie desdites Fermes, & enregistrez dans les Cours Superieures. & de la Ferme Générale des Domaines ainsi qu'il est contenu en l'Affiche qui en a esté & sera publiée & affichée.

Le tout sur l'offre faite par Me Daniel Audoul Advocat au Conseil de la somme de deux Millions sept cens mille livres outre & pardessus le prix des Baux faits ausdits Bouret & Buisson, & aux charges, clauses & conditions dont ils sont tenus.

Et en outre à condition de rembourser audit Bouret la somme de quatre Millions de livres de prest & avance qu'il a fait au Roy, dont il devoit se rembourser sur les mois de May, Juin, Juillet, Aoust & Septembre de l'année prochaine mil six cens quatre-vingts-deux, & outre d'avancer sur ladite Ferme des Domaines la somme de deux Millions de livres, sçavoir un Million comptant, & un Million dans le mois d'Aoust prochain, & continuer d'année en année l'avance de six Millions de livres payable aux premiers des mois d'Avril, May, Juin, Juillet, Aoust & Septembre de chacune année, dont il sera remboursé la derniere année de son Bail, ensemble des interests à raison du denier dix-huit.

Et outre de payer encore à Sa Majesté la somme de deux Millions trois cens mille livres dans les quatre premieres années dudit Bail également, & ce sur & en déduction de la somme de sept Millions trois cens mille livres, qui doivent estre payez par le Fermier précedent, laquelle somme sera réduite par ce moyen à celle de cinq Millions de livres d'avances qui seront faites par Sa Majesté, à condition de rendre ladite somme de cinq Millions de livres en fin desdits Baux.

Et à la charge par le nouvel Adjudicataire de rembourser audit Bouret les frais de l'Expedition, Sceau, Aumosnes & enregistrement de son Bail à proportion de ce qui en reste à expirer, dont sera fait déduction audit Adjudicataire sur pareils frais, en sorte qu'il n'en payera qu'une année au lieu de six, & les cinq autres audit Bouret.

Et seront toutes personnes bien cautionnées receües à encherir lesdites Fermes aux conditions cy-dessus sur lesdites offres faites par ledit Audoul de deux Millions sept cent mille livres outre & pardessus le prix des Baux faits ausdits Bouret & Buisson.

Et l'Enchere courante sera de cent mille livres.

FAIT au Conseil d'Estat du Roy tenu pour ses Finances à Versailles le   jour de Juillet mil six cens quatre-vingts-un. Signé, RANCHIN.

Affiche d'adjudication du bail de Jean Fauconnet, 1681.
(Fig. 2).

ARREST DU CONSEIL
D'ETAT DU ROY.

PORTANT qu'à commencer du premier Octobre prochain, dans les Provinces où les Aydes ont cours, & du premier Janvier 1739. dans les autres Provinces du Royaume, il ne pourra être employé d'autres Papiers & Parchemins timbrez, que de ceux des nouveaux Timbres de Jacques Forceville, Adjudicataire des Fermes-Générales-Unies, & de ceux des nouveaux Sous-Fermiers; sans qu'ils soient tenus de contre-timbrer gratis, ni reprendre ou échanger les Papiers & Parchemins qui pourroient leur être rapportez.

Du 26. Août 1738.

Extrait des Registres du Conseil d'Etat.

 VU en Conseil d'Etat du Roy, l'Arrêt rendu en iceluy le premier Juillet dernier, pour la prise de possession des Fermes-Générales-Unies, par Jacques Forceville Adjudicataire desdites Fermes [...]

CHARLES ETIENNE LE PELETIER DE BEAUPRÉ, CHEVALIER, CONSEILLER du Roy en ses Conseils, Maître des Requêtes ordinaire de son Hôtel, Intendant de Justice, Police & Finances, & Commissaire départy pour l'exécution des Ordres de Sa Majesté, en la Province & Généralité de Champagne.

VEU l'Arrêt du Conseil d'Etat du Roy cy-dessus, NOUS ORDONNONS qu'il sera lû, publié & affiché dans l'étendu de notre Département, pour y être exécuté selon sa forme & teneur: Enjoignons à nos Subdéléguez d'y tenir la main. Fait à Chalons ce seizième jour de Septembre mil sept cens trente-huit. signé, LE PELETIER DE BEAUPRÉ.

Par Monseigneur,
DE LOMAS.

Affiche pour le changement des timbres du bail de Jacques Forceville.
(Fig. 3).

ARREST
DU CONSEIL D'ESTAT
DU ROY,

Portant qu'il commencera du premier Octobre de l'année prochaine 1750. dans les provinces où les Aides ont cours, & du premier Janvier 1751. dans les autres provinces du Royaume, il ne pourra être employé d'autres Papiers & Parchemins timbrés, que ceux des nouveaux timbres de Jean Girardin adjudicataire des fermes générales unies, & de ceux des nouveaux sous-fermiers, sans qu'ils soient tenus de contre-timbrer gratis, ni reprendre en échange les papiers & parchemins qui pourroient leur être rapportés.

Du 28 Octobre 1749

EXTRAIT DES REGISTRES DU CONSEIL D'ESTAT.

VU en Conseil d'État du Roy l'arrêt rendu en icelui le 13 octobre 1745. par lequel il est dit qu'à commencer du premier octobre suivant, dans les provinces où les Aides ont cours, & du premier janvier 1746 dans les autres Provinces du royaume, il ne pourra être employé d'autres papiers & parchemins timbrés, que ceux des timbres de Thibault la Rue adjudicataire général, & de ses sous-fermiers, [...]

DENIS DODART CHEVALIER, CONSEILLER DU ROY EN SES CONSEILS, MAISTRE DES REQUESTES Ordinaire de son Hôtel, Intendant de Justice, Police & Finances en la Généralité de Bourges.

VU l'Arrêt du Conseil d'État du Roy ci-dessus & Commission sur iceux : Nous ordonnons qu'il sera exécuté selon sa forme & teneur, & à cet effet sû, publié & affiché par-tout où besoin sera, à ce que personne n'en ignore. FAIT à Bourges ce 17. Juillet 1750. Signé, DODART. Et plus bas, par Monseigneur, LHERMINIER.

À BOURGES, de l'Imprimerie de la Veuve de Jacques Boyer Imprimeur du Roy.

Affiche pour le changement des timbres du bail de Jean Girardin, 1749.
(Fig. 4).

être faits, nonobstant chan[...] demeure, Prom[...] chacun à son égard, renonçant [...] à [...] & passé [...] un, à l'Hôtel des Fermes du Roi à Paris sis rue de Grenelle, paroisse saint Eustache, le trente-un Mars mil sept cent soixante-deux, & ont signé.

Dernière feuille du bail de Jean-Jacques Prevost, 1762.
(Fig. 3).

XXXI.

Pour attirer la bénédiction du Seigneur sur la présente Société, il sera
distribué à chacun desdits sieurs Associés à la fin de chaque année, la somme
de 60 livres pour en disposer en aumônes & œuvres pieuses, suivant les
États de répartition qui en seront arrêtés.

Aumône.

Sçavoir.

Sur la Ferme des Devoirs, à raison de 40 livres chacun.
Et sur celle des Impôts & Billots, à raison de 20 livres aussi chacun.

XXXII et dernier.

Et pour l'exécution du Bail & de la présente Société, circonstances &
dépendances, lesdits sieurs Associés s'obligent de contribuer à tout ce qui
conviendra, chacun pour sa part & portion, & solidairement les uns pour
les autres, & un seul pour le tout, comme pour les propres Deniers & Affaires de S. M. faisant à cet effet élection de domicile irrévocable en leurs
demeures ci-devant déclarées, auxquels lieux promettant, &c. obligeant,
&c. renonçant, &c. Fait & passé à Paris en l'Étude de Mény, l'un des
Notaires soussignés, l'an mil sept cens quarante-cinq, le Cinq Mars &
Février & ont signé ces Présentes en 2 ***** Originaux, dont le
Présent est pour M. D. Chevry

Exécution de la Société.

[suivent les signatures manuscrites]

Dernier feuillet du bail de la ferme des Devoirs, Impôts, Billots et Formules de la province
de Bretagne. Louis Thiénot, 1745-1746.
(Fig. 6).

ORDONNANCE DE SON ALTESSE
ROYALE
TOUCHANT LE PAPIER ET PARCHEMIN TIMBRÉ.

EOPOLD PAR LA GRACE DE DIEU, DUC DE LORRAINE, MARCHIS, DUC de Calabre, Bar Gueldres Marquis du Pont-à-Mousson & de Nommeny, Comte de Provence, Vaudemont, Blâmont, Zutphen, Sarverden, Salm &c. A TOUS ceux que ces presentes verront, Salut, Nous ayant esté tres humblement remontré, par François le Moyne, Fermier General des Contrôlles d'Exploicts, Actes de Voyages & Formules de Papier & Parchemin Timbrés, que nonobstant les différences que nous avons faites, de plus se servir en Justice, & dans les Actes publiques d'autres Papiers & Parchemins, que de ceux qui auroient esté Marquez du Timbre dont se servent ledit le Moyne, ou les Commis, on ne laisse cependant de faire des Expeditions de Jugemens, Sentences, Arrests, Enterinemens & Enregistrement d'Actes de receptions & d'installations d'Officiers & autres Actes sur Papier & Parchemin non Timbré, ce qui est contraire aux Arrests & Reglemens faits à ce sujet & cause que ledit le Moyne des interests tres considerables Requerant luy estre sur ce pourveu, L'affaire mise en déliberation en nostre Conseil, de l'avis des Gens d'iceluy & de Nôtre certaine science & pleine puissance & autorité Souveraine, NOUS ORDONNONS que tous Juges, Greffiers & Officiers de Justice, seront obligez de tenir leurs Régistres en papier marqué du Timbre dudit le Moyne, leur faisons tres expresses Inhibitions & défences, d'expedier aucuns Actes, Sentences, Arrests, Jugemens de Reception, ou Installation d'Officiers qu'ils ne soient en papier ou Parchemin Timbré suivant l'exigence du cas & conformément au Bail que nous avons passé au dit le Moyne desdits papier & Parchemin Timbrés, Décrets, Arrests & Reglemens sur ce intervenus, ausquels tous Juges Greffiers & Officiers de Justice, se conformeront, à peine de mille cent francs d'amande pour chacune contravention, & de tous dépens dommages & interests envers ledit le Moyne. Et comme plusieurs Officiers de Justice & autres pourveus depuis le premier Septembre dernier, ont obtenu des Sentences ou Arrests de reception en leurs Offices sur Papier & Parchemin non Timbré, NOUS Ordonnons que tous ceux qui ont obtenu de pareilles Sentences, Arrests, ou autres expeditions ayent à les remettre dans le mois à compter du jour de la Publication des presentes entre les mains des Commis aux Bureaux Establis dans les lieux les plus prochains de leurs Residences lesquels en donneront leur recepissé, & les envoyeront au Bureau General dud. le Moyne pour y estre Marqués de son Timbre, & renvoyés par la suite sur les lieux pour estre rendus par les Particuliers en payant par eux le droit du Timbre seulement sans aucuns autres frais, A quoy lesd. Officiers seront tenus de satisfaire dans ledit temps apeine de nullité de leurs Jugemens, Sentences, Arrests de receptions & Installations SY DONNONS en Mandement à Nos Tres-Chers & Feaux les Presidens, Conseillers & gens tenans Nostre Cour Souveraine de Lorraine & Barrois, que ces presentes ils fassent lire publier, registrer & executer, sans permettre qu'il y soit contrevenu en aucune maniere CAR AINSY NOUS PLAIST en foy de quoy Nous avons aux presentes Signés de nostre main & contre Segnées par l'un de nos Conseillers & Secretaires d'Estat commandemens & Finances, fait mettre & apposer nostre Scel Secret. DONNÉ à Nancy le vingtiéme Fevrier 1699. Signé, LEOPOLD, Et plus bas S. M. LABBE.

Ce jourd'huy vingt neufiéme jour du mois de Fevrier 1699. Oüy & ce requerant le Procureur General, la presente Ordonnance à esté leüe & publiée à l'Audience publique de la Cour Souveraine de Lorraine & Barrois, Ordonne qu'elle sera executée selon sa forme & teneur & registrée en Registre d'icelle, pour y avoir recours en cas escheant, Et qu'à la diligence dudit Procureur General, Coppies de ladite Ordonnance dûement collationnées, seront envoyées dans tous les bailliages, prevostez & sieges du ressort de la Cour, pour y estre pareillement leües, publiées, registrées & enregistrées, & dont les Tabellions de chacun desdits Sieges, leur certifieront au mois, FAIT à Nancy en la Salle du Palais, les jour & an susdits, en presence du Greffier & Secretaire de la Cour soubsigné, Signé. PECHEUR.

Affiche de l'Ordonnance de Son Altesse Royale Léopold, duc de Lorraine, touchant le
papier et parchemin timbré.
Bail de François le Moyne, donné à Nancy le 21 février 1699.
(Fig. 7).

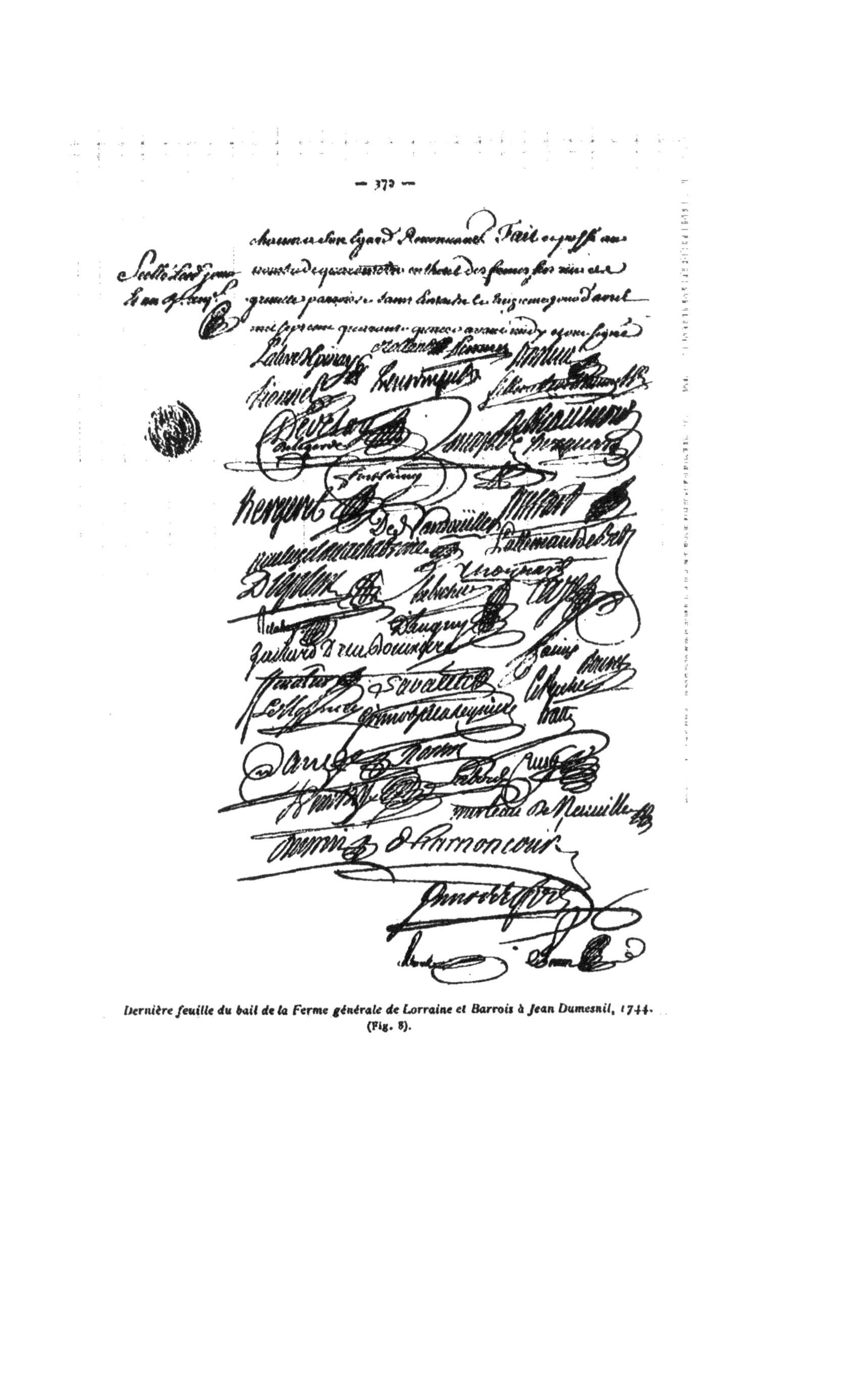

Dernière feuille du bail de la Ferme générale de Lorraine et Barrois à Jean Dumesnil, 1744.
(Fig. 8).

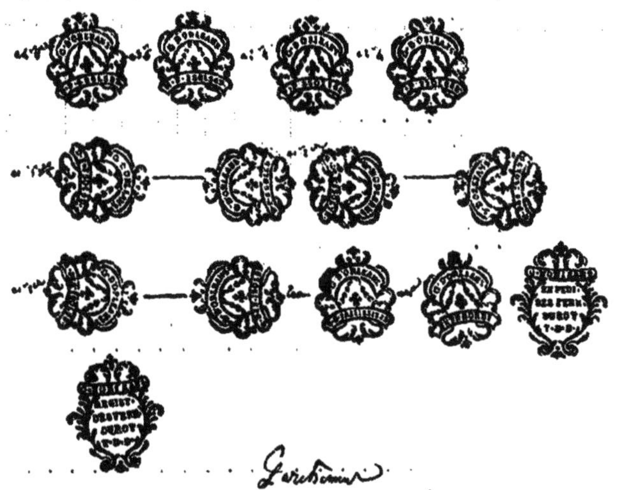

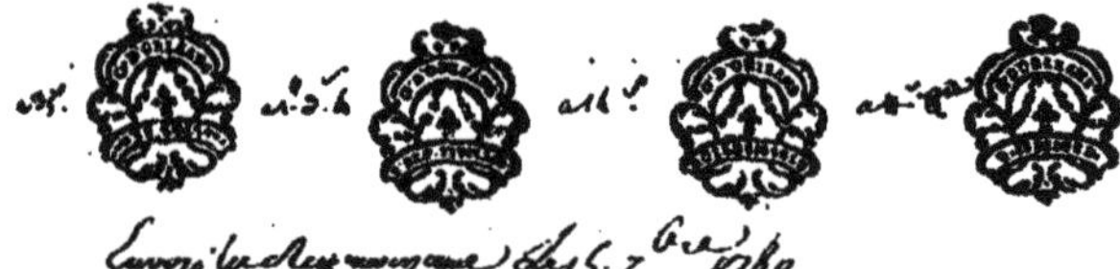

Feuille originale des Timbres de la Généralité d'Orléans.
(Fig. 9).

TABLE DES MATIÈRES

Pages.

www.ingramcontent.com/pod-product-compliance
Ingram Content Group UK Ltd.
Pitfield, Milton Keynes, MK11 3LW, UK
UKHW022322090726
13658UKWH00001B/26